新装改訂版

現代すし学

―すしの歴史とすしの今がわかる―

Sushiology

大川智彦 著

旭屋出版

新装改訂版の序にかえて

私は昭和一八年（１９４３）生まれであるが、物心ついた頃、すでに大のすし好きであった。母は関西（播州・兵庫県）の出身で、日頃よく、ありきたりの具で「ばらずし」を作ってくれた。そして残ると「いなり」につめ、「いなりずし」にしてくれた。珍客があるとそれなりに具を足し、彩りを美しくした「ばらずし」や、「巻ずし」を作って供し、その残りを食べさせてくれた。母方の祖母は母以上にすし好きであった。春休みや夏休みに兄妹で訪ねると、決まって「ばらずし」で迎えてくれ、美味しそうに食べる姿を祖父の酒の相手をしながら見ていた。

味覚の形成や美味しさの感知の自覚が幼少期にはじまるとすれば、私のすし好きの原点は母方の血のなかにあると思っている。

すしは稲作文化と魚食文化の結合により生まれ、歴史的変容を経て結実していった日本の食文化の代表である。魚の長期保存食として生まれた「馴れずし」は、わが国に渡来した後、わが国の先人達は時代の変化に対応して、新しいわが国独自のすし文化、すなわち魚と飯をともに食べる「生《なま》成《なれ》」を発明した。そして、ついに江戸時代には酢を使う革命的な「はやずし」を誕生させ、ファストフードともいうべき「握りずし」へと変貌させたのである。

また、南北に細長い島嶼《とうしょ》の国日本では、それぞれ各地の人々により、行事や儀式の供応をはじめ、家庭内でのちょっとしたハレの食事として、その土地の恵みを利用した地域独特のすしが作られ、伝承されてきた。しかし一方では時代の流れの中で、流通や情報の発達がこれらの地域差をなくし、さらには家庭の味までも均一化しようとしている。これもグローバル化の影響であろう。しかし、この波のなかにおいても人々の知恵は時の変化を見事に順応させ、すしをさらなる創作へと変容させている。

すし文化の歴史的・地理的変貌は文字においてもうかがい知ることができる。東京っ子（江戸っ子）はすしの文字は「鮨」を連想し、関西（上方）では「鮓」を頭に描くというが今はどうであろうか。そして日本海側の飯ずし文化の地域では鰰《はたはた》ずし、蕪《かぶら》ずし、鮭《さけ》ずしなど、なぜか平仮名の「すし」を好んで使っている。歴史的には江戸時代までは、「鮓」と「鮨」が交互に、時に両方が使われてきたが、江戸時代中期以降になると、この二文字が交叉して使われ、さらに「寿司・寿し」の当て字を生み、これらのすべての文字が明治・大正へと受け継がれた。そして、戦後の昭和になると、ついに「すし・ＳＵＳＨＩ」も加わり、現在に至っている。すし嫌いの日本人はごく少数であることを考えれば、すし文化を学ぶことは、日本人としての教養を身につけるための課題の一つとして、適しているといえるかもしれない。

この本は「すし学」（Sushiology＝スシオロジィ）と銘打っているが、自然科学や人文科学としての専門書ではない。生来のすし好きである私は長年、医学者の一人として日本全国各地の学会に出かけ、その度にすしを食べ歩き、各地での見聞とともにすしに関する資料を集め、さらに海外の主要都市での学会に出かけた折にも、海外に紹介されている日本のすしを体験してきた。そして、集めたこれらの関係資料と知識を総合させて、いつか本にまとめてみようとつねづね夢に描き、歴史書など関連図書を読みあさってきた。還暦を機にこの夢を現実のものにするべく決断し、ここに執筆したものである。つまり、食品学や、調理科学といった専門家でもなく、握りずしの実務者でもない私が〝上手に美味しく食べる〞ために、これらの資料をもとに、人生の体験を生かしながら書いたものである。グローバルな見地から現代のすし文化を眺め、客としてだけでなく、料理人にもこうあって欲しい、またこう理解して実践すると、上手に美味しく食べられるのではないかとの視点から、現代のすし事情を綴《つづ》ったものである。

食の嗜好は人によりさまざまであり、好みは時に偏愛《へんあい》的であるが、人は食を求め、食を喜ぶ本能を持っている。握りずしは客と料理人が対峙《たいじ》して、料理人が作る一握りに心が躍り、互いの感謝の心が出会って、互いの満足感から至福の「時」が作り出されるものである。どんなに美味しいものを供されても、その人の感じとる力がなければ、この「時」は融合しない。しっかりとした経験と、正しい知識を持ち、それを教養として身につけていこうとする人は、そうしない人に比べてはるかに幸せである。

本書は教養書として、その時々の読者の目的に応じて、どこの項目を読んでいただいても、その独自性が読み取れるように歴史的視点をまず捉《とら》えながら書いたつもりである。この本を読まれた後、読者の少しでも多くの方々がすしが美味しくなったといって下されば、著者にとって倍増の喜びである。

終りにのぞみ、私の長年の夢を現実のものにして下さった旭屋出版、とくに土田 治氏に感謝を申し上げる。具体的な助言や編集等々、この本の上梓《じょうし》に多大な御力をいただき、この本が平成二〇年一月に産声をあげることができた。そして十一年を経た平成三一年三月、読者の方々からこの問いただいた貴重な御意見を参考にさせていただき、再び土田氏の協力を得て新しく本書を再生させていただいた。

本書がわが国のすし文化の発展に寄与してきた多くの図書の一つに加わることを期待するとともに、すし好きの方々の参考図書としても末永く読まれていくことを祈念している。

東京・巣鴨にて
大川　智彦

平成三一年三月吉日

目次

第一章

歴史からみたすし学 …47

すしダネとすし食材…195

光り物

イカ・タコ

エビ・シャコ・カニ

貝類

その他

すし食材

すしダネの鮮度の見分け方…308

第五章

資料編……407

［コラム］

執筆にあたって

①すし食材の旬についてはおおむね東京（江戸）を基準として述べた。
②すし食材については、原則として片仮名とし、また「ネタ」「すしネタ」ではなく、「タネ」「すしダネ」を採用した。
③すしについては、原文引用以外は「鮓・鮨・寿司・寿し」等の漢字ではなく、平仮名の「すし」「……ずし」に統一した。
④参考文献名は『　』内に表記し、最後に一括して挙げた。
⑤各項目に関連する知識や情報をできるだけ多くコラムとして掲載した。
⑥巻末に資料編として、江戸前ずしの系譜、魚へんの漢字、主なすしダネの旬の時季、魚介の栄養素と効用、すし用語、すし関連英語、すしダネ・すし食材と故事・ことわざ、すし関連古文献一覧等をまとめたので、理解を深める一助としてご活用いただきたい。

装丁・デザイン／佐藤暢美
制作／土田　治

序章

すしを育んだ日本の食文化

日本の食生活史概説

大陸につながる半島の一部であった頃の日本は、まだ農耕・牧畜以前の自然食採集時代であった。大陸から分かれた頃になると、最初に大陸から伝わったのは根栽農耕文化であった。つづいて、中国や朝鮮半島から穀物の栽培を主とする焼畑農耕が伝来した。

●縄文・弥生時代—米食文化のはじまり—

縄文時代になると人々は安住するようになり、木の柱と草ぶきの屋根でつくる竪穴《たてあな》式住居に住んでいた。当時の暮らしぶりは、遺跡での出土品や、貝塚から知ることができる。縄文人は多くの種類の魚介類とともに、鳥類・哺乳類を食していた。縄文後期には、クリ、マメ、ソバなどの栽培や焼畑農耕による稲作が始まっていたと考えられている。また、海では魚介をとり、魚や貝を干物にして、海沿いの村から少し入った山中の村との交流もあったと考えられている。縄文晩期になると主として中国南部から水田農耕文化が伝来した。この水田農耕はわが国の南から北へと急速に広がり、焼畑農耕に代わって主流をしめるようになった。このような急速な水田耕作の広がりは牛馬を農耕に使用する耕鋤《こうじょ》方式の伝来などがあったからと考えられている。

こうした水田農耕文化の広がりによって、日本各地で食糧生産が増え、人口が増加し、各地に村々が発展していった。その結果、村と村の間の交流も始まり、同時に田んぼや収穫物をめぐる争いも増えていった。そのため、村を守るために周囲に柵や濠が設けられるようにもなった。村の中には、共同作業や祭りを指揮する者が出てきたところもあり、それが村同士の争いを解決することにも大きな役割を果たすようになった。こうした村が集まり、国の原型が作られることになる。

その後の日本では、三世紀から四世紀にかけて、統一国家をつくるため活躍し、一応のかたちで成功したのが豊沃《ほうよく》な平野を基盤とする大和朝廷であった。大和朝廷はこの意味から、農耕社会が生んだ権力者であり、その政権権力基盤は、余剰な農産物や米であった。このことは神話や儀式に明確に反映している。天皇家が皇祖として崇める天照大御神《あまてらすおおみかみ》は、稲種を人間界に伝えたことが、神話のなかで伝えられている。わが国は、古く神話の時代から豊葦原瑞穂国《とよあしはらのみずほのくに》といった。「豊葦原」も「瑞穂」も、「米」の意味である。この国名からみても、わが国は「米の国」といえるのである。また国家の重要な儀式である大嘗祭《だいじょうさい》や新嘗祭《にいなめさい》においても、天地の神々に供える「瑞穂国」の米が聖なる食物と信じられ、稲作儀礼の最高責任者は天皇であった。奈良に大和政権が誕生すると、大陸の文化が伝来し、作物や食法も導入されるようになった。これは、漢字・新しい技術・漢方医術の伝来へともつながっている。

日本において、稲作が浸透し、米食文化が根づいたことによって、それまでの食文化に大きな変化が生じた。それは、米を中心とした穀物が主食となり、獣肉などの動物性の食物が従的な地位へと落ちたことである。米食の浸透によって、主食は玄米を蒸したものを朝晩二回摂り、野菜や魚介、木の実、鳥、獣などを副食にしていた。その多くは加熱して食した。また、野菜類、貝類などは塩味をつけた生食にもした。穀類、魚類、鳥獣類などは発酵塩蔵なども行われた。発酵塩蔵の過程でできた「醤」状のものが調味料として用いられることもあったようだ。縄文時代の最後期には、大陸から渡来人が食器や調理法など別の食文化を持ちこむようになった。

●飛鳥・奈良・平安時代—肉食禁止はじまる—

飛鳥時代に入ると、仏教が伝来（538）して、様々な社会構造の変革をもたらした。仏教が入ってきたことにより神道も成立し、この二つの観念が併立した時代になった。仏教には、肉食禁忌の戒律があった。これが、しだいに一般庶民の日常生活をもゆがめるようになり、庶民も肉食を敬遠するようになった。こうして、仏教を国の宗教に定めた朝廷は、その殺生肉食禁忌の戒律を国策として普及させようとして天武天皇の三年（675）「肉食禁止令」を発布した。

肉食禁止令が出された裏には、こうした宗教的な理由とはまた異なった目的があったと思われる。つまり、肉食禁止令で食べることを禁止した動物は、ウシ、イヌ、サル、ニワトリ、ウマの五種類で、それまで日本で最も多く狩猟の獲物としてきたイノシシ、シカ、キジなどは対象から外されているのである。このことから、『日本人は何を食べてきたか』などの著作があり、古代日本人の食の研究家である永山久夫氏は、朝廷が仏教の普及に努める一方で、農作業に使うウシやウマを肉食から守ろうとしたのではないかとその著作のなかで指摘している。確かに江戸時代まで、イノシシ、シカ、キジなどが食されたという記録は数多く残っている。

このように、実際は野鳥やイノシシなどを中心に食べられてきたが、表向きは江戸時代まで長い間、肉食禁止が続いた。そしてこのことは、その後の日本の「魚食文化」を決定づけていくことになる。

諸国に「風土記」を奉るように命ぜられたのは和銅六年（713）であるとされている。これは各地の土地柄の記録であり、その土地の地勢や土質、そこに生育する動植物、そこで営まれる風俗・習慣・伝承など と行政の実態を把握するためのものであった。わが国では『出雲国風土記』（700前後）だけがほぼ完本といえる形で現在に伝えている。この中で「魚貝海菜の類《ぎょかいかいさい》」として「鮑魚《あわび》・年魚《あゆ》・烏賊《いか》・貽貝《いがい》・伊久比《いぐい》・蛤貝《うむぎ》・鰝鰕《えび》・白貝《おふ》・螺蠣子《かき》・海鼠《なまこ》・鯉《こい》・鮭《さけ》・螺《さざえ》・沙魚《さめ》・佐波《さば》・志毘魚《しび》・白魚《しらうお》・須受枳《すずき》・蜛蝫《たこ》・鯔《なよし》・紫菜《のり》（紫苔菜）・日魚《ひそ》・朝鮐《ふぐ》・鮒《ふな》・麻須《ます》・魴鱧《むなぎ》・海藻《め》・海松《みる》・凝海菜《こるもは》」などが記されている。

大化改新（645）の頃、貴族階級の人々の生活様式は大陸の唐の模倣に変わった。そしてそれに伴い、食文化にも隋・唐文化の影響が現われた。この時代は中国（隋・唐）を手本とした律令国家であった。律令国家は「班田収授法」を定めて、米を租（税）とし、水田稲作に一層力を注ぎ国家の基盤とした時代である。貴族階級の制度が助長され、きらびやかな貴族社会になると宴会や儀式の時はとても豪華な食事であった。しかし普段の食事の品数は少なかったという。食生活の様式は四季の美しさや、みやびの心を取り入れながらも、食事回数、料理法、食事の方法など形式化し、時には儀式化した。

平安時代（794〜1192）に入ると、調理の方法や種類も増え、刺身なども加えられてより一層今日の和食料理らしきものに近づいていった。この頃、諸国の産物の種類も記録されるようになり、『倭名類聚鈔《わみょうるいじゅしょう》』（931〜937）には、穀物類、菜類、蒜類《にんにく》、果蓏類《から》（木の実草の実）、藻類、魚介類、鳥獣類など今日食用されているようなものが記されている。また仏教の普及につれて、鳥獣類に代わって、海産物が好まれたが、これらは遠方から都に届くため、保存のきく干物などに加工され、新鮮なものはあまり食べなかったようである。さらに、貴族の食生活は献立が形式化して、毎日同じメニューになると、栄養も偏り、不健康となっていった。一方、当時の庶民は、玄米食をとり、自ら採取する新鮮な動植物を食していたため、質素ではあったが貴族よりは健康であったと考えられている。

●鎌倉・室町時代─庖丁人の誕生─

鎌倉時代（1192〜1333）になると武士の時代となり、その食事は主食に玄米の飯と、副食には、焼き魚や狩りでとったキジ・イノシシ・シカ、それに新鮮な野菜という食生活を続けてきた。ここにまた副食の時代が再現し、狩りが武士のたしなみの時代となった。しかし一方では、大陸文化の影響も受けて、唐様模倣のものを同化させた食文化へと移っていった。さらに武士の教養として禅が流入し、精進料理の発展に寄与したのである。菜食ではあるが、平安時代の薄味と違い、味がしっかりして、身体を使う武士や庶民には好まれた。すり鉢といった調理用器具や根菜類を使った煮しめの調理法も生まれた。そして、精進料理の必須調味料の味噌・醤油もでき、その他、豆腐、高野豆腐・こんにゃくなどもこの頃取り入れられた。かゆ（炊飯）が普及して今の飯となってきたのもこの頃である。また従来一日二食を原則としてきた食事回数も筋肉労働との関係もあり、三食となったのもこの頃である。

次に室町時代（１３９２〜１５７３）になると、今日の日本料理の基礎ができあがっていくのであるが、日本料理は、公家化した室町時代の武士文化の中で、食文化の面でも贅沢な料理が好まれ、発展した。それまでの質素だった鎌倉時代にはなかった調理専門の庖丁人が誕生し、料理の専門的な研究をする役割を担うようになり、さまざまな庖丁の流派が生まれた。室町時代に生まれた著名な流派としては「四條流」がある。その『四條流庖丁書』（１４８９）によって、当時の調理法や料理について知ることができる。

また一方で室町中期になると、武家・公家・禅僧らの文化が融合した東山文化を反映して、茶事が流行し、喫茶が盛んになり、日常化するようになった。さらに、この時代の終わりには西欧食品や砂糖、砂糖菓子が新たに輸入された。調味料としての味噌、醤油が広まり、さらに清酒も出現している。

室町時代も終わり頃になると、ポルトガル船が種子島に来航し、鉄砲、キリスト教の伝来とともに、サトウキビ、サツマイモ、ジャガイモ、トウモロコシ、カボチャなどの東南アジアや欧米の作物をもたらしている。このキリスト教は、仏教の殺生肉食禁忌の戒律との対立を生んだ。後に徳川幕府は、鎖国を断行して、キリスト教を弾圧し、仏教を優遇し、殺生を禁じる教えに従い、食肉禁止の戒律がふたたび励行されるようになってきた。また徳川幕府は儒教を奨励し、「士農工商」の身分秩序によって庶民の食生活まできびしく規制した。しかし、鎖国とはいっても、オランダ、中国との対外貿易だけは行われていたので、世界各地の野菜や果樹などは多数入ってきていた。

●江戸時代―町方料理の完成―

江戸時代（1603～1867）は商人達の生活の向上が著しく、これらの町人の食生活を中心とした日本食が集大成された時代でもあった。さらに、元禄（1688～1703）・宝永（1704～10）の頃になると、新たに中国、西欧の影響を受けながら工夫がなされ、和食が完成していったのである。そして、この頃の元禄・宝永から文化（1804～17）・文政（1818～29）にかけては、食文化の中心が上方と江戸を往来した時代でもあった。

江戸時代の料理の大きな特色は、このような町人文化の発達による町方料理の完成である。町方料理ができたのは前述したように、元禄から文化・文政にかけての頃とされる。つまりこの町方料理は、江戸時代中期までに成立して後期に発展をとげるという図式になる。そしてこの町方料理は、大きく二つに分けられ、一つは形にとらわれない自由で庶民的な料理であり、もう一つはそれまでの本膳料理の形式を実際的に簡素化した主に会席料理といわれる料理である。どちらも今日にまで受け継がれているものである。

江戸時代を代表する調味料としては、醤油、味噌、清酒、砂糖、鰹節などがあり、料理としては、卓袱《しっぽく》料理、南蛮料理、会席料理などが発達した。食べ物としては、砂糖菓子、天ぷら、切りそば、うどん、すしなどが流行し、これらは現在の加工技術の土台になっていった。また、料理屋の出現、屋台の流行など、この時代を特徴づけるものも多く、これらは町人の自由な思考と、反形式的な趣味が味・香り・嗜好性など味覚と美を追求したのである。国内交通の発達は、諸国名産品を江戸に集め、賞味する機会を与え、江戸の文化も地方へと広がった。

●明治・大正・昭和から現代へ―食生活のグローバル化―

明治時代（1868～1912）になると開国して政治・経済など諸制度を洋風化したわけだが、それと同時に食の分野もいわゆる鎖国状態から開放され、一気に洋風の波が押し寄せてきた。旧来の習慣や礼儀に基づいた伝統的な食文化に、欧米的な食肉文化、調理法が伝えられた。そして何よりも欧米で発展した科学的根拠、合理性に基づいた飲食方法や習慣の合理化も検討され、図られるようになった。

具体的には、明治になると、日本の食生活上、長くつづいた殺生肉食禁忌の戒律から脱却したことが、まず特筆される。これによって肉食が本格的に始まり、明治維新によって現在につづく日本の食生活が整ったのである。文明開化の一環として肉食禁止戒律から解放され、明治天皇が自ら肉を食べてみせたことは有名である。また都会ではビールを飲みながら、ビフテキ、カレー、牛鍋など、牛肉を積極的に食べる洋食が流行した。それまで1000年以上続いた肉食の禁止は完全に過去のものとなったのである。そして大正（1912～26）・昭和（1926～89）へと引き継がれていった。

第二次世界大戦後（１９４５〜）の日本人の食生活の内容は、昭和三〇〜四〇年代（１９５５〜）にかけて急速に改善された。その特徴は、米食に依存しながら、オオムギ、コムギ、大豆などの穀類を多くとり、魚介中心の質のよい動物性タンパク質を摂取し、繊維質の多い野菜も豊富に食したことである。また欧米化に伴い、肉、牛乳、乳製品も多く摂るようになった。したがって、日本の食生活の特徴は、和洋中華折衷型の、外来食を取り入れた日本化であり、全体の食品構成のバランスがよいことであった。このような米を中心とした日本型の食生活は、その後、世界の注目を浴びることになる。そして和食は平成二五年（２０１３）に世界無形文化遺産として登録された。

日本の高度経済成長期は昭和三一年（１９５６）、経済白書が「もはや戦後ではない」と宣言した１９５５年頃から１９７３年のオイルショックの頃までつづいた。日本経済の発展は国民の生活水準を著しく向上させ、これに伴って大衆消費社会を出現させた。そして、電気炊飯器の発売（１９５６）や電気冷蔵庫の普及（１９６０年代）などの台所の電化がさらに料理の環境を大きく変えた。またスーパーマーケットとインスタントコーヒーがアメリカから入ってきたのもこの頃である。

１９５８年には、いまや世界中にまで普及したインスタントラーメンが発売され、やがてカップ麺も考案された。冷凍食品は、１９６０年代から１９７０年代にかけて冷凍冷蔵庫と電子レンジが発売されると、広く家庭に普及した。またその後、レトルト食品も考案され、さまざまな食の簡便な製品が売られるようになった。

また、1970年代には、マクドナルドやデニーズ、すかいらーくといった、ファストフードやファミリーレストランの外食チェーンが本格的に多店化をはじめ、外食産業が急速成長を開始した。同じく1970年代半ばにはセブン-イレブンが展開をはじめるなど、コンビニエンスストアが急速な広がりをみせはじめる。

これらの背景には、経済生活の向上と車社会の到来があった。その後、1980年代後半になると、バブル経済時代を迎え、いわゆるグルメブームへと継承されていった。これは食生活のグローバル化を一段と進める結果となった。しかしわが国の食生活のグローバル化は一方で動物性タンパク、脂質や砂糖の摂りすぎなどが問題とされるようになった。それは、食生活のグローバル化とともに、「先進国病」といわれる生活習慣病が激増していったからである。いまや先進国は生活習慣病予防のために食生活の改善や運動指導に努めている。平成一四年（2002）「健康増進法」を成立させ、生活習慣に基因する。〝がん〟〝脳卒中〟〝心臓病〟の予防に取り組んでいるのが現状である。さらに、日本人の死因の第一位である〝がん〟に対して、平成一九年（2007）四月「がん対策基本法」を成立させ、長寿国日本の国民を守るべく、医療改革を進めている。

わが国の歴史のなかで衣食住という生活三条件中、衣は髪型とともに古くから著しく変化してきたが、肉食の変化を除けば、食は住とともに近年までほとんど変わらなかったといってもよい。ところが農業人口の激減、ラジオ・テレビによる情報革命、冷凍食品と冷蔵庫の普及による保存革命、交通網と運搬の発展による流通革命等によって、都市部だけでなく農山漁村の隅々まで食生活はまったく変わってしまったといってよい。これは稲作の伝来による変貌以来の一大変化である。

はたして日本の食文化はこれからどのようになっていくのであろうか。今、飽食の時代の中で、食の無秩序状態を感じているのは筆者だけではなかろう。

ともかく、駆け足で日本の食生活の歴史的な流れをみてきたが、この食生活の歴史のベースには海に囲まれた日本ならではの魚食文化がある。今日のすし文化を語る上で、日本人の長い魚食文化の歴史的考察は欠かすことはできない。次項では、日本人の魚食文化についてみていくことにする。

◆和食とすし

今や日本人は世界中の国々の食材や料理を食することはできるが、現在でも和食が最も人気があり、店も多い。しかし、トンカツやカレー、ラーメンは和食か洋食か？　和食とはいったい何だろうか？　和食＝日本料理とするならば「日本で発達した伝統的な料理。材料の持味を生かし、季節感を重んじるのが特色」（『広辞苑』）ということになる。日本に来る外国人の多くは日本食＝和食のイメージとして、スキヤキ、テンプラ、すしを挙げるという。しかし、スキヤキは明治の文明開化の産物であり、テンプラは南蛮由来の料理で室町末から江戸初期のものである。すしは古くは魚の保存食であり、江戸時代後期に握りずしとして、わが国独自の食べ物として生まれている。

外国人のイメージとしての日本料理＝和食のスキヤキ、テンプラ、すしのうち、日本人に対して、このなかで和食は、と質問すれば、なによりすしを挙げるであろう。一方、米食を主とする日本の食文化から考えてみると、これに歴史的な味覚として塩・味噌・醤油・酢といった調味料が加わり、米の飯に味噌汁と漬物があれば、おかずは何であれ和食となる。しかし、ほんとうの意味での和食となれば、おかずに季節感があらわれてこそ、ということになろう。いずれにしても和食を「日本で発達した伝統的な、季節感のある料理」と定義するならば、すしはその代表であることにまちがいない。

日本で独自に発展した魚食文化

えびす信仰と万葉の民

日本人の食の思想には稲作農耕文化を中心に山の幸・海の幸を尊ぶ風習があった。土壌には、八百万《やおよろず》の神々が鎮座すると信じられ、古代から、数多くの神々を祭り豊穣《ほうじょう》を祈る風習が守られている。なかでも〝えびす様〟と〝だいこく様〟は、いずれも庶民の生活に福を呼ぶ神様として、一般の人々に最も親しまれている七福神の神様である。えびす（恵比寿・夷・戎・胡・蛭子）様のお姿は風折烏帽子《かざおりえぼし》に狩衣《かりぎぬ》・指貫《さしぬき》を着け、釣り竿と大きな鯛を抱えてにこにこ笑っておられる。そして、だいこく（大黒）さまのお姿は丸い頭巾をかぶり、左肩に大きな袋を背負い、右手に小槌をもって米俵の上に座っておられる。えびすさまは漁業、だいこく様は農業の神様である。〝えびす〟は夷、蛮、戎、狄、胡と書く。中国では都から遠く離れた未開の地や人を指していた。シルクロードを通って西から入ってくる西胡の物産には、「胡」の字をあてた。現在の呼び名の胡瓜《きゅうり》、胡麻《ごま》、胡椒《こしょう》、胡桃《くるみ》、胡弓《こきゅう》がそうであり、その当時のなごりである。日本の漁労文化の渡来ルートも、こうしたことから中国南部の沿岸・江南が起源と考えられている。えびすの由来も種々の物産や技術とともに、江南から伝わったといえそうである。

昔から日本の漁村にはえびす信仰が広く普及していて、えびす神社をよくみかける。神社は例外なく海に向って建てられているという。漁師の家や漁舟の中にはえびす様を飾ることが多い。昔の漁は不安定で、神さまに願いを託したのである。そのためかどうかは定かではないが、漁民の生活の暦のなかには多くの神事が繰り込まれている。

漁民に広まったえびす信仰が、やがて商売繁昌のシンボルとなっていった背景には、〝市〟と関係があったといわれている。市には近隣から多くの人々が集まり、品々を交換すると共に情報も交換した。他国の人々との接触が福を生むといういえびす信仰と結びつき、漁村から山間部へと広がりをみせていったのである。

●漁労の歌

万葉の民の歌集『万葉集』（759）には漁の作業をうたった歌が多い。『万葉を知る事典』（東京堂出版・2001）によると『万葉集』は海女《あま》・海人《あま》おとめ、および海の生業や信仰を詠んだ歌を九八首（一〇四例）伝えるという。その生業は、魚労・採藻・製塩を中心としている。漁労の歌として、次の歌がある。

〔釣歌〕

飼飯《けひ》の海の庭《には》好くあらし　刈薦《かりこも》の乱れ出づ見ゆ　海女《あま》の釣舟　（3・二五六）

海人小舟《をぶね》帆かも張れると見るまでに、鞆《とも》の浦廻《うらみ》に波立てり見ゆ　（7・一一八二）

〔網漁〕

大宮の内まで聞こゆ 網引《あびき》すと網子《あご》ととのふる 海人《あま》の呼び声 （3・二三八）

〔突き漁〕

鮪《しび》衝《つ》くと海人《あま》のともせる漁火《いざりび》の ほにか出《い》でなむわが下念《したもい》を （19・四二一八）

〔潜水漁〕

伊勢の海人《あま》の 朝な夕なに潜《かづ》くとふ 鮑《あはび》の貝の片思《かたもひ》にして （11・二七九八）

〔藻刈りの歌〕

潮干《しほひ》の三津《みつ》の海女《あま》のくぐつ持ち 玉藻《たまも》刈るらむ いざ行きて見む （3・二九三）

〔製塩〕

志賀《しか》の海人《あま》は藻《め》刈り塩焼き暇《いとま》なみ 髪梳《くしら》の小櫛《おぐし》取りも見なくに （3・二七八）

いずれも万葉人の漁労の生活がいきいきとした姿で歌いあげられているのがわかる。

●魚の文字

次に魚の字の考察をみてみる。

『魚』は古くから『ナ』『ウオ』『イオ』『サカナ』と訓《よ》まれている。四つの訓みのうち、ナとウオ、イオが古く、サカナは平安時代から使われているという。

『万葉集』に登場する「魚《な》」として、

たらし姫　神の命《みこと》の　奈《な》釣らすと　み立たしせりし　石を誰見き

山上憶良（五・八六九）

万葉仮名「奈《な》」は、「魚《な》」の字の当て字である。また「魚《な》」は、「イサナ」という歌語でも登場している。

（長歌）……よし ゑやし　浦はなくとも　よし ゑやし　潟はなくとも勇魚《いさな》取り　海辺を指して　にぎたづの……（前後省略）

柿本人麻呂（二・一三八）

「イサナ」は、勇ましい魚のことであり、それはクジラである。『万葉集』（759）には伊佐魚、鯨魚、鯨名、不知魚などの漢字を当てている。一方、ウオやイオも、ナと同じく魚であり、ウオとイオは〝なまり〟

の変化したもので、平安時代の辞書『類聚名義抄《るいじゅうみょうぎしょう》』によると「魚、ウヲ。俗云、イヲ」とあるという。『魚』をサカナと訓むようになったのは平安時代からである。サカは杯《さかずき》のさかと同じく酒を意味し、ナには魚《な》と菜《な》の両方の意味から、サカナの元の意味は、酒を飲む時の魚や菜の〝つまみ〟を呼ぶようになったのである。

この当時のサカナには、次のようなものが記録に残っている。

鮎（あゆ）伊加（いか）伊委之（いわし）加麻須（かます）堅魚（かつお）黒多比（くろだい）鮭（さけ）佐目（さめ）須々吉（すずき）多比（たい）知ぬ（ちぬ）布奈（ふな）

いずれにしても、この時代の漁民は中央権力と結びついていたようである。『延喜式』（905〜930）のなかには、古代の権力者たちの祭り事に魚介の供給が必要であった様子や、また役人の給料として塩ザケ、サケの卵や氷頭《ひず》などが用いられていたことが記されている。そこからは、流通の困難な時代、権力者にとって水産物の安定した確保は宴会や神事、そして彼らの生活に必要不可欠なものであったことがうかがえる。

魚食文化の歴史

縄文文化時代の初期はまだ農耕は定着していなかった。生活は狩猟と漁獲が中心であり、人びとは狩猟に有利な台地や漁獲のために海辺や湖沼の周辺に居をかまえていた。この頃の生活の一部は貝塚に映しだされている。日本の貝塚は太平洋側に多く、いずれも内湾で砂浜地帯である。縄文初期の貝塚はアサリ・ハマグリ・カキなどの貝殻の残がいが主であったが、中期頃になると土器とともに石錘、土錘、網物などと、漁具の部分品もみつかっており、漁網、釣針、銛などが使用されていたと考えられている。そして縄文末期では貝より、むしろ多くの魚が獲られていたことを貝塚から知ることができる。

縄文時代は、およそ紀元前一万年から同三〇〇〇年までの約一万年続いたとみられており、草創期・早期・前期・中期・後期・晩期の六つに細分化されている。縄文の前期から中期の遺跡として、三内丸山《さんないまるやま》遺跡（青森市）では、大型竪穴住居が見つかっている。河井智康著『縄文遺跡に見る源流 - 日本人とさかなの出会い』（角川選書・２００１）によると、この遺跡から多くの鳥類や哺乳類とともに魚類（ブリ属・カレイ科・軟骨魚類・サバ属・ニシン科・ヒラメ科など）がみつかっていること、エドワード・Ｓ・モースの発見による大森貝塚は、縄文後期から晩期のものであり、後期からはマアジ・エイ類・スズキ・クロダイがみつかっており、晩期ではマアジが減少し、トビエイ・クロダイ・ヒガンフグが増えていることなどが報告されている。また、貝類ではハイガイ・サルボウガイからハマグリ・アサリに移っていたという。

弥生式文化時代になると水田耕作が確立する。その結果、主食と副食の区別や食時の規則性がうかがえるようになり、米とともに粟《あわ》・稗《ひえ》・麦などが食された。古代の食生活の一端は八世紀に書かれた、『古事記』『日本書紀』『風土記』『万葉集』、さらには一〇世紀の『新撰字鏡』『本草和名』『和名抄』『延喜式』などの記録を通して知ることができる。しかし、これらは、いずれも貴族階級の生活を中心としたもので、一般庶民がどのように魚介を利用してきたかは定かでない。

天武天皇の時（675）「牛、馬、犬、猿、鶏の肉を食べてはいけない」という最初の「肉食禁止令」が出された。この時から「魚食日本」は法令によって定まったことになる。その結果、魚を尊ぶ風潮が定着し、特に淡水魚の〝サケ〟〝マス〟〝アユ〟〝コイ〟〝フナ〟などが最も重要な魚であったらしく、その記載が多く残されている。

この時代は前述したように漁民は権力と結びつき、海産物を主とする食料品を贄《にえ》として朝廷に貢進する習慣が生まれている。これは後の律令制下にもさまざまな形で残されている。大宝令（701）や養老令（718）に「調」として水産物が挙げられているのもその一例である。古代における水産物の中心はサケ・マス・アユ・コイ・フナといった淡水魚であったが、最も需要が強かったのはサケであった。サケは役人の給料として与えられていた。大部分は諸国から京に送られた塩ザケであった。

海水の魚としては、マダイ・アジ・サバ・エビ・スズキなどであった。また、クジラやマグロなども認められている。とくに〝マダイ〟は古代から日本人に親しまれてきた重要な魚であった。マダイは姿が美しく、美味しいことに加え、重用された最大の理由は焼いたり、煮たり、干したりと、かなり長期の保存にたえるという利点からであった。この頃から〝タイ〟は魚の王様として、わが国の祝祭日の欠かせない魚になっていったのである。このほか、この当時には〝イカ〟〝イワシ〟〝アワビ〟〝カキ〟〝カニ〟などもみられている。なかでもアワビの料理や加工品は多く、タイとともに重宝された。

平安時代の魚介は基本的には奈良時代の継承であり、あまり変わらなかった。依然として淡水魚も日常生活の主要な部分をしめ、〝サケ〟〝アユ〟〝コイ〟〝フナ〟に関する記録が多い。

平安時代の貴族に代わり、鎌倉時代の武士の時代になると、日常生活は一般に簡素となり、現実的であった。その食生活は、狩によってえた鳥獣の肉を食べるようになり、奈良時代や平安時代にみられたような獣肉禁忌の考えは弱まった。しかし、漁業に関しては、大きな変化はなかったようであるが、なかでも、注目したいこととして、〝カツオ〟が庶民の生活に広く流通したことがあげられる。鎌倉時代、カツオが武士と深く結びついていたのは、「勝つ」という語から縁起もよく、戦場の門出の魚としてもてはやされた。さらに漁場が鎌倉の前の海であった。『北条五代記』によると、「小田原浦近く釣り船おほくうかび、鰹をつる」と記されているという。

室町時代になると農業の発展によって、米の収穫量が増加し、一般庶民も米を常食とする者が多くなった。米食にともなって、室町時代は現代の日本の食生活の基本が形成された時代であった。漁業の発展も著しく、沿岸漁業とともに、沖合漁業も、この時代に形成されていった。すなわち、漁法も少しずつ大規模になっていったのである。したがって魚の種類においても沿岸のほとんどの魚が獲られ、多種多様であった。

『家中篙記』によると、「……魚は前、鳥は後也。魚の中で鯉は第一也。其次はすずき也。川魚は前、海魚は後也……」と記しており、この時代は、魚が一番であり、特に川魚のコイが最も重要視されている。しかし『四條流庖丁書』（1489）になると、

美物上下之事、上ハ海ノ物、中ハ河ノ物、下ハ山ノ物、但定リテ雖定事也。河ノ物ヲ中ニ致サレドモ、鯉ニ上ヲスル魚ナシ。乍去鯨ハ鯉ヨリモ先ニ出シテモ不苦、其外ハ鯉ヲ上ニ可置也

と書かれるようになる。依然として、コイは第一に挙げられているが、一般に海産の魚が川魚より重要視されはじめていることがわかる。

またこの時代には「かまぼこ」が開発され、竹のなかに魚の肉のすりみを入れて焼いている。その形が〝蒲の穂〟に似ているところから、「かまぼこ」と呼ぶようになったといわれている。

室町時代にはじまった各種の沿岸漁業は江戸時代に入り、国の組織も強固となり、一段と盛んになった。漁業の中心は太平洋側では摂津、和泉、紀州、日本海側では丹後、若狭、九州では筑前であった。また、江戸の人口の膨張にともない消費が拡大したため、西国の漁師集団が関東に移り、その技術を伝え、伊豆、相模、房総での漁業が急速に発展した。幕府のおひざもと江戸の近海に生まれた佃島の漁師集団も摂津からの移住であった。また地元漁村の専用漁権が確立したのもこの頃である。そして、寛保年間（1741〜43）に幕府は漁場制度を定めたのである。漁法も地曳網、各種の敷網、刺網、施網、建網など多くの沿岸沖合漁業の漁法がほとんど出揃ったのもこの頃である。魚の種類も多岐にわたり、それまではほとんどとられ

なかった外洋のブリ、タラ、サワラや北海のニシンなども現われている。

また室町時代に多少とられていたクジラは江戸の中期には本格的にとられるようになった。カツオは江戸時代になって一段と庶民によって親しまれた。『本朝食鑑《ほんちょうしょっかん》』（１６９５）には、「刺身によく、霜降り、ナマリに作るとてよし、ナマリは夏季の賞味たり。また鰹節、鰹醤を製す」とある。

そして、川柳にも多く詠まれ、とくに初鰹は貴重とされた。また、江戸時代にはマグロもかなりあちらこちらで獲られるようになった。マグロは江戸時代になるまであまり好まれていなかった。すなわち下魚とされていた。江戸の初め、慶長年間（１５９６〜１６１４）のことを記した『慶長見聞集』には、

シビ（マグロのこと）は味わいよからずとて、地下《じげ》の者もくらわず、侍衆は目にも見給わず、そのうえしびとよぶ声のひびき、死日と聞こえて不吉なりとて祝儀などには沙汰せず

と書かれている。

しかし江戸時代も半ばになると江戸を中心に食生活の変化の中で、この下魚もしだいに食されるようになった。このような変化は、おそらく魚の鮮度との関係から輸送法や調理法の発達・改良がマグロ・イワシ・カツオなどの足の早い魚を美味しくしたのであろう。イワシやニシンは沿岸漁業の主軸をしめ、庶民の魚として食されていたが、鮮度との関連からその大部分は肥料にまわされていたという。

明治に入っても、漁業に関する限り、江戸後期の状態がそのままつづいていた。すなわち、明治の漁獲量

の主な魚は依然としてイワシであり、ついで松前（北海道）でのニシン漁であった。明治三〇年（１８９７）遠洋漁業奨励法が公布されると、漁船の動力化（トロール船）が進み、さらに日清・日露の戦争により、領土が拡大し、漁場も広くなっていった。日露戦争の勝利の後、日本の北方領土での権益が確保されると、サケ・マス漁業が拡大される結果となり、樺太（北海道）でのニシン漁業も発展した。またこれらは漁法の開発・進歩を促し、大正から昭和にかけて日本の漁業は急速に近代化され、かつ大型化した。その結果として、沿岸から沖合へ、沖合から遠洋へと発展し、現在に至ったのである。

日本の魚食文化の特徴

日本人は米食民族であり、かつ魚食民族である。魚《さかな》を酒菜《さかな》と呼ぶほど魚介に依存してきた。日本の魚食文化の形成は四方を海に囲まれ、春夏秋冬が規則正しく巡りくる国であることに基盤を置いている。すなわち、日本人は魚好きであり、しかも〝旬〟を重んずることに魚食文化の特徴がある。旬とはなにか？　旬とは魚介や野菜などの食材が一番多くとれ、栄養価が高く、かつ最も美味しい時（季節）である。周りを海に囲まれた日本は、北方からの寒流に乗ってくる魚と南方からの暖流に乗ってくる魚の両方が近海で合流しているので、魚介類が多くの旬を提供してくれている。日本人が季節ごとの自然の恩恵を海に求めたことは当然のなりゆきであったといえる。また仏教文化がこれに輪を掛けて、四本脚の動物を食べることをよしとしなかったことも、そのタンパク源を海に求める結果になった。

一方、伝統的な日本料理を支えてきた日本人の料理思想にも他国といちじるしく異なる側面がある。すなわち、中国や欧米の料理に関する考え方の基本は食材に、技術を加えて、変化させ、新たな味を創造することである。これに対して、伝統的な日本の料理に対する考えは、食材をできるだけ生かして、加える技術は最小限にとどめることを基本としている。したがって、時には料理をしないことこそ、最上の料理なのであり、手を加えない日本料理の代表が刺身である。刺身は原則として、火熱を加えず、生の魚肉を切ったものにワサビを添えて醤油を付けて食べるだけのものである。握りずしもまた、酢飯にワサビを添えて刺身をのせただけのものである。日本人は刺身や握りずしをもっとも単純ではあるが、しかし叩き上げられた食べものであると考えている。そこで、日本料理では、自然の食材の持ち味を殺すことなく料理することを重んじてきたため、醤油や酢・塩などの調味料は、ごく少量用い、味を生かしたのである。したがって、料理人は、きれいに切ったり、美しく盛り付けたりすることに技術を磨いたのである。そして「刺身を切る」、それは料理長の仕事とされてきたのである。

こうして日本の食文化は五感に強く訴える料理として発展していった。

目（視覚）では色や形、さらには盛り付けにおける皿の上での美的空間を大切にしていき、鼻（嗅覚）では、香りを大切にし、香辛料でにおいを付けるのではなく柚子や山椒の葉といった自然の食材でアクセントを付けたのである。口（味覚）ではふつうの味＝四味すなわち甘・苦（渋）・酸・塩があり、さらに日本では「うまみ」が加わった。辛みについては、刺激感の問題として味の一つに加えない場合が多くなっている。

また口（味覚）では味のほかに大切なものが触感であり、噛んだ時の「歯ごたえ」も日本人がとくに好むものであった。味覚と嗅覚は人体の感覚器のうち、とくに外界から科学物質を感知する器官である。これを脳に伝え、美味しさを判断している。耳（聴覚）は意外に思われるが鼻や口と連動しており、耳の病気（中耳炎）があると鼻や口が正常でも美味しく感じられないことはよく経験することである。

さらに音が旨さのポイントになる場合がある。たとえば、蕎麦をモソモソ食べても旨くない。せんべいもしかりである。すなわち「さらさら」「ぱりぱり」「ガリガリ」「サクサク」音を出して食べるのも時によいものである。

次に手（触覚・温覚）であるが単に口に運ぶだけのものではない。箸を持つ手から、椀を持つ手から温かさや重さ・堅さなどが伝わってくる。おにぎりや握りずし・巻ずしは、手で食べたほうが旨い。

このように、四季折々の多彩な旬の味を五感で楽しむことで日本人はえもいわれぬ幸福感にひたれるまでになっている。

魚（刺身）の美味しさ

「おいしい」と「うまい」は現在では同じ意味で使われている。美味しいの語源は「いしい」、すなわち、美しいに接頭語の「お」をつけたものであるといわれている。つまりよい・好しい・みごとといった賛美の言葉であり、「うまい」より上品な表現である。一方「うまい」は美い・甘い・旨いであり、うま味の概念が含まれていることから「おいしい」より、さらに狭い意味で使われることもある。日本人が重視するうま味はやはり古来からの米文化と魚文化に基因している。そして旬になるとこの食材のうま味の中核をなすグルタミン酸の総量が増し、かつバランスがよくなるといわれている。

魚の美味しさ・旨さを評価する最も大切なものは鮮度である。一般的に鮮度のよい魚は目玉が黒く澄んでおり、腹が締まって、全体に艶とぬめりがあり、えらが赤く、うろこがとれていなくて身を押すと弾力がある。昔から鮮度に応じて魚は「生で食え、焼いて食え、それでも駄目なら煮て食え」といわれてきた。鮮度のよい魚は最低限の料理技術である「切る」と最低限の味付けである「醤油につける」だけでうまいものである（第二章・「すしダネの鮮度の見分け方」の項参照）。

◆刺身と造り

刺身は古くから食されていたなますから鎌倉・室町時代を経て分かれたものである。切った魚の身なのに「さしみ」というのは武士の世の中で「切る」という言葉を嫌ったためであるという。さらに刺身は「造り」ともいわれている。これは結婚式やお祝膳で「身を刺す」という縁起の悪い呼び名を避けたものである。さらに三切れは「身を切る」になり一切れは「人を切る」になるので二切れ、四切れで供されるようになったともいわれている。

第一章

歴史からみたすし学

すしのルーツとわが国への伝来

すしの発祥地

大昔の人々が何をどのようにして食べていたかについてはわからないことが多いが、民族の文化を比較したり、地理的条件や自然環境を分析することにより、それらを推察できることがある。

すし発祥の地は東南アジアの稲作文化をもつ山岳盆地だといわれている。東南アジアでは、古来より米と魚介類を組み合わせた食品が多い。馴れずしもその一つであり、水田農耕民族が、季節の川魚をタンパク源として貯蔵するために作りはじめたと考えられている。今でも、東南アジアの山岳地帯の一部では、昔ながらの方法で、いわゆる馴れずしが漬けられている。一般に魚の保存方法としては、塩漬けや乾燥などが考えられる。しかし海から離れた山岳地域では一年中雨も多く、乾燥がむずかしく、かつ塩は貴重品であった。このような地理的条件から、山岳盆地では最小限の塩で漬けた後、飯に漬け込むという方法が考え出されたのであろう。日本にいつどんな形ですしが伝わったかは不明だが、すし研究の権威である篠田統《おさむ》氏はすしのルーツは東南アジアの山岳民が貴重な魚肉を長期保存するために、塩や穀物と漬け込み、発酵させたものが起源であると考えた（篠田統『すしの本』柴田書店・1970）。

東南アジアは日本をふくめた世界のなかでいちばん発酵食品が発達した地域である。現在、味噌・醤油・

酒・酢など、醸造分野における日本の発酵食品には麹を利用するものが多い。発酵といえば麹を利用した食品と考えるのが一般的である。しかし、古くから漬物や魚醤、馴れずしのように、原則として麹を加えない発酵食品もある。

魚醤とは生の魚介類を主な原料として、塩を加え、腐敗を防止しながら保存し、魚に含まれる酵素の作用によって、魚肉が自己消化され、溶け出してアミノ酸類に分解されることを利用してできた液状のものである。

馴れずしは、魚介類を主な材料として、それに塩と米飯を混ぜることによって、乳酸発酵をさせた保存食品である。すなわち、魚醤は積極的に魚肉を分解させ、魚肉の原形をとどめない液状の製品であるが、馴れずしは魚の原形を保ちながら保存したものである。

東南アジアに広がる魚醤と馴れずしの分布のなかで、文化人類学者の石毛直道氏は「魚介類の発酵食品の種類がもっとも多く、食生活における重要度が高いのは東南アジア大陸部である」と述べ、これらの大陸部では淡水魚からさまざまな魚醤や、馴れずしを作っていると報告している。そして石毛直道氏はさらにこれらの文化の比較研究から、馴れずしのルーツを東北タイ・ラオスあたりの平地の水田地帯で、これがマレー半島部・島嶼部に伝播した可能性が高いと推測したのである。すなわち、石毛氏は魚肉と穀物による発酵（魚醤や馴れずし）は篠田氏のいう山岳部ではなく、水田稲作が可能な地形の扇状地（山間盆地）や台地で成立したと考えたのである（石毛直道、ケネス・ラドル『魚醤とナレズシの研究―モンスーン・アジアの食事文化』岩波書店・１９９０）。筆者には石毛説の方が篠田説に比べ、ごく自然で無理がないと思える。ここで石毛説を少し紹介する。

●すしの「水田漁業」起源説

石毛直道氏は調査研究の結果から、「西南中国からインドシナ半島にかけての山岳部の焼畑耕作民のあいだでは、漁労活動が発達せず、馴れずしをつくらないのが普通である。この地帯で馴れずしつくりをするのは、山岳盆地で水田農耕にしたがう人びとである」と述べている（石毛直道『すしの履歴書・すしグルメの歴史学』岐阜市歴史博物館・１９９２）。したがって、馴れずしは水田で作った米と、「水田漁業」と名づけられた漁労との関係の中で生まれたものだと指摘したのである。ここでいう「水田漁業」とは、水田や、水田につながる小川で、農民が魚介類を採集することをいっている。水田耕作と水田漁業がおなじ場で結合し、米と淡水魚が一つになって馴れずしが生まれたと考えたのである。そして石毛氏は仮説をさらにすすめて、メコン川をはさんだ東北タイとラオスが、馴れずしの起源地である可能性が高いと『魚醤とナレズシの研究』の中で述べている。

その理由として

①水田漁業が発達した地域であること
②漁獲の少ない時期にそなえて魚を貯蔵する必要がある地域であること
③塩が内陸産の自然塩のかたちで容易に入手可能な地域であること

④食生活に馴れずしの占める比重が高い地域であること
⑤馴れずしとの関連の深い塩辛類の利用がさかんな地域であること

などを挙げ、これらの条件に合致する場所が、この地域であるからというのである。説得力のある考察である。馴れずしは東北タイではパー・ソム、ラオスではソン・パと呼び、いずれも「酸い魚」という意味からきているという。

一方、渡部忠世氏は、稲作の起源と伝播に関する考察から、雲南からメコン川にそってラオス、タイ、ベトナム、ビルマへと南下した稲の伝播ルートを、「メコン系列」と命名し、この「メコン系列」の稲作の伝播の主流は、メコン川の本流にそったものと考えられ、そこが馴れずしと魚醤の多用地帯に一致するというのである（渡部忠世『アジア稲作の系譜』法政大学出版局・1983）。また、渡部氏は米飯を原料とする馴れずしの起源を考えるには、稲作との関連を考えておかなければならない、としている。そうすると、東南アジアにおける初期稲作と馴れずしの文化の中心地域がみごとに一致したと述べ、雲南から南下した稲作が、メコン川にそって定着した時、雨の季節と密接な関係をもつ水田漁業がこの地方に発達し、そこで、魚を保存するための技術として、魚醤と馴れずしが生み出されたのではないかと考えたのである。そして、幸いなことに、これらの地域は発酵に必要な塩の得やすい場所でもあったことから、内陸での貴重なタンパク源である魚を保存する必要性の高い、条件の揃った場所であると説明したのである。この説明は石毛氏の考えとも一致するものであり、評価に値する。

これらのすしのルーツとその発展から、わが国への伝来を考えてみよう。わが国へのすしの伝来については①朝鮮半島経由②琉球経由③中国から直接米の伝来経路として―が考えられている。

このうち①は材料の多様化から日本の方がむしろ古いのではないかと考えられた。②は民俗学の祖である柳田国男が唱えた「海上の道」であるが、沖縄列島に産した子安貝が日本列島に稲作が伝来する受け皿となったというのである。古代中国では子安貝を至上の宝としたからである（柳田国男『海上の道』筑摩書房・1974）。しかし、南方からの文化の到来の説明としては一理あるが、沖縄にはまったく古い時代のすし文化がない。このことは直接の反対理由にはならないが傍証として反論にはなり得る。そこで、篠田統氏は水田稲作にともなって馴れずしが日本に直接伝えられたものと考え、その伝播経路は華中↓北九州↓瀬戸内海↓近畿というコースをたどったものと推定したのである（篠田統『増訂米の文化』社会思想社・1977）。わが国への稲作伝来の当初から馴れずしがあったかどうかはわからないが、馴れずしの分布と日本への稲作伝播の関係から経路を探ろうとするのが、篠田説であり、馴れずしの起源から考えても、この考えには無理がない。

すなわち篠田氏は、古代の中国とわが国の馴れずしの分布にもとづく結論として、わが国への伝播ルートは華中から北九州、瀬戸内海を経て近畿地方に稲作が伝来したという説を提唱し、長江下流域から北九州に稲作が伝播したとしている。この説は石毛氏の稲作経路の考察とも共通している。

わが国への米の伝来は紀元前四〜前三世紀というのが現代ではほぼ定説になっている。したがって、日本のすしの歴史も最大限にさかのぼるとすれば、おおむねそれぐらいであろうと考えられている。しかし、日本にすし文化が定着するにはそこからずいぶん後のことになろう。

中国における「鮓」と「鮨」

ここで中国におけるすしの歴史について篠田統氏の研究を参考にしてふれておく。紀元前五世紀から三世紀にかけて書かれた中国でいちばん古い辞書『爾雅《ジガ》』の中に「魚は之を鮨《キ》といい、肉は之を醢《カイ》という」とある。魚で作ったものを鮨《キ》といい、肉で作ったものは醢《カイ》という意味である。醢《カイ》は他の文献にもしばしば出てきており、骨のついていない肉のシオカラ（塩辛）である。したがって鮨《キ》は魚のシオカラであり、すしではないことになる。

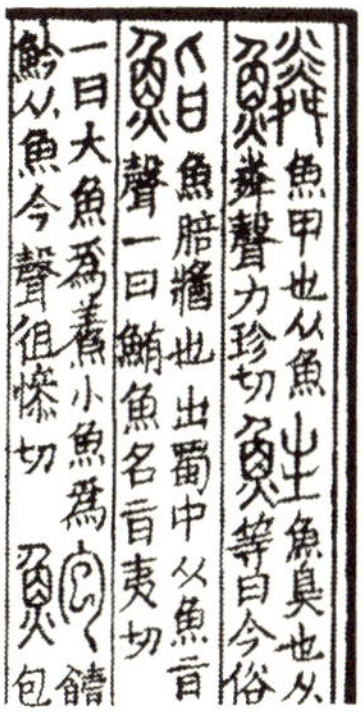

説文に書かれている中国の「鮨」
（宋版。静嘉堂文庫蔵。重文）

後漢（25～220）時代紀元一世紀から二世紀にかけて作られた中国二番目の辞書『説文《セツモン》解字』、略して『説文』には「鮨《キ》は魚の䏣醤《ホウショウ》（塩辛《シオカラ》）である。蜀（四川省）から出る。鮺《サ》は魚の貯蔵形態である」とあり、そして「鮓は鮺の俗字」であるとしている。ここで初めて鮨《キ》と鮓《サ》の区別がなされた。そして三世紀の中ごろ後漢から三国時代（220～265）にかけて作られた三番目の辞書『釈名《シャクミョウ》』では「鮓《サ》とは葅《サ》（つけもの）という意味で、塩と米とで醸《か》もすと葅《サ》となり馴《な》れたら食べる」と明記して、鮓がすしを意味する漢字となったのである。

後漢が亡びると世は諸葛孔明や関羽や曹操の活躍する三国時代（220〜265）となる。北方の魏の国で『広雅《こうが》』が編纂される。『広雅』とは『爾雅』を広げたもの、すなわち増補改訂版である。このなかに「鮗《シン》・鯗《シ》・鮨《キ》は鮓《サ》なり」と書かれ、本来シオカラであった鮨《キ》が鮓《サ》と混同され同じものとして使われた。同じ三国でも南方の呉の国ではすしは普通の食べ物であり、『詩経』の中で蒲鮓（マコモの新芽と思われる）が作られていたことを伝えている。また『二十四孝』の竹の子掘りで有名な孟宗も養魚池の番人だったとき「魚鮓」を母親に贈り「官池の番人がこんなものを作ったら、いかにもお上のものを盗んだように見えるではないか」と母親に叱られた逸話が載っているという。

晋（265〜420）の時代になると、『博物志』という本の中に「青海あたりの蕃人は仲秋の日、赤い頭のコイのうろこをとり、腹をさき、これに赤いもち米、塩、酒を混ぜて詰め込み、軽く重石しておく。一ヶ月余で熟する」とあり、また、『五湖賦』には「辛い塩に真白な飯、これに野菜や木の実を混じえ、抑《おさ》えたすしは岡のように連なり、積み上げること丘陵のごとし」とあるという。そして東晋きっての物知りである郭璞《かくはく》は『爾雅』の注釈を作り、そのなかで「鮨は鮓の類なり」といい、ここで中国では鮨と鮓とは完全に同一視され、以降すしの文献で鮨の字が使われることはごくまれとなり、たいていは鮓の字が使われるようになったというのである。この中国での「鮨」と「鮓」の混用が、そのままわが国へ伝わったと考えられ、平安時代（794〜1192）初期の『令義解』にも「鮨は鮓のことだ」と記載している。

南京に都を移した東晋が420年に亡びると、その後、宋、斉、梁、陳の四朝がつづいた。いわゆる南北朝時代（420〜589）である。揚子江から北は蒙古系、満州系などの異民族がたてた国が目まぐるしく交代する。いわゆる五胡十六国である。この間、揚子江流域を中心とした漢民族の間にすしは次第に食され、日常生活に密接につながるようになる。このころの詩賦や文章、手紙などに、すしはしばしば現われ、すしにちなんだ逸話もいろいろ残されている。六世紀中頃にできた、現存する最古の料理書である『斉民要術《せいみんようじゅつ》』（550頃）には、「魚類貯蔵法」としてすしが書かれており、魚鮓、夏月魚鮓、乾魚鮓、裹鮓、猪肉鮓、長沙蒲鮓などが挙げられている。用いる魚はコイが主である。

わが国の推古天皇の時代、聖徳太子の「憲法十七条」の制定（604）を経て、小野妹子《いもこ》が「日出ずる国の天子書を日没する国の天子に致す、恙《つつが》なきや」で始まる有名な国書をたずさえて中国に渡った（遣隋使）のは、彼地では隋の第二代煬帝《ようだい》のとき、607年のことである。そして、645年大化の改新がなされた。

わが国の文書記録に正式に鮓という字が現われるのは大宝元年（701）の『大宝令』と考えられている。しかし『大宝令』は現存していないため、その改定版である『養老令』（養老二年・718成立）が最初の記載である。中国では則天武后の長安元年で、唐（618〜907）の前半にあたる。そうなると日本のすしの歴史の始まりは八世紀からということになる。つまり遣隋使や遣唐使が往復し、宋や明の時代に日本から僧侶が留学に出かけても、すしに関する伝来はなかったということになる。わが国のすしは中国におくれること700〜800年を経て日本独自の進化、発展をとげていったことになる。

一方、中国ではことに漢人の中心が南京方面に集まった六朝以降はすしは彼らの日常生活にも取り入れられ、北宋（960〜1127）を経て、南宋時代（1127〜1279）に全盛期を迎えた。しかし、引きつづく蒙古人の治世である元（1279〜1368）の時代から、政治的理由や食生活の違いから、すしは、明（1368〜1644）を経て、次第に衰退し、中国からは完全に消失してしまったのである。つまり元の支配者である蒙古人は魚を好まず、漢民族とは違った習慣の民族が、この国を征服したからである。あるいは、もともとすしが中国本来の料理ではなく他文化からの移入であったからかもしれない。したがって、現在の中国で普及しつつあるすしは日本からの逆輸入ということになる。

すしは貝塚に出てくるような考古学的資料として残らないので、わが国の馴れずしの歴史は文字による資料をたどるしか方法がない。文献に記された最古のものとしては、前述した八世紀前半に編纂された『養老令』（養老二年・718成立）である。その中の『賦役令』に鰒鮓・貽貝鮓・雑鮨が貢納物として挙げられている。

鰒鮓はアワビの馴れずし、貽貝鮓はイガイの馴れずし、雑鮨は雑多な魚介類を材料としたさまざまな馴れずしのことを指している。鮓と鮨の両方の文字が現われるが、『養老令』の注釈書である『令集解』（天長十年・833）によれば、前述したように「鮨は鮓のことだ」として、この二つの漢字はおなじ意味を表わすものとしている。次に古い文献としては、正倉院文書の『但馬国正税帳』（737）には難波宮の造営工事に従事する人足に雑鮨を支給したことが記録されているという。また日本最古の漢和字書である『新撰字鏡』（900頃）に鮓を訓で「酒志（スシ）」と読むこと、鮨もおなじ意味の文字であることなどが解説されているという。つづいて『倭名類聚鈔』（931〜937）が鮨に「須之（すし）」の和訓を与えている。

こうしてわが国では鮨と鮓は最初から混用されて、「スシ」と読んだのである。

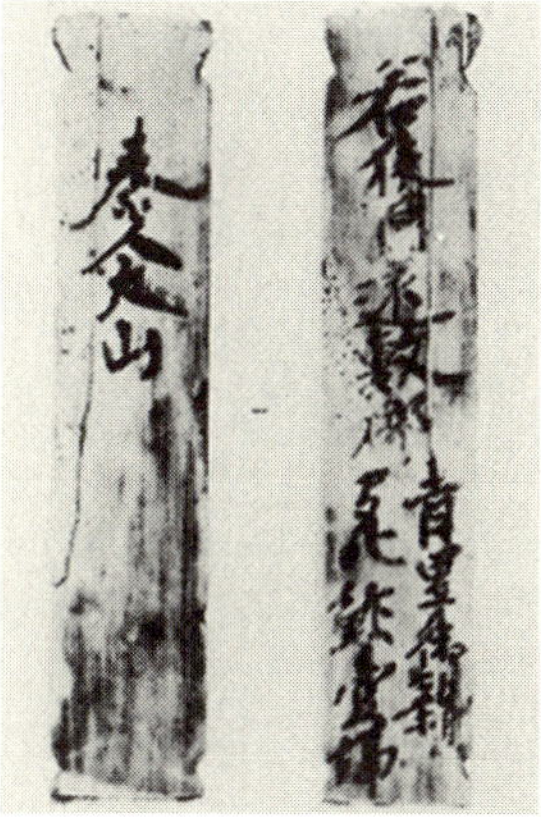

奈良・平城宮跡で出土した木簡の表面と裏面。若狭国（福井県）から送られた多比鮓（タイの鮓）に付けてあった木簡である。送り主は秦人大山と記されている。

●古代史料のすしの記録

わが国の古代の百科便覧ともいうべき『延喜式』（905〜930）のなかにはすしの漢字を「鮨」の字に統一して数多く出てくる。単に「鮨」と記したものから、「雑鮨」「雑魚鮨」「手綱鮨」などである。また、材料としては鰒（アワビ）、年魚（アユ）、鮒（フナ）、貽貝（イガイ）、鹿（シカ）、猪（イノシシ）、鮭（サケ）、冨耶交（ホヤをまぜたスシ）、大鰯（オオイワシ）、阿米魚（アメノウオ）、貽貝保夜交（イガイとホヤをまぜたスシ）などが挙がっている。

文書以外の古代のすしに関する資料としては、宮跡などから出土する木簡がある。奈良国立文化財研究所の「木簡データベース」によると、多比・鯛（タイ）、貽貝（イガイ）、年魚・鮎（アユ）、鰯（イワシ）、鯵（アジ）、鯖（サバ）、鮭（サケ）、鰒（アワビ）などが挙げられている。
このように古代の記録に現われた馴れずしの材料の種類の数では貝類などの海産物が多く、淡水魚では、アユ、フナ、アメノウオ・サケである。頻度からいえばアワビについで、アユとフナが多く、この二種の淡水魚が古代の馴れずしの材料としては重要な魚種であったことがわかる。その後は時代とともに海水魚・淡水魚ともに種類が多くなっていく。

古代のすしに、シカ・イノシシの獣肉のすしがあることも注目される。もともと馴れずしは、大陸において、乳酸発酵を利用した動物性タンパク質の保存法であったことを考えると不思議ではない。しかしわが国では、その後肉食が禁止されたこともあり、後世になると、すしの原料は魚介類に限定されてしまったのである。古代の馴れずしの作り方が現代にまで伝承されている例としては、だれもが琵琶湖のフナずしをあげ、一般的に日本のすしのルーツとも考えられているが、かつてはフナずし作りの分布はより広く、『延喜式』では、河内・摂津・近江・美濃・筑前・筑後から貢納されたことが記載されている。

わが国のすしの歴史

日本のすしの原型——奈良・平安時代

すしは世界に誇れる最高の日本料理の一つである。すし・ＳＵＳＨＩは健康食・ダイエット食として国際的にも太鼓判を押され、今や海外のどこに行っても食べられるほど、すし人気は衰えを知らない。広く海外にまですしブームを巻き起こし、まさにグローバルな料理といえるであろう。英語では握りずしはNigiri—Zushi あるいは Hand—Formed Sushi であるが、説明としては「fish on vinegared rice」となる。また、『広辞苑第5版』を引いてみると、すしは、漢字を鮨・鮓とし、「『酸《す》し』の意で、①魚介類を塩蔵して自然発酵させたもの。また、さらに飯を加えて発酵を促したもの。なれずし。生成《なまな》り。（和名抄）②（「寿司」と書くのは当て字）酢と調味料とを適宜にまぜ合せた飯に、魚介類・野菜などを取り合せたもの。いいずし・おしずし・はこずし・にぎりずし・まきずし・ちらしずしなど」と説明し、握り鮨では、「酢飯に新鮮な魚介の肉などをのせて、握った鮨。にぎり」と説明している。

●奈良時代までの文献にみるすし

日本におけるすしの起源は最大限にさかのぼるとすれば、稲作の伝来の紀元前四～前三世紀ということになろう。考古学的資料が残されていないので確定できないが、文字に現われる以前からすしがあったとすれば稲作の伝来とほぼ同じ頃ではないかと推定できる。しかし、『古事記』（712）や『日本書紀』（720）は、日本の国家の成立、天皇家とその統治の由来を記録した歴史書として編纂されたものである。したがって、「記紀」の中に具体的なすし名は記載されていない。また、後の『万葉集』（759）にもすしの名は出てこない。

「すしの字考―鮨と鮓」の項でも述べているが、文字の記録からたどっていくと、最初にすしの名が記載されているのが、養老二年（718）に成立した『養老令』の「賦役令」のなかに「鮓」の字として出てきている。すなわち、「鰒《あわび》鮓二斗貽《い》貝鮓三斗……雑鮨五斗」である。租庸調の現物税として鮓を納めている。そして、現存していないが、『養老令』の基になった『大宝令』（701）にもその文字は存在していた可能性があるといわれている。また、この時代の人々の食べ物として、藤原宮の木簡からは鮎《あゆ》・年魚《あゆ》・荒堅魚《あらかつお》・伊委之《いわし》・加麻須《かます》・魪《かれい》・鮭《さけ》・須々支《すずき》・布奈《ふな》・伊加《いか》・生鰒《なまあわび》・酢鮑《すあわび》などが出てきており、平城宮の木簡からは多比鮓《たいのすし》のほかに、堅魚《かつお》・赤魚《あかいお》・磯鯛《いそだい》・鰯《いわし》・伊和志《いわし》・鮒《ふな》・鯖《さば》・烏賊《いか》・伊加《いか》・水母《くらげ》・煮汁鮓《にしるすし》・押年魚《おしあゆ》・味塩鮒《うましおふな》・雑魚鯌《ざこたい》・煮塩年魚《にしおあゆ》・蒸鮑《むしあわび》・熟鰒《いりあわび》・貽貝鮓《いがいずし》などが書かれているという。当時の献上された海産物の食べ物のなかからも「鮓」の字が記録されている。

しかし、いずれにしてもわが国全体としてすしが定着したのは国家が統一され、中央政治が行われるようになってからである。したがって、前述した文献にみられるように遣隋使（607）のはじまりや、大化の改新（645）を経た七〜八世紀と考えるのが妥当であろう。

奈良時代（710〜794）のわが国の文献に出てくる漢字「鮓《サ》」「鮨《キ》」は、中国から伝来したものである。これらは古代中国では、別々の食べ物を表わす文字であった。中国ですしを意味するのは「鮓」の字であり、「鮨」は〝魚の塩辛〟であった。三世紀半ば頃の辞書『釈名《しゃくみょう》』は、「鮓は葅《サ》（つけもの）の意」とし、「塩と米とで醸もすと葅《サ》になり、馴れたら食べる」と明記し区別していた。ところが、三国時代（220〜265）の辞書『広雅』が、この二つの文字を「䰼《シン》・鮆《キ》・鮨《キ》は鮓《サ》なり」として、混同してしまった。そして、わが国へ混用したままで伝えられたのである。（前項「すしのルーツとわが国への伝来」参照）。すなわち、平安時代初期に著された『養老令』（718）の注釈書『令義解』（833）でも、「鮨は鮓のこと」として、『広雅』と同じく混同し用いているという。

また、後の「寿司（寿し）」という字は、江戸時代末期にわが国で作られた当て字である。つまり漢字に意味を持たない音に縁起をかついだものである。したがって、わが国では、今もって「鮓」と「鮨」と「寿司」とが同じものとして混用され、生きているのである。また、「鮓」「鮨」の読みを「すし」としたのも平安時代（794〜1192）になってからである。中国の辞書にならい、日本で作られた現存する最古の漢和辞典の『新撰字鏡』（900頃）に、「鮓」の字を〝酒志《すし》〟と訓読し、また『倭名類聚鈔《わみょうるいじゅしょう》』（931〜937）では、「鮨」を「須之《すし》」と訓《よ》んでいる。

「すし」という言葉の語源について諸説あるが、最も一般的なのは〝味が酸っぱいからすし〟という説である。これは、儒学者・貝原益軒が元禄一二年（1699）に出した語源辞書『日本釈名』のなかで、「味すし」（味が酸っぱい）としているのが最初であるといわれている。新井白石が出した語源研究書『東雅』（1

719）でも、「スは醋（酸）也、シは助詞也」としているので、まず「酸っぱい」というのが一般的であろう。このほか、「押す石」（調製時に重石《おもし》を置くことに由来する）が語源であるとしたり、（『和句解《わくかい》』・1662）、「酢染《すし》み」に通ずるとする説（『倭訓六帖《わくんろくちょう》』・1846）とか、異説もある。これらをふまえた上で、『鮓・鮨・すし　すしの事典』（旭屋出版・1990）の著者、吉野昇雄氏はすしとは外来語であると唱えている。「すし」を表わす漢字を二文字重ねて、それを中国語読みにした。すなわち、鮓はそのまま「サ」と読み、鮨を「キ」でなく「シ」と読んで、「鮓鮨《さし》」とし、これが訛って「すし」になったというのであるが、少し無理があるようにも思える。

古代のすしの製法に関する文献はない。ところが、海を渡った中国の文献にすしの製法を具体的に示したものがある。つまり、六世紀半ばの中国・北魏で発行された現存する最古の農学料理書である『斉民要術《せいみんようじゅつ》』（550頃）のなかで、古代日本のすしの様子を知ることができる。このなかの「作魚鮓」という項目に、すしの製法が詳しく書かれている。したがって、これが世界最古の製法に関する記述である。要約すると次のようになる。

作魚鮓第七四

「**鮓**」**の作り方**・要約

鮓作りの季節は春と秋がよく、夏や冬はよくない。冬は熟成しにくく、夏はすぐ熟成してしまったり、蛆《うじ》がわく。新鮮な大きなコイを材料にするが、身の痩せた魚のほうがよい。うろこを取り、小さな皮つきの切り身にする。切り身を盆に入れて、きれいに洗い、大皿に入れ、塩をふる。これを籠に移し、平たい板石をうえに置き、圧して水切りをし、塩加減をみる。味が薄ければ塩を「混ぜめし」に混ぜる。

ウルチゴメの飯をかために炊いて〝まぜめし〟を作る。盆のなかで、飯に香辛料のカラハジカミやチンピと、酒を混ぜる。酒は、鮓を早く熟成させる。鮓一斗に酒半升用いる。甕のなかに魚と〝まぜめし〟を交互に一層ずつ重ねていき、甕いっぱいにつめ、蓋をして、タケの棒でおさえる。冬はわらでくるみ、凍らせないようにする。赤い汁があがってきたら捨てる。白い汁になり、酸っぱい味になったら熟成している。

「魚鮓」の作り方（作魚鮓法）・要約

魚を切って、塩漬けにして、時間をおく。汁が出てきたら、取り去り、魚をきれいに洗う。洗った魚を飯と一緒につつむ。この時、塩は用いない。

この『斉民要術』では酒や香辛料も使っている。かつて中国の一世紀から二世紀にかけて作られた辞書『説文解字』では鮓《サ》（鮺《サ》・魵《キン》）は「魚の貯蔵形態である」と説明している。それなら長く貯蔵するには、発酵を早める酒をなぜ使うのであろうか。『斉民要術』の「作魚鮓」の作り方は新しいやり方であろうか。また、香辛料にしても、何のために用いるのであろうか。日比野光敏氏は『すしの貌』（大巧社・1997）のなかで、

■平城京・長岡京の木簡にみられる「すし」

・貽貝鮓（若狭）
・年魚鮓（但馬、阿波、筑後）
・多比鮓（若狭、志摩）
・鮒鮨（筑前）
・堅魚鮨（志摩）
・鰒鮓（若狭）
・鰯鯵鯖鮭鮨

■『延喜式』にみられる「すし」

・雑鮨（若狭、志摩、淡路）
・鮨鰒・鰒鮨（阿波、伊予、筑前、肥前）
・雑魚鮨（伊勢、尾張、備前、阿波）
・鮨年魚・年魚鮨（美濃、伊賀、大和、播磨、丹波、阿波、豊前、豊後、肥後、筑後）
・鮨鮒・鮒鮨（美濃、筑前、筑後）
・貽貝鮨・鮨貽貝（三河、伊予）
・鹿鮨（紀伊、筑前、豊前、豊後）
・猪鮨（紀伊、豊前）
・手綱鮨（駿河）
・鮭鮨（越中）
・大鰯鮨

※年魚はアユ、多比はタイ、堅魚はカツオ、鰒はアワビ。カッコ内は記録されている産地。

資料：奈良国立文化財研究所資料、『魚醤とナレズシの研究』（岩波書店）石毛直道　ケネス・ラドル著、『すしの本』（柴田書店）篠田統著、『すしの貌』（大巧社）日比野光敏著

発酵ずしは……魚（肉）・飯・塩の三者で構成されたものがそのプロトタイプだと考えてさしつかえなかろう。実際、すしに関する中国の文献をみるとき、時代が下るにしたがって、酒や糀《こうじ》、香辛料や薬味が多用されるようになっている。よって、すしは、材料や製法がシンプルなほど古い形態であるといえる。

と記している。この考え方は歴史的に見て妥当性がある。

●平安時代のすし

奈良時代までの日本のすしの製法が『斉民要術』にあるような香辛料や酒を使った新しい製法であったか否かはわからない。それから後の平安時代にまとめられた『延喜式』

（905〜930）では「雑魚鮨十石」の材料を「味塩魚六斗、白米一石、塩一石三斗」と記録していることから、平安時代も、魚・塩・米だけの古い馴れずしの製法で作られていたことがわかる。

当時のすしの形状については、平安時代末期に完成された説話集『今昔物語集』（1070頃）の「販婦《ひさきめ》の話」の記述はもっと詳細に馴れずしの特徴をよく表わしている。

人、酒に酔ひたる販婦の所行を見る語《こと》（第三二）

今は昔、京に有りける人、知りたる人の許《もと》に行きけるに、馬より下《お》りて其の門《かど》に入りける時に、其の門の向《むかひ》なりける旧《ふる》き門の閉ぢて人も通はぬに、其の門の下《もと》に、販婦《ひさきめ》の女、傍《かたはら》に売る物共《ども》入れたる平《たひ》らなる桶《をけ》を置きて臥《ふ》せり。「何《いか》にして臥したるぞ」と思ひて、打寄《うちよ》りて見れば、此の女、酒に吉《よ》く酔《ゑ》ひたるなりけり。

此《か》く見置きて其の家に入りて、暫《しばら》く有りて出でて、亦《また》馬に乗らむと為《す》る時に、此の販婦の女、驚き覚《さ》めたり。見れば、驚くままに物を突くに、其の入れたる桶《おけ》に突き入れてけり。「穴穢《あなきたな》」と思ひて見る程に、其の桶に鮨鮎《すしあゆ》の有りけるに突き懸けけり。販婦《ひさきめ》、「錯《あやまち》しつ」と思ひて、急ぎて手を以て、其の突き懸けたる物を鮨鮎にこそあへたりけれ。此れを見るに、穢《きたな》しと云へば愚《おろ》かなりや。肝《きも》も違《たが》ひ心も迷《まど》ふ許《ばかり》思《おぼ》えければ、馬に急ぎ乗りて、其の所を逃げ去りにけり。

要約すると、「京《みやこ》のある人が、知人宅を訪ねた時、向いの家の門前に、酔って倒れていたすし売り女が、売り物である桶に入っているアユずしの上にげろげろと反吐《へど》をはいた。すし売り女は、急いで手でその反吐をすしのなかに混ぜ込んでしまった。汚《きた》ないどころのさわぎではない。これをみた京の人は肝《きも》をつぶして驚き、急いで馬に乗って逃げ去った」というのである。

痛烈な話である。当時のすしは反吐とまちがえるようなべとべとした粥状のもの（発酵した飯）で覆われ、酒に酔った人の嘔吐物と見間違うほどのひどく酸っぱい悪臭も放っていたであろう。

また、馴れずしの飯を食べたかどうかについて、『今昔物語集』の「三条中納言の水飯の話」に参考になるおもしろい話がある。

三条中納言、水飯を食ふ語《こと》（第二三）

今は昔、三条中納言《さんでうのちゅうなごん》と云ひける人有りけり。……中略……長《たけ》高くして、大きに太りてなむ有りければ、太《ふと》りの責めて苦しきまで肥えたりければ、医師和気《わけの》□を呼びて、「此く極《いみ》じく太るをば何《いか》がせむと為る。起居《たちゐ》など為《す》るが、身の重くて極《いみ》じく苦しきなり」と宣ひければ、□が申しける様《よう》、「冬は湯漬《ゆづけ》、夏は水漬にて御飯《おもの》を食《め》すべきなり」と。……中納言、「例《れい》食ふ様にして、水飯持《も》て来《こ》」と宣へば、侍立ちぬ。暫《しば》し許《ばかり》有りて、御台片□を持て参りて御前に居《す》ゑつ。……先づ干瓜を三切《きれ》許に食ひ切りて、三つ許食ひつ。次に鮨鮎を二切許に食ひ切りて、五つ六つ許安らかに食ひつ。次に水飯を引き寄せて、二度許□箸廻《めぐ》らし給ふと見る程に、飯失《う》せぬれば、亦盛れとて鋺を指遣《さしや》り給ふ。其の時に、□「水飯《すいはん》を役《やく》と食《め》すとも、此の定《ぢやう》にだに食さば、更に御太《ふとり》止《とど》まるべきに非《あら》ず」と云ひて、逃げて去りて、後に人に語りてなむ咲《わら》ひける。……

つまり、肥満体であった中納言は、身の重さに苦しくなり、医者に相談したところ、「冬は湯漬け、夏は水漬けで御飯《おもの》を食べなさい」と教えられ、早速家来に「いつも食べられるように水飯をもってこい」と命じた。医者がみていると、干瓜を三本食い、次に鮨鮎《すしあゆ》を二切れぐらいに食い切って、これを五、六箇食べ、さらに大きな椀に盛った飯に、水を注がせたのを二口ぐらい箸を動かしただけでぺろりとたいらげて、次のお代わりを命ずる始末。これにあきれかえった医者は治療などできないとあわてて逃げ出したという。

ここでは「おかず」としてアユずしを食べているのだから、飯は食べなかったと考えられるのである。また、平安時代末期成立とされる『類聚雑要抄』には、饗宴の献立の図として器に盛ったアユずしには飯粒がまったく描かれていないという。この絵からも、アユずし（馴れずし）は飯を捨ててしまい、食べなかったことがわかる。

また、『今昔物語集』には当時の兵食としてのすしも、「平維茂、藤原諸任《ふじわらのもろたふ》を罰《う》つ語《こと》」の中に登場する。すなわち、酒や肴が戦場に届くありさまを、

酒大樽《おおきなるたる》に入《いれ》て十樽許《たるばかり》、魚の鮨《すし》五六桶許《ばかり》、鯉・鳥・酢・塩に至《いたる》まで多く荷《にな》ひ次《つづ》けて持来《もちきた》れり……

と記している。

平維茂が藤原諸任を討ったのは、長徳年間（９９５～９９８）のことであったという。この頃、馴れずし

が兵食用の保存食として遠くへ運ばれていることがわかる。
この当時のすしについての記録をみると、すしは『養老令』や「正税帳」でわかるように、奈良時代から租税の納目でもあった。平安時代になると、「租庸調」の税制はなくなったものの、諸国の特産物は中央政府に納められている。『延喜式』には当時の諸国の貢納品が明記されている。魚の他、動物の肉を漬けたすしも含まれている（64ページの表参照）。

魚のすし以外に、「猪ずし」や、「鹿ずし」などの動物の肉を漬けたすしもあることは興味深いものがある。中央の権力が及んだ西日本から主として納められていることがわかる。当時のすしは貴族の食べ物として重要なばかりでなく、重要な貢納品だったのである。これはこの時代のすし（馴れずし）が長期のタンパク保存食として長距離の輸送にも耐えられる食べ物であったからである。

わが国の最も古いすしというと、魚、飯、塩で作る近江名物の「鮒ずし」があげられる。近江の鮒ずしは、『延喜式』の時代の「馴れずし」と材料は同じである。したがって、食べる時には飯は落として食べない。しかしこのことから、このすしが古代のすしと同じであるかどうかは疑問である。つまり技法は同じでも、漬ける時期が異なっているのである。
江戸時代中期の料理書『合類日用料理指南抄』（１６８９）では、「近州鮒の鮨」は夏場を避けて、「寒のうちに漬ける」としている。しかし、現在の鮒ずしは夏場の土用の前につけている。前出の古代中国『斉民要術』も、夏場を避けるよう注釈している。江戸以降の改変は、より高度な加工技術の進歩によるものといえるのではなかろうか。しかし、近江国は平安時代、塩漬けのフナを献上しており、鮒ずしを作っていたことは確かであろう。したがって、現在の近江の鮒ずしは保存性からみても最も原始的な作り方をそのまま伝えていることに変わりはない。

一方、吉野昇雄氏は『鮓・鮨・すし　すしの事典』のなかで、ドジョウずしをおそらく日本の古い姿を伝える最古のものと考え、次のように述べている。

滋賀県栗田《くりた》郡栗東《りっとう》町（もとの葉山村を含めた数ヵ村）大橋（もと大字大橋）というところに、三輪《みわ》神社という古い神社がある。この神社では伝説にもとづいて毎年五月十日の祭典に氏子《うじこ》の奉仕によって神饌《しんせん》としてドジョウとナマズのすしが供えられることになっている。社伝によると、……（中略）……いつからか、この神社に変事の前兆として白蛇が現われ村人は白蛇をしずめるために人身御供《ひとみごくう》をあげていたがやがて人間の代りにドジョウとナマズを供えることになった、というのである。

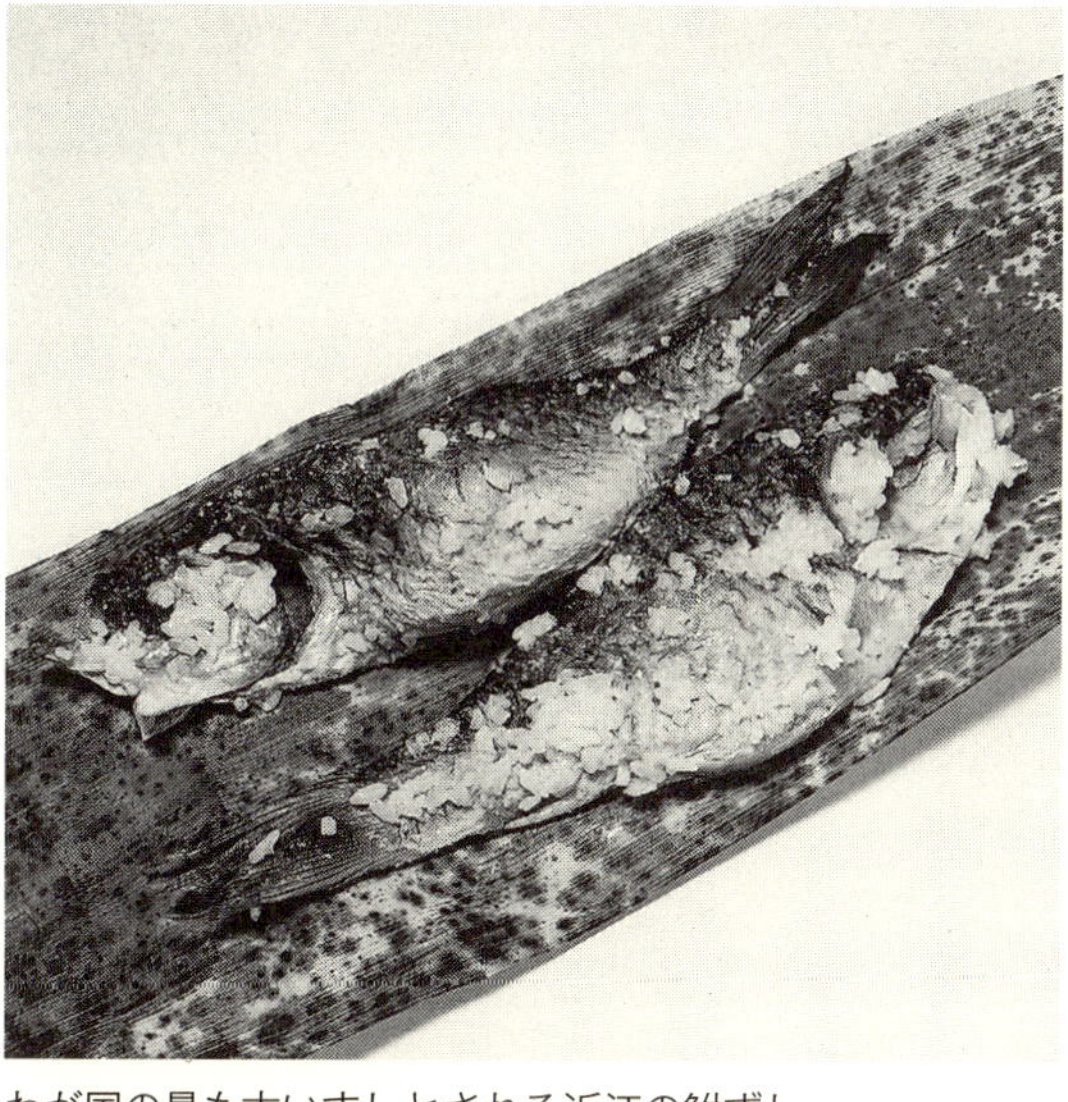
わが国の最も古いすしとされる近江の鮒ずし。

そしてフナずしより古い姿である理由として

第一に、このすしは、きわめて原始的なつけ方をしてあることだ。ナマズは腸を除いているがドジョウはほとんど生きたままであり、材料には調理の手が加えられず、生のままである点である。第二に、つける時期である。九月から翌年の五月までで、腐敗しやすい夏期を避けていることだ。いわば、よい時につけてよい時に食べるわけで、保存上の工夫がさほど必要でない。第三は、飯のなかに蓼をまぜていること。これはいわば香辛料であり、『斉民要術』中の鮓とよく似通っているのだ。これをフナずしと比べれば、フナずしは五月初めにフナをとり、ひと月、塩をしてからつけこみ、土用を越し、香辛料を用いないのであるから、ドジョウずしのほうが原始的であり、古い姿ということになると考えられないだろうか。

というのである。いずれにしてもフナずしは歴史とともに改善加工され、今日に生き残ったと考えられ、一方、ドジョウずしは改善や工夫がされることなく残されているが、どちらが古いかは判定しにくい。

平安時代に、すしは宮中の行事や貴族たちの食膳など、さまざまな場面で登場する。このことは、この時代の文学作品にもその様子が描かれている。平安時代中期に成立した『宇津保物語』（990頃）では、貴族の膳に、「鮨物」が置かれている様子が描かれ、平安時代末期の『類聚雑要抄』にも飯のない〝鮨鮎〟が饗宴の図に載せられている。また、『土佐日記』（936）のなかでは、紀貫之は海辺に生える葦の陰の水面に映った女性の陰部をイガイとアワビのすしにたとえ、その様子を伝えている。すなわち、「十三日の暁に」

の項に

……さて、十日余《あま》りなれば、月面白《おもしろ》し。船に乗りはじめし日より、船には紅《くれなゐ》濃く、よき衣《きぬ》着ず。それは、「海の神に怖《お》ぢて」といひて、何《なに》の葦蔭《あしかげ》にことづけて、ほやのつまの貽鮨《いずし》、鮨鰒《すしあはび》をぞ、心にもあらぬ脛《はぎ》にあげて見せける。……

とある。

清少納言の『枕草子』（1000頃）には「名恐ろしきもの、いにずしそれも名のみよらず見るも恐ろし」とある。「いにずし」はウニを使ったすしではないかといわれている。

平安時代になるとすしは必ずしも貴族たちだけが食していたわけではない。それは、前述した『今昔物語集』の京の町でアユずしを売っていた「販婦《ひさきめ》の話」からも考えられよう。したがって、『万葉集』（759）にもすしを扱った歌はないことなどから、奈良時代はまだすしは上流階級だけのものであったが、平安時代になって、初めて庶民も口にできたのではなかろうか。

平安時代の人々は今日とおなじように、米や麦を食していた。上流階級は主として米、庶民は米のほか、主として麦や粟なども食べていたようである。米の飯はこしきで蒸した「こわいひ（強飯）」と、釜でたいた「ひめいひ（姫飯）」があった。強飯は、今日の「おこわ」にあたる。うるちをこしきに入れて蒸しかえしたものである。今日われわれが食べるご飯にあたるものが姫飯で、うるちに水を入れて釜で炊いた。そのままで食べたり、干した乾飯に冷水（水飯）や湯を注いで食べる（湯漬）こともあったという。またこの時代の正式の食事は二回であったが、時にこの間に補食をしていた。とくに肉体労働に従事する人は三度の食事をとっていたことが『枕草子』や『今昔物語集』に書かれている。

◆ミサゴずしの伝説

ミサゴは肉食の鳥で海辺に生息し、魚を捕獲する。伝承によると、老夫婦がいて、その家の近くに、ミサゴが巣を作った。そこで老夫婦が、残ったご飯を餌として巣に入れてやった。ところがミサゴは飯を食べないで海から魚をとってきては巣に運んでいた。その老夫婦は巣にたくさんの魚があるので鳥のお礼と思い込んで持ち帰って食べてみると、非常に美味しかった。いろいろ考えてみると、飯と魚の発酵とによってできた味だとわかったというのである。

また、『嬉遊笑覧』巻十（喜多村信節著・文政一三年序・1830）には、「みさご鮨ハみさごハ詩経に雎鳩と詠じ　本草に八鶚といへり　名物弁解にみさご本邦古より有之日本紀（景行紀）に覚賀鳥といへり　形鷹に似て深目赤黒色なり　水禽に八非ずして水辺に魚を掠食ふ　或ハ魚を取貯へ岸の沙石の間に積置をみさごの鮓と云ふ　漁人或ハ好事の人採得て不加塩醤して食ふ　味ハ人の作れる鮓に似たりといふ　本草啓蒙に深山の巌陰に魚を多く積重置をみさごの鮓といふ……」とある。

そして『皇都午睡《こうとごすい》』（1850頃）には、「鶚鮨《みさご》は鶚と云ふ鳥、沖にて浮かみいる魚を爪にかけ、海岸の巌に生たる藻を掻分けて埋み置を、海士《あま》の子藻の影より是を取食する也、藻の上より取る時は重ねて漬る事なし、下より取る時はしけ日和の食料にとか、いやが上にも取り置もの也とて、海辺の者に聞きたり……」とある。

これらの「みさご鮓」の文献から、わが国の鮓のはじまりは「鶚鮓《みさご》」からではないかというのがミサゴずし起源説である。しかし、ミサゴが魚をとるのはわかるが、魚と魚との間に海藻を重ねるようなことをするとは思えないし、伝説の域を出るものではないと考えられる。研究家の篠田統氏もミサゴずしの伝承について、これをわが国最初のすしの記載だとするのは誤りであると指摘している。

生成《なまなれ》の誕生――鎌倉・室町・安土桃山時代

武家政治となった鎌倉時代（１１９２～１３３３）は、将軍・源頼朝自らが質実剛健を生活の規範としていたこともあり、食文化も質素倹約を旨とした時代である。鎌倉武士の普段の食事は一日二回、一日の主食の量は黒米（玄米）五合で、これを蒸して強飯《こわいい》にし、一汁一菜が普通であったといわれている。祭事や饗宴《きょうえん》などの特別の場合を除いては、一般的には質素な食生活に甘んじていたのである。そのため、すしに関しても史料は少ない。この時代のすしにまつわる話として伝わっている無住法師の仏教説話集『沙石集《しゃせきしゅう》』（１２８０～１２８３）に出てくるケチな男の逸話がある。

要約すると、〝奥州にけちで欲の深い男が住んでいて、ある日、アユを釣ってきて食べた。残ったアユはすしに漬けた。ところが、でき上がったすしを妻はもとより、幼い一人息子にも食べさせなかった。そこで妻は、こんなことではと将来を案じて離婚した。男は追放となり、家屋敷地一切は妻のものとなった〟というのである。

この話には注目すべき点がいくつかある。一つは平安時代中期から西日本が中心であったすし文化が鎌倉時代になり奥州（東北）の田舎にまで普及していること、いま一つには庶民の生活の中にすし食文化が日常化していることである。さらに食べきれずに生物《なまもの》である魚が残った時の処理として、すし漬けがこの当時行われている点である。つまり、庶民の食生活におけるすし作りの考え方がしっかりと示されていることである。

その他、越前国（福井県）に伝わる『気比神宮の文書』（建暦二年・1212）には、その社領四か所から年貢の一部としてすし桶を納めさせている記録があり、鎌倉時代の資料としては次のものがあるという。

①『続古事談《ぞくこじだん》』（建保五年・1217）
銀の桶に詰めたアユずしのことが記されている。

②安芸国《あき》　厳島《いつくしま》神社文書（建長七年・1255）
酒肴請取書のなかに「すし一折敷」と記されている。

③紀伊国　高野山文書（文永元年・1264）
「すし一ヲケ」と記されている。

④東大寺　快春和尚《かいしゅんおしょう》の起請文《きしょうもん》（文永三年・1266）
アユずしの授受に関する記録がある。

⑤若狭国　志積浦《しつみうら》の『年貢注進状案文』（弘安二年・1279）
年貢のひとつとして「すし代」の記録がある。

室町時代（1392〜1573）になると、貴族の日記や大饗料理の献立記録が多く残されていて、この中にすしの記録も豊富に伝えられている。南北朝（1334〜1392）から室町初期のものといわれる『庭訓往来《ていきんおうらい》』（1450頃）は、書簡の文例集であり、日常生活における実用的な入門教育書的なものである。このなかに「鯵鮨《あじずし》」という文字が出てくる。「五月状返」の項に次の記述がある。

塩肴《しおざかな》は、鮪《しび》の黒作《くろづくり》・鮎《あゆ》の白干《しらぼし》・鱒《ます》の楚割《すいり》・鮭《さけ》の塩引《しおびき》・鯵《あじ》の鮨《すし》・鯖《さば》の塩漬《しおづけ》、干鳥《ほしどり》・干兎《ほしうさぎ》・干鹿《ほしじか》・干江豚《ほしいるか》・豚《いのこ》の焼皮《やきかわ》・熊《くま》の掌《たなごころ》・狸《たぬき》の沢渡《さわたり》・猿《さる》の木取《ことり》・鳥醤《とりびしお》・蟹味噌《かにみそ》・海鼠腸《このわた》・鯀鱗《うるか》・烏賊《いか》・辛螺《にし》・栄螺《さざえ》・蛤《はまぐり》・蝦交《えびまじ》りの雑《ざ》喉《こ》・氷魚《ひお》等。

すしが相当人気のある食べ物であったことを知ることができる。平城宮跡から出土した木簡には、タイやカツオ、コノシロと、海魚のすしの名が書かれていた。しかし、その後この海の魚のすしの資料が、平安・鎌倉時代まではこの「鯵鮨」まで出てこないことを、篠田統氏は指摘している。史料が出てこないだけなのか、実際に作っていないのかわからないが、不思議である。

室町時代のすし文化の歴史上の最も注目すべきは、「生成《なまなれ》」の誕生といえる。「なまなり」とも読まれ、

「生馴れ」の当て字といわれている。これは発酵が浅いすしという意味で、魚、飯、塩の三つで作られている。この「生成(なまなれ)」という言葉は、室町時代中頃の応仁の乱(1467～77)の頃に記された『蜷川親元日記』（1473〜86）で初めてみられるという。

室町時代になって「馴れずし」から「生成（なまなれ）」に変わっていった背景には、すしが一般の人々にも普及し、大事な飯を捨ててしまうことはもったいないという意識から、発酵時間を短縮して、飯も一緒に食べるという改良を重ねたと想像される。また、人々にすしの「酸っぱさ」も好まれ、庶民の生活の知恵として「生成《なまなれ》」が必然的に誕生してきたと考えられるのである。

実際に「生成《なまなれ》」が浅い発酵すしであったと考えられる記録として、診療録である『医学天正記』（1580頃）がある。この症例はフナずしの骨が喉に刺さったというものである。従来の「馴れずし（ホンナレ）」では、やわらかくなっていたであろう小骨が、「生成《なまなれ》になると、鮒ずしの骨が固いまま残ることになる。この鮒ずしは骨が喉に刺さるのだから、浅い発酵の「生成《なまなれ》」だと考えられるのである。ちなみに、骨が気にならなくなるには鮒ずしでは、魚の大きさにもよるが、漬けてから一年以上という。

「生成《なまなれ》」の誕生はすし食文化史上一大革命であった。つまり、発酵期間の短縮とすし飯の食用であった。一五世紀、一条兼良《いちじょうかねよし》（1402〜81）の作で『精進《しょうじん》魚類物語』に「飯尾鮓介」という人物が登場する。この人物に「鮓介」という名を与え、飯を食べたと思われる生成《なまなれ》の記述がある。この記録は、「こけらずし」または「飯ずし」と考えられている。

　また、京都の神職である鈴鹿《すずか》家の『家記《かき》』（1336〜99）には宇治丸・アユずし・フナずしとともに「こけらずし」というのが出てくる。こけらずしは同書が初見といわれている。こけらずしは飯を主体とし、上に魚肉を貼った箱ずしであるが、この頃からすしは、飯を一緒に食べるものとして広まり、江戸時代の「飯ずし」へと進んでいったと考えられている。

　さらに、奈良興福寺の塔頭多聞院において三代の僧によって書き継がれた日記『多聞院日記《たもんいん》』（1478〜1618）にはタケノコやナス・ミョウガなどの野菜ずしが、書かれている。つづいて御所の女官の記録『お湯殿の上の日記』（1477〜1687）には、御所の茶事などの湯を準備するお湯殿《ゆどの》にもナス・タケノコのすしが献上されたことが記録されているという。そして、この時代は寺院・仏閣が建立されたことと併せて、精進用のすしも発案された。さらに、ナマズ・フナ・コイ・アメノウオ・ドジョウ・イサザ・イワシ・アジ・ハモ・タイと、すしの材料が豊かになっていった時代である。

　戦国時代の山科言継《やましなときつぐ》の日記『言継卿記《ときつぐきょうき》』（1550頃）の頃になると、すしの種類も豊富になり、川魚ではフナ・アユ・ウナギ・ナマズ・ドジョウ・雑魚のすし。海魚ではタイ・ハモ・イワシが出てくる。また、『蜷川親元日記』（1473〜86）では、こけらずし・アユずし・アメ（アメノウオか）ずし・コイのすしが出てくる。また奈良・吉野の「釣瓶《つるべ》ずし」の名が文献に出てくるのもこの頃である。

　しかし、古代のアワビ・イガイ・ホヤなどのすしはこの時代になるとなくなってしまっている。また、すしは宴席の献立を賑やかにかざり、広く普及した時代でもあった。一五世紀末頃には、この時代を代表する庖丁流派の四條流の料理書『四條流庖丁書』（1489）が完成し、すしの式作法が書かれている。そのなかには「すしの事、あゆを本とすべし」と書かれているという。この時代はアユずしが第一のすしであったのである。また、安土桃山時代（1568〜1603）に栄えた茶道の献立にも、フナずし・アユずし・宇治丸・サケずしなどが取り入れられている。しかし、江戸時代（1603〜）になると、嗜好の変化から、茶道にはすしは取り上げられなくなっていったという。

この時代のすしは「生成《なまなれ》」が主流であろうと思われる興味深い歌がある。

生成の　すしにも似たる　近江衆　石を重しと　持たぬ日はなし

織田信長が人夫達に石を運ばせて土木工事をさせている様子に対して、京の人が、上に重石を載せた形を「生成」に連想して詠んだ歌である。人々のなかでは、すしといえば、すなわち、「生成《なまなれ》」を指していたことが考えられる。そしてこの「生成《なまなれ》」が江戸へとつづくのである。

生成《なまなれ》の変革と握りずしの誕生――江戸時代

徳川家康が朝廷から征夷大将軍の位をもらい、江戸幕府を開いた（1603）が、文化の中心は上方《かみがた》で江戸時代中期の元禄時代（1688〜1703）までは、上方のほうが文化的にもはるかに高いレベルを保っていた。江戸時代中期以降になると、さまざまな産業が江戸に集まり、徐々に文化の中心は上方より、江戸へ移っていったのである。すしについても同様で室町時代中期の「生成《なまなれ》」文化をそのまま受けつぎ、江戸初期のすしは室町以来の継続であったといえる。この頃の俳句をみるとすしは夏の季題であるが、蕪村の句に次のような句がある。

鮒鮓《ふなずし》の便《たより》も遠き夏野哉　（明和5年・1768）
鮒ずしや彦根が城に雲かかる　（安永6年・1777）

すし好きで有名な蕪村の時代（享保元年・1716～天明三年・1783）には、酢を使った早ずしはまだ一般には普及してはいなかった。すしといえば、夏に漬けて冬に食べる生成《なまなれ》系統のすしが主流であった。しかし、すし好きの蕪村の明和八年（1771）の同じ年の句に次の二句がある。

なれ過《すぎ》た鮓をあるじの遺恨《いこん》哉
一夜鮓馴《な》れて主の遺《い》恨《こん》哉

自慢の鮓を来客に出そうとしたところ、馴れ過ぎてしまっていたと残念がる句である。二番目の句は一番目の句を一夜鮓に換えた別案と考えられているが、この頃から早ずし（一夜鮓）が出はじめていたのであろ

う。また安永（1772〜80）末の句に

夢さめてあはやとひらく一夜鮓

次に、同じ蕪村のすしを季語にした句から、二通りのすしづくりが詠みとれる。

鮓を圧す我酒《われ》醸《かも》す隣あり　（安永6年・1777）
鮓をおす石上に詩を題すべく　（同）
鮓おしてしばし淋しきこころかな　（同）

これらの句では、すしを「圧《お》して」作ると詠んでいる。一方、

鮓つけて誰待《たれまつ》としもなき身哉　（明和8年・1771）

漬《つ》けるは「馴れずし」であり、圧《お》して作るのは「生成《なまなれ》」と考えられる。時代を投影した句である。

近世の江戸時代（1603〜1867）になると、すし献上の風習はますます盛んになった。すなわち、戦乱の時代が過ぎて政権が安定すると、人々の目は権力者のほうにむけられる。諸大名が自領の四季おりお

りの名物を将軍に献上することを「時《とき》献上」といい、すしもその例外ではなかったという。一八世紀半ばの成立と考えられる『諸国献上物集』や、一九世紀前期に書かれた『文化武鑑』（1812）には諸大名からのすし献上が載っている。いくつか列挙してみると、

山城《やましろ》国淀《よど》藩／稲葉	三月	鮒《ふな》鮨　一桶
和泉《いずみ》国岸和田《きしわだ》藩／岡部	四月	鯛《たい》鮓　一桶
紀伊《きい》国和歌山藩／徳川	四月	釣瓶《つるべ》鮓　二曲物
	五月	釣瓶《つるべ》鮓　二曲物
近江《おうみ》国彦根《ひこね》藩／井伊《いい》	四月	鮒鮨　一桶
	一一月	紅葉鮒鮨　一桶
近江国膳所《ぜぜ》藩／本多《ほんだ》	四月	鮒鮨　一桶
	六月	鮒鮨　一桶
	一〇月	紅葉鮒鮨　一桶
近江国市橋《いちはし》藩／仁正寺《にんしょうじ》	（不明）	近江鮒鮨　一桶
近江国小室《こむろ》藩／小堀《こぼり》	四月	鮒鮨　一桶
信濃国高島藩／諏訪家	三月	鮒鮨　一桶
美濃国　大垣《おおがき》藩／戸田	四月	小鮎鮨　一桶

七月　鮎鮨　一桶

若狭国《わかさ》　小浜藩《おばま》／酒井　六月　疋田鮎鮨《ひきだ》　三捲

加賀国《かが》　金沢藩／松平（前田）　一二月　松百鮨《まっとう》　一桶

越中国　富山藩／松平（前田）　一〇月　越中鮎鮨　献上量不明

また、近江の鮒ずしについて太閤秀吉が軍を高麗（朝鮮）に進めていた時（１５９２〜）、近江の長浜町民が九州の名護屋の本営に、その陣中見舞いの品として鮒ずし百尾を献上したという記録が滋賀県坂田郡の古文書（『近江坂田郡志』）に残されている。

尾張（名古屋）鮎ずしの献上については、慶長八年（１６０３）、徳川家康が江戸幕府を開いた年であるが、尾張の郡代が鮓所に命じて、「鮎鮓」を調進させ、徳川家康、秀忠に献上したという。それ以後、鮎鮓献上の仕事は尾州藩の所管となり、アユを供給する長良、小瀬《おぜ》の鵜匠《うしょう》もその支配と保護を受けるようになった。献上鮎鮓の調進を代々引き受けていたすし屋を「鮓所」「御鮓屋」「鮓元」などと呼んでいたが、後に「御鮓元」と名のるようになり、調製された鮎ずしは、尾張・岐阜から江戸・品川まで四六駅、駅ごとの問屋はその到着の時刻を明らかにするという厳重さで逓送《ていそう》され、だいたい三日から四日で届けた。

奈良・吉野の「つるべすし 弥助」も京都の仙洞御所に毎年、〝鮎鮓〟を調進した「献上鮎鮓」のすし屋であった。このすしについて、松江重頼が編集した俳諧の手引書、『毛吹草』（１６４５）の諸国の名物ずしの中で、「大和釣瓶鮓、鮎なり。狂物《まげもの》に入れて藤にて手をするゆゑにいふ」と記されているという。竹田出雲

の『義経千本桜』（1742）鮨屋の段に、

風味も芳野下市に　売弘《うりひろ》めたる釣瓶鮓　御鮓所の弥左衛門　留守の内にも商売に抜目《ぬけめ》もない（内）儀が早漬に　娘お里が片綿襷《かただすき》　裾《すそ》に前垂ほやほやと愛に愛もつ鮎《あい》の鮓　押えてしめてなれさする……

とある。そしてこれらの献上の習慣は、量は時代により多少の違いはあるが、幕末の頃までつづいている。
また、江戸時代初めの頃、策伝和尚によって編まれ、笑い話を収録した『醒睡笑《せいすいしょう》』（1623）は、次のようなすしに関連した笑い話を紹介している。

○力はないが、技のうまい相撲好きの男が、力づくで相撲を取る坊主にいつも負けていた。ある時、また負けてしまったので、わざと大声で「いろんな坊主と相撲をとったが、あんな鮨臭い奴は初めてだ」と負け惜しみの悪口をいって退いたという話（馴れずしの臭いとなまぐさ坊主をかけた悪口である）。
○山から里へ出てきた二人づれの男達が橋を渡るとき、一人が泳いでいる魚を見て「あれは口のまわりが白いから鮎だ」といった。するともう一人が「鮎なら飯粒がついているはずだから鯖《さば》だ」といったという話。
○老僧が外出から帰ってこないので小坊主たちは先に寝ていた。そこへ老僧が帰って来て、ギュウギュウ詰めになって寝ている小坊主たちを見て「さてさて鮨を漬けたようじゃ」といった。すると小坊主の一人が起きてきて「腹に飯のない鮨は見たことがない」といったという話。

『醒睡笑』の話は江戸時代の初期のものであるが、小坊主でさえ「すしは飯が魚の腹の中に詰まっていて、魚と一緒に食べるもの」ということを常識として知っていたことは、当時生成《なまなれ》が一般化し、飯も食べるものという根拠といえるだろう。

●即製化と酢の利用

江戸幕府開府以降、江戸が少し落ち着きをとりもどした頃の『料理物語』（1643）には、この頃の料理の具体的な作り方が示されている。そして、「一夜ずし」と「こけらずし」の作り方を記載している。それによると、一夜ずしは、「塩をきかせた飯を、塩をしないアユの腹の中に入れ、藁苞《わらづと》に包んで火であぶる。その後、菰《こも》に包んで温め、重石を強くかけるか、柱に強く巻きつけて締める」というもので、こうすれば一夜で馴れるというのである。

しかし、これだけでは、時間的に不十分で発酵するとは考えられないが、材料は従来のままの魚、飯、塩の三つだけである。生成《なまなれ》の発酵期間の短縮のために、長い経験の中で、暖かいほど発酵が早く進むことは知っていて火であぶり、温めていることは新発想であったろう。

一方、こけらずしの作り方は、「サケ（鮭）を大きめの切り身にし、飯に塩加減してかき合わせ、そのまま押しをかける」としている。その後、このすしは人々に親しまれていくようになったと思われる。『本朝食鑑』（鱗介部之一・鮭《さけ》）（1695）には、「近世連子ノ鮨有、呼テ古計良《コケラ》鮨ト謂ウ、最モ之ヲ珍賞ス」とある。また、『和漢三才図会』（1713）にも、一種柿鮨《こけら》ト云フ者有リ　鯛　鯧《マナガツオ》　鮑　章魚《タコ》　烏賊等　蝶テ之ニ加ウルニ　紫蘇　荀　木茸　ヲ　以テ之ヲ醸スルヲ上品ト為ス　蓼山淑　ヲ得レバ味美ナリ。

と書かれており、「柿鮨《こけら》」も江戸初期から中期には有名だったことがうかがえる。コケラとは、魚肉の薄切りを飯の上にのせたさまが屋根を葺くのに用いる薄い削り板に似ていることから名づけられたといわれている。魚のウロコもコケラといい、「鱗鮨《こけらずし》」という表現も後に現われてくる。この時代のすしに、魚を尾頭つきのまま漬ける「姿ずし」と、切り身にしてから漬けるこけらずしの二つの作り方があった。そして、こけらずしは箱ずしの原形と考えられているのである。

俳諧の手引書『毛吹草《けふきぐさ》』（１６４５）には、諸国の名物ずしが記されており、釣瓶ずしについては前述したが、その他には飯ずし（六条、奈良）、宇治丸（宇治川）、雀ずし（大坂・福島）、松波ずし（越中）、フナずし（近江）、ハタハタずし（出羽）がある。

ここに六条・奈良の飯ずしとあるが、奈良の飯ずしとは飯を主体とする生成《なまなれ》のことなのか、他の形態のものかは定かではない。「お湯殿の上の日記」（１４７７〜１６８７）の中には「奈良のすもじ」として現われるが、記述からは飯を主体とするものかどうかはわからない。しかし、その製法や消息については、貞享元年（１６８４）黒川道祐著の『雍州府志』（巻六造醸ノ部）に詳しく書かれている。

飯鮓、六条ノ人家之ヲ製ス、精飯長サ三寸許リ、四囲寸許ノ物相ニ之ヲ盛リ、乾魚ノ皮一片ヲ貼シ堅密ニ之ヲ圧シ、而シテ之ヲ出シ再ヒ桶ニ盛リ、別ニ飯ヲ以テ之ヲ鮓蔵シ、然シテ石ヲ以テ之ヲ灌ギ、生蓼ノ葉ヲ加ヘテ之ヲ食フ、是レ又夏日ノ珍味也、倭俗ニ飯ヲ量ルノ器ヲ物相ト云フ（中略）毎年西本願寺ノ門主、藤花ノ開クヲ待テ而シテ飯鮓ト与《トモ》ニ、禁裏院中ニ献ジ被ル。凡松茸、竹笋茄子皆魚鮓ニ傚ヒテ之ヲ蔵ス又、酒糟ニ之ヲ蔵ス者アリ俗ニ糟漬ト云フ。

この本から二つの製法があることがわかる。一つは、器に飯を詰めて、その上に乾魚の皮を一切れはりつけて、堅くしっかりと、その後、器から取り出してすしおけに並べて作る方法で、飯を主体とするものであり、他の一つは、飯をマツタケ、タケノコ、ナスなどの野菜や魚とともに食べるすしと考えられる。「釣瓶ずし」はアユの生成《なまなれ》で、「宇治丸」はウナギのすしで、どちらも室町時代にすでに登場している。釣瓶ずしという名は、前述したとおり、すしを漬ける桶の形が井戸で使う〝つるべ桶〟に似ていることから名づけられた。前出の『本朝食鑑』（鱗介部之二）の「鮎」の項には、紀州に「釣瓶鮓《つるべすし》」というのがあり、これはアユの微《わか》少い時期のもので作ることが書かれている。

「雀ずし」はボラの幼魚の江ブナのすしで、江戸時代初期には、すでに大坂・福島の名物ずしになっていて、現在の小鯛雀ずしはその伝統を継ぐものである。江戸中期には、江ブナから小ダイに替えたと伝えられている（本章「古来有名なりしすし屋」の項 参照）。フナずしは近江の産だから、おそらく伝統的な馴れずしと考えられる。『本朝食鑑』にも、日本ニテ近江鮒ヲ賞スルガ如シ。近江鮒ハ肩広ク味尤美シ。他邦ニ異ナリ。

と書かれている。「ハタハタずし」は現在のものとの関係はわからない。「松波ずし」は能登の「松百《まっとう》ずし」ではないかと考えられている。

ここで、『毛吹草』に記録されたすしを中心に江戸時代初期から中期にかけての、すしを要約してみると次のようになる。

①近江のフナずしのように、魚だけを食べる古代の製法もいまだ伝えている。
②京の宇治川のウナギずし、出羽のハタハタずしのような飯も食べるが、主として魚を食べるすし（生成《なまなれ》）もあった。
③摂津福島のすずめずし、大和吉野の釣瓶《つるべ》ずしのように魚と飯とをともに食べるすしがあった。
④京の六条や奈良の飯ずしのように飯を主としたと思われるすしがあった。

以上より、近江のフナずし以外は、生成《なまなれ》のすしから変化したものであり、「一夜ずし」や「こけらずし」など早ずしへの移行を感じさせている。

またこの頃の俳諧・狂歌にも多くの歌が残されている。

『古今夷曲集《いきょく》』（寛文六年、1666）には次の歌がある。

子供をば鮨にするほど持ったれど　いひがなければひ干しにぞする
仏にはまだなまなりの魚の鮨　菩薩界までおしかかりたや
魚篇に春加ははれる鮨だにも　すきなお口に飽かれやはする
近江鮒《ふな》宇治丸鮎の鮨もあれど　おされぬ味は鰆なりけり
秋風のふく島人のをどる（踊）とて　すずめ鮨ほどあつまりにけり

『後撰夷曲集《いきょく》』（寛文一二年・1672）には次の歌がある。

此魚は都に馴れて鮨ながら　世にうじ丸と人はいふなり
ちょこちょことおどれ（踊）どへらぬ我腹は　飯の過ぎたる雀鮨かも
其味もよしや難波の雀ずし　咽《のど》のあたりを飛ぶやうにあれ

『料理塩梅集』（1668）は、すし文化の歴史上、重要な書として注目される。それは生成《なまなれ》の歴史から変化し、ここで初めてすし作りに〝酢〟が使われたことを記しているからである。つまり、この本の「鮒鮨漬方」の中で、二～三日で食べる場合は酒と酢の両方を入れ、四～五日おく場合には酢は入れないとしている。酢はもともとは酒のアルコールの酢酸発酵によってできるものであるから、酒を入れるというのは、飯のでんぷんが乳酸発酵していく過程の中で速く、酸っぱくさせるために、酢酸発酵をうながしたのであろう。待ちきれない様子がよみとれる光景である。このことは、すしの歴史の中で、今までのすしの味であった乳酸発酵の「酸っぱさ」から酢の、酢酸発酵による「酸っぱさ」までも受け入れ、できるだけ早く食べようとしたことを示している。すしの歴史、酢の歴史の両方から見ても、大きな変化である。すなわち、江戸時代に入って、各地で酢が製造され、自家製の酢も盛んにつくられるようになっていたことを『本朝食鑑』も記しており、これらと大いに関連することであろう。また、『料理塩梅集』の中に、

……塩梅をよくする事は、第一味噌・塩・酢・酒・醤油是等の味悪ければ、いかに上手なりといふ共、塩梅ならざる物也。

と記されていることからこの当時、酢が重要な調味料であったことがわかる。さらに、画期的なこととして、『料理塩梅集』には酒を用いず、いきなり酢を加える「当座《とうざ》ずし」や「俄《にわか》ずし」の製法も紹介されている。酒や酢を使う生成《なまなれ》は、『合類日用料理指南抄』にも、フナ早ずし、ウナギずし、アユずしなどが紹介されている。しかし、この当時の酢の使い方はいろいろで、酢を飯に加えたり、魚に酢をあてたりしている。

蕪村（1716〜1783）の句に

夢さめてあはやとひらく一夜鮓　（安永六年・１７７７）

という句がある。定かではないが、この頃になると、この「一夜鮓」は時代背景から酢を使ったすしだったのだろうと思われている。一茶（１７６３〜１８２７）も「一夜鮓」を歌に詠んでいる。

蓼の葉も紅葉しにけり一夜鮓　（文政八年・１８２５）

一茶はすしが馴れて、酸味で蓼の葉が紅葉してくるのを見つめながら、詠んだのであろう。元禄（１６８８〜１７０３）から文政（１８１８〜２９）にかけての頃は早鮓も一夜鮓もこけら鮓も、すべて同じすしだったと考えられている。『滑稽雑談』（１７１３）には

早鮓《はやずし》これまた一夜鮓などといふ。多くはこの製、魚貝数種を細截して醞醸するゆゑに、柿鮓《こけらずし》ともいふ。その熟すること早し。よりて早鮓の名はべる

と記載されている。

●早ずしの定着

酢の利用によって、発酵ずしはいよいよ衰退し、一八世紀になると、乳酸発酵を伴わないで短期間で酸っぱさを出す「早ずし」が人々に受け入れられ、江戸食文化の爛熟期と相まって、その形態も次第に多様化していった。つまり、酢の利用は、「一夜ずし」「にわかずし」を登場させ、一八世紀末から一九世紀初頭の魚の尾頭のまま漬ける「姿ずし」も、切り身にして漬ける「柿《こけら》ずし」も酢を使うすしとして成立させている。

江戸時代になり、世情が安定すると、庶民も生活を謳歌するようになった。そして、貴族や公家などの限られた階級の人々にだけ受け継がれる料理本ばかりではなく、多くの種類の料理本が庶民にもいきわたるようになった。

この頃の料理書として『卓袱《しっぽく》会席趣向帳』（1771）では飯ずしやタイ・イナ・アユなどの〝当座ずし〟を、『豆腐百珍』（1782）では〝とうふ鮓〟を、『大根料理秘密箱』（1785）では〝大根ずし〟の作り方を、『万宝料理秘密箱』（1785）では〝フナずしの早漬〟を、『鯛百珍《たいひゃくちん》料理秘密箱』（1785）では〝鯛ずし〟のつくり方を、『甘藷百珍』（1789）では〝いも巻ずし〟を、『海鰻《はも》百珍』（1795）では〝桜井ずし〟の名でハモずしを、『名飯部類』（1802）では〝こけらずし〟〝鯖ずし〟〝さくらずし〟などを、『素人庖丁』（1803）では〝おからずし〟などをそれぞれ紹介している。これらの中では、酢は飯のみにあてられる場合と魚のみにあてられる場合、両方にあてられる場合が記載されているという。つまり、「姿ずし」は多くは魚のほうに酢をあて、「柿《こけら》ずし」では、魚のみと飯のみ、または両方ともあてる三通りがあったという。これらの違いはどれが古い方法というわけではなかったようである。おそらく、材料によってその都度使い分けられていたのであろう。

このようにして、酢を使う〝早ずし〟は完全に江戸庶民の生活に定着した。長期保存の発酵食品というすしの概念はなくなり、発酵による乳酸の酸味と、酢による酢酸の酸味は異なる味であるものの、人々はできるだけ早く出来上がるすしを求めたのであろう。この背景には、酢や醤油の品質がよくなっていったことも見逃してはならない。酢という調味料の出現によって、すしの形態はさらに変化をし、発展していった。

『和《わ》漢《かん》精《しょう》進《じん》料《りょう》理《り》抄《しょう》』（1697）

日本料理とすしの変遷

縄文時代	狩猟食	魚貝・獣肉・木の実等	
弥生時代	農耕食	稲作・米食の渡来	
奈良時代		肉食禁止令 殺生禁止令	養老律令に「鰒（アワビ）鮓」等が登場 馴れずしの普及
平安時代	朝廷料理の確立（延喜式）	四條流庖丁書	
鎌倉時代	武家料理 精進料理 寺社料理 普茶料理（中国式精進料理）		生成のすしが普及
室町時代	本膳料理 南蛮料理	飲食の礼法が確立	
安土桃山時代	茶懐石料理 卓袱料理	炊飯が蒸すから煮るへ 茶道の確立　千利休 1日三食が定着	
江戸時代	袱紗料理（略式本膳料理） 会席料理	鎖国 すし・そばの発達 町人文化 料理茶屋が発達	徳川将軍代々 アユずしの献上を受ける 箱ずし コケラずし 押しずし 握りずしの登場

日本料理は本膳料理の完成で基本ができたとされ、冠婚葬祭の料理作法の厳格な礼法が定められている。袱紗料理は普段着の袱紗袴を着用して味わう略式の料理で、江戸時代に入って格式ばらない料理作法として広がった。さらに酒と料理を楽しむ会席料理も発展した。

では松茸ずしを紹介し、『料理網目調味抄《りょうりもうもくちょうみしょう》』（1728）では、丸ずし（姿ずし）と身どり（鱗《こけら》ずし）の二つを挙げて、庶民に紹介している。また、『料理山海郷《さんかいきょう》』（1749）や『料理珍味集』（1764）では、前書で魚身とおろし大根を巻く巻ずしや昆布を使うサケ早ずしを紹介し、後者はハモずしや、若狭のニシンずし、羽前酒田の粥《かゆ》漬など、多彩なすしを紹介している。一方、飯を使わないすしとして『甘藷百珍《かんしょひゃくちん》』（1789）には飯の代わりにサツマイモを使った巻ずしも出てくるし、オカラを使ったイワシのすしも登場している。江戸時代は途中に天明の大飢饉（1783〜88）、米の高騰、相次ぐ百姓一揆、そして寛政の改革（1787〜93）による質素倹約時代と世情が不安定な時期もむかえたが、それらの社会事情が人々にすしの多様化を生み出させたのかもしれない。こうして、すしは人々により、郷土の味としてさまざまな工夫がなされ、大いに普及していったのである。

松平定信の寛政の改革（1787〜93）の後、水野忠邦の天保の改革（1841〜43）頃にかけて、江戸の文化は成熟をみる。庶民の食生活も豊かになるなかで、新たに改良されたすしが続々と登場する。『名飯部類』では、〝姿漬け〞のすしを食べやすくするため、骨を除いたり、おろし身にしたりしてからすしにした。今日の〝姿ずし〞や〝棒ずし〞とほぼ同じ作り方を紹介している。また、「切り身漬け」では、飯の上にすしダネを置く〝こけらずし〞がほぼ定着してくる。喜田川守貞《きたがわもりさだ》の書いた『守貞謾稿』（1849）は、京坂《けいはん》（京阪）ではトリガイを使うのが普通だが、玉子焼やアワビ・タイなどを飯の上に置いた「こけらずし」を紹介しており、因曰《ちなみにいう》、京坂ニテハ、方四寸許ノ箱ノ押ズシノミ、一筥四十八文ハ鳥貝のスシ也。又、コケラズシト云ハ、雞卵ヤキ、鮑、鯛ト並ニ薄片ニシテ、飯上ニ置ヲ云。

と記している。

また同書には、以下のような興味ある記述がある。

鶏卵以下、従来、極テ薄クス。天保初比、心斎橋南ニ、福本ト云ル鮓店ヲ開き、玉子刺身トモニ、厚サ一分半餘、二分モアリ、従来ハ、五厘許ノ厚サナル故ニ、衆人、甚賞レ之、買人、市ヲ為シ、容易ニ買得難キ程也。此時ヨリ、他ノ店トモニ一変シテ倣レ之。同製スレドモ、福本ホドハ、賣レズ。

天保（1830～43）の初めの頃、大坂の心斎橋《しんさいばし》南の福本《ふくもと》というすし屋が、玉子を厚くして売り出し、大当たりしたため、他店も同じようにしたが、福本ほどは売れなかったという。

現在と同じ上方《かみがた》ずし（箱ずし）もこの頃に成立している。「切り身漬け」では、具と飯を混ぜてしまうものも現われ、〝こけらずし〟のように、押した後に切って（切りずし）食べていたが、匙《さじ》や箸《はし》で直接そのまま食べる「おこしずし」（すくいずし）が現われている。具の魚介の種類も増え、タイ・アワビ・アカガイなどを使用し、さらに、キクラゲ・タケノコ・薄焼玉子・シイタケ・ミツバなどを加えて多様化してきている。今日いう〝五目ずし（混ぜずし）〟の前身である。

巻ずしも自由に発想を変えながら、バリエーションを広げていった。『名飯部類』には今日の海苔巻の製法や、熱い飯に具を混ぜて、温かいうちに食べるという「あたためずし」、薄焼玉子で包む「茶巾ずし」も出てくる。また、この項は後述するが、いなりずしや握りずしなども現われている。すなわち、江戸時代の末期には、今日みられるさまざまなすしの原型が整った。

●巻ずしといなりずし

同じ海苔で巻きながら東と西で呼び名（巻ずしと海苔巻）がちがうのはどうしてか、資料が乏しく詳しいことはよくわからない。巻ずしが初めて文献に現われるのは、『料理山海郷《さんかいきょう》』（１７４９）といわれている。

巻鮓

辛み大根をおろし、塩を合わせ、よくしぼり、川鱒をつくり酢に塩をあわせ漬けおき、おろしをまんべんにならし、鱒をおきてまき、その上を簀にて半日ばかりしめおき、うす刃にてこぐち切りしてもちゆ。

とある。簀で巻いてしめたことから、この名がついたのであろうが、これは巻ずしではなく、魚の酢の料理である。簀の子の上で飯を敷いて魚をのせて巻くという、現代の巻き方に近い巻ずしは、『献立部類集《ぶるいしゅう》』（１７７６）に出てきている。この文献には「満《ま》きすしの製法」として、浅草海苔、ふぐの皮または紙をすだれに敷きて飯を引き重ね、魚をならべ、右のすだれを木口よりかたくしめ巻にして四角なる内に入れ、よく重しをかけ置くなり。

と紹介している。ただし、現代とずいぶん、かけ離れているのは巻く素材である。つまり、海苔の代わりにフグの皮や紙も用いていることである。

また、『名飯部類、付録』（１８０２）には、

巻ずし
浅草紫菜《のり》を板上にひろげて、前の如きこけらすしの飯を置、加料《かやく》には鯛、あわび、椎茸、野蜀葵《みつば》、芽紫蘇《めじそ》の類を用ひ堅く巻、布を水にてしめし上に覆い、しばらくして切。紀州加太和布《きしゅうかだめ》にて右のごとくして和布《め》巻すしと云。

とある。ここで海苔で巻く巻ずしを「巻ずし」といい、ワカメで巻いたものは和布《め》巻ずしといっていることがわかる。また、この海苔巻ずしは一枚で巻いていることもわかる。したがって、今日の関西の巻ずしの原形と考えてよい。一方、江戸ではその後、海苔巻ずしを「のりずし」と呼び、やがて単に「海苔巻」となるのである。

前出の『守貞謾稿』によると、江戸の「海苔巻」は干瓢《かんぴょう》のみを巻くが、京坂では椎茸とウドを入れて「巻

ずし」と記している。

又、浅草海苔巻アリ、巻ズシト云。飯中、椎茸ト独活ヲ入ル。京坂ノ鮨、普通、以上三品ヲ専トス。而モ、異製美制ヲナス店モ、稀ニ有レ之。又、鮨ニハ、梅酢漬ノ生姜一種ヲ添ル。赤キ故ニ、紅生姜ト云。又、江戸ニテモ、……（中略）……巻鮨ヲ海苔巻ト云。干瓢ノミヲ入ル。新生姜、古同、トモニ梅酢ニツケズ。弱蓼ト二種ヲソユル。

江戸では『守貞謾稿』のこの記録を「海苔巻」の初見としてよかろうと近藤弘氏はその著書で述べている。したがって上方から伝わった「巻ずし」が「海苔巻」として文化（１８０４～１７）・文政（１８１８～２９）を経て、天保年間（１８３０～４３）頃には江戸の町に伝わっていたとみていいだろう。

一方、いなりずしの起源も不明である。文献がないなかで、いなりずしのことを伝えているのは『守貞謾稿』である。

江戸ニテ油アゲ豆腐ノ一方ヲサキテ袋形ニシ、木耳《きくらげ》、干瓢《かんぴょう》等ヲ刻《きざ》ミ交ヘタル飯ヲ納《おさめ》テ鮨《すし》トシテ売巡ル。日夜売レ之ドモ、夜ヲ専ラトシ、行灯《あんどん》ニ華表《とりい》ヲ画《えが》キ、号《なづけ》テ稲荷鮨、アルイハ、篠田《しのだ》鮨ト云《いい》、トモニ狐ニ因《ちなみ》アル名ニテ、野干《やかん》（狐の異名）ハ油揚ヲ好ム者故ニ名トス。最モ賤価鮨也。尾《び》（尾張）名古屋等従来有レ之。江戸モ天保前ヨリ店売ニハ有レ之歟《か》。

と記している。

江戸で売り出されたのは天保年間の末頃の話であり、要約すると、油揚げの一方を割いて袋にし、キクラゲや干瓢を刻んで混ぜた飯をその油揚げに入れ、すしとして売り歩いた。昼も夜も売れども夜売りがもっぱらで、行灯《あんどん》に鳥居を描いて名づけて「稲荷鮨」または「篠田鮨」と称した。これらの名称は、稲荷信仰のキツネにちなみ、キツネは油揚げを好むからである。値段は最も安いすしである。このすしは従来から尾張・名古屋などにあり、江戸も天保以前より店売りはあったというのである。さらに、文政〜嘉永年間（1818〜53）の記録である『天言筆記』には、いなりずしについて

……去る巳年《みどし》（弘化二年・1845）十月頃より稲荷鮨流行せり。本家は平永町にて筋違《すじちがい》の内へ出る。其後所々へ出る。此のすしは、豆腐の油揚に、飯、カラいろいろのものを入れ、一ツ八文《もん》なり。甚下直《げじき》にて、わさび醤油にて喰するなり、暮時より夜をかけて往来のしげき辻々に出て商ふなり。当午《うま》（弘化三年）の春になりても、益々大繁昌なれば……

と書いている。

つまり、弘化二年（1845）一〇月頃から江戸で流行したいなりずしは、「油揚げの中に飯やオカラなどを詰めて、一個八文でわさび醤油で食べる。はなはだ下直である」というのである。暮れ時から夜にかけての繁盛ぶりがうかがえる。このように、いなりずしは安いという手頃さから、幕末になって天保三年（1

832）の大飢饉や天保一三年（1842）の贅沢禁止令（倹約令）が出たという時代の背景もあって大流行していったのである。

『近世商賣尽狂歌合』（1852）にはこの頃の様子が図によく描かれていて、キツネの顔を図案化した幟《のぼり》を屋台に立てて、男がしゃがみこんでいなりずしを売っている。大きな字で赤い三つのちょうちんに右から左にと書かれ、絵の上に「一本が一六文、半分が八文、一切りが四文」という売り言葉が書いてある。また、この屋台は天秤棒《てんびんぼう》でかつぐようになっていて屋台の原形といわれている。いなりずしは『天言筆記』にも、『守貞謾稿』にも、庶民にとって、安価で手頃なすしだったことが明確に表現されている。

いなりずしの作り方には東西に明確な違いがある。東の江戸は油揚げの長方形を縦二つに切った四角形、西の大阪は四角を対角線に切る三角形である。東は油揚げは稲荷の荷物である米俵の形に仕上げるものと主張し、西はお稲荷様のお使いのキツネの耳の形をとって三角形となると主張している。どちらの主張が正統かはわからない。

さらに、油揚げに詰める酢飯は、東では具を入れない酢飯で、なかに入れるとしてもゴマや紅ショウガ程度であるが、西ではいろいろな具を五目ずしのように具だくさんにして酢飯に混ぜこむ。

このように江戸末期考案された〝巻ずし〟と〝いなりずし〟が、明治初めまでのわずかな期間で手頃ゆえか全国的に普及している。ところで、巻ずしといなりずしの盛り合わせを「助六《すけろく》」と呼ぶ。由来の真偽は不明であるが、これは歌舞伎で助六と恋仲になる遊女の名を「揚巻《あげまき》」といい、アゲ（いなりずし）とマキ（巻ずし）を組み合わせて、芝居の弁当にしたという説が残っている。

握りずしの誕生

江戸時代後期の文政から天保の頃の句を集めた川柳集『誹風柳多留』のなかに次の句がある。

妖術といふ身で握る鮓の飯　（文政一二年・1829）

すしを握るさまがまるで忍者が忍術を行う際に指を立てて組む姿に似ていることを表わした句である。また、次のような句もある。

握られて出来て喰付く鮓の飯　（天保二年・1831）
にぎにぎを先へ覚へる鮓屋の子　（天保六年・1835）

これらの川柳より、当時、巷で普及していた「握りずし」を表現していることがわかる。握りずしの成立の時期も考案者も特定できる文献は発見されていないが、当時の川柳から推定すると、文政時代を少しさかのぼる頃（～1818頃）に、「與兵衛《よへい》ずし」で有名な初代・華屋與兵衛が考案したのではないかというのが定説であるといわれている。

この店がいつ創業したか不明だが、與兵衛が寛政一一年（1799）の生まれといわれているから、この店も創業は文政の半ば頃（1825年頃）と推定されている。四代目與兵衛の弟で俳人の小泉迂外の『家庭鮓のつけかた』（1910）によると、開業の頃、初代・與兵衛は従来の箱ずしを作っていたが、この箱ずしのやっかいなやり方を嫌った。さらに、押しずしで魚を上にのせて押すやり方ではせっかくの魚の旨みが損なわれてしまうと考えたという。そこで、工夫を重ねてできたのが「握早漬」であるというのである。しかも、「與兵衛ずし」以前に二、三の店で握りずしをはじめたが、失敗したようだと書いている。

「與兵衛ずし」を握りずしの元祖とするもう一つの根拠として、『武総両岸図抄』（1856）に出てくる次の狂歌がある。

こみあひて待ちくたびれる與兵衛ずし客も諸とも手を握りけり

一方、江戸後期の国学者である喜多村信節の随筆『嬉遊笑覧』（1830）の次の一説から、「松ヶ鮓」起源説がある。

文化の初め頃深川六間ぼりに松がすしとて出き行はれて世上のすし一変しぬ

すなわち、この説は文化年間の初めに世のなかの「すしの風」が「一変」とあることから握りずしのはじまりだというのである。この二店は当時有名なすし屋で、川柳、狂歌にしばしば取り上げられている。「松ヶ鮓」は「與兵衛ずし」より前から営業していたというが、考案者であるとは確定できない。すしに関する史料が「松ヶ鮓」にはないからである。前述したように身内が書き残した文献資料などから「與兵衛ずし」を握りずしの元祖とするのが妥当と考えられるのである。

『江戸名物詩』（1836）には、「松ヶ鮓」と「與兵衛ずし」を題材とした狂詩が載っている。

「松ヶ鮓」は、

本所一番安宅鮓、高名当時並ブベキモノ無シ。権家ノ進物三重ノ折、玉子ハ金ノ如ク、魚ハ水晶ノゴトシ。

（「安宅鮓」は「松ヶ鮓」の別称）

「與兵衛ずし」は、

流行ノ鮓屋町々ニアリ、此レ頃新タニ開ク両国ノ東、路地ノ奥、名ハ與兵衛、客来リ争ヒ坐ス二タ間ノ中。

また大坂の狂言作者である西沢一鳳は、その随筆『皇都午睡』（1850頃）で、両方とも店は小さいがすしはすこぶる旨いこと、「松ヶ鮓」と「與兵衛ずし」の握りは念入りであること、当時の江戸のすしは握りずしばかりであることなどを述べているという。

『守貞謾稿』にも、幕末の江戸では箱ずしは廃れて「握リ鮨ノミ」状態であったこと、すしダネは各一個（一カン）ずつ握っていることが記されている。

江戸ニテモ、原ハ京坂ノ如ク筥鮨《はこずし》、近年ハ廃之テ、握リ鮨ノミ。握リ飯ノ上ニ、雞卵ヤキ、鮑、マグロサシミ、海老ノソボロ、小鯛、コハダ、白魚、蛸等ヲ専トス。其他、楢種々ヲ製ス。皆、各一種ヲ握リ、飯上ニ置ク。

また、同書は文政末頃、大坂で江戸風の握りずしを最初に売ったのは戎橋《えびすばし》南の「松ノ鮓」で、その後、大坂の握りずし屋が増えはじめていることを記している。

文政末比ヨリ、戎橋南ニ、松ノ鮓ト号ケ、江戸風ノ握リ鮓ヲ賣ル。烟華ノ地ナルヲ以テ粗行レ、後ニ大西芝居西隣ノ角江轉店シ、是亦今ニ存ス。是、大坂ニテ江戸鮓ヲ賣ルノ始メ也。余、在坂ノ時ハ、此一戸ナリシガ、今ハ、諸所ニテ賣之ト也。

ところで、一般に「江戸前」という言葉は、「江戸城の前の海」、つまり、江戸湾とそこでとれた新鮮な魚介を指したのである。もともとは浅草や深川近辺でとれるウナギを「江戸前鰻」といったという。ウナギは各地でとれ、遠くから運んできたものは「旅もの」「旅鰻」と呼ばれ嫌われた。江戸湾でとれたものより味が劣ったのである。そこでこの地でとれた地ものだぞと区別する必要があった。江戸では蒲焼屋《かばやき》の店先に「江戸前大蒲焼」、「江戸前鰻」という看板を出した。とくに「深川鰻」などは味がよいので江戸の名産にしたという。『新編武蔵風土記稿』（１８５０頃）のなかには、「鰻　芝浦　築地鉄砲洲、浅草川、及葛飾《かつしか》郡深

川辺にて漁するを世俗通じて江戸前と称して殊に賞翫《しょうがん》す」と記しているという。この頃の江戸の川柳に

という句がある。〝鰻〟の匂いが伝わってくるようである。その後、江戸湾でとれた魚介類全体を「江戸前」と呼ぶようになったのである。

江戸前の風を団扇《うちわ》でたたき出し

江戸の漁民はどのようにして生まれていったのであろうか。江戸に幕府が置かれ、人口の急増によって江戸の台所は魚介類の需要も増えた。これを支えるために、大坂の漁民が佃島《つくだじま》に移住し、漁法を伝えたといわれている。江戸湾は、観音崎《かんのんざき》と富津《ふっつ》崎を結ぶ線で内湾と外湾に分かれており、武蔵《むさし》・相模《さがみ》・下総《しもうさ》・上総《かずさ》・安房《あわ》の五か国の漁民がそれぞれに活動していたという。そして、彼らは良質の漁場である内湾の漁法や漁具について話し合いで、協定を結び、統制をはかったのである。江戸湾でとれる魚は、タイ・スズキ・ボラ・カレイ・アジ・イワシ・キス・ウナギ・コハダ・アナゴなどのほか、ハマグリ・アサリ・バカガイ・イガイなどの貝類や海老類も豊富にとれ、江戸の人々の動物性タンパク質の貴重な供給源となったのである。

こうして江戸の人々は江戸前の恩恵を受け、旬を味わった。握りずしが江戸っ子の人気を呼ぶようになると、酢の需要も増えてくる。さらに江戸っ子は味にうるさいから、すしに合う酢を求めた。そこに、尾張などで生産されはじめていた粕酢《かすず》があったのである。『守貞謾稿』には、次のような記述がある。

江戸ニテハ、尾の名古屋の勘印ノ製ヲ専用ス。

要するに、江戸のすしは粕鮓があってこそ、その味が保たれるというわけである。さらに、『守貞謾稿』によれば、日本橋へっつい河岸の「毛抜鮓」が、切りずし（握りずしとの説もある）を一つずつ笹の葉で巻いてから重石で押しをかけた「笹巻鮓」で人気を博していたという。これらのことから、「松ヶ鮓」、「與兵衛ずし」、「毛抜鮓」が、握りずし全盛の幕末の江戸の三大名店として名を馳せていたことがわかる。

●すし売りからすし屋への変遷

江戸時代以降になると、すし作り職人やすし売りを商う様子を絵にして残しているのが興味深い。天和二年（1682）刊の『高名集《こうみょうしゅう》』の挿画として描かれたフナずしを商う絵が最も古いものである。フナずしとは「馴れずし」であったと思われる。桶に重石を載せて店先に置いてあり、客と思われる二人に女がフナずしを商う様子が描かれている。

しかし、元禄三年（1690）の『人倫訓蒙図彙《じんりんきんもうずい》』に登場するすし職人も店先に桶を並べているが、こちらは「飯鮨」と書いてあることから、おそらく商っているのは生成《なまなれ》であろう。また、これらのすし屋は店を構えているが、享保一四年（1729）刊の『絵本答話鑑《えほんとうわかがみ》』では、『今昔物語集』に登場していたような桶を道端に並べてサバの姿ずしを売っている男としゃがみこみ、主人の指さすサバずしを見ている男の絵がのっている。すしは古代から、酒の肴として食されていたが、当時の平賀源内《ひらがげんない》もまた、『根南志具佐《ねなしぐさ》』（宝暦一三年・1763）の中で、「コハダのすしは諸人の酔いをもたらす」と、すしと酒との相性のよさをしみじみと賛美している。

江戸中期になると、外食をする場所を必要とする人々が出てきた。いわゆる「食い物屋」の登場である。大都市江戸に地方の男たちは日銭を得るため、さまざまな職業を求めて出稼ぎに出てくるようになったのである。彼らの食事情を満たすため、すし売りも「食い物屋」の一つとして必要とされた。そして、一八世紀も半ばを過ぎると、すし屋も店内で売ることより、人通りの多い場所と時間を選んで「外売り」をして歩くすし屋の形態に変化していった。「まちゃれ」と客を待たせて、客の注文に合わせて手早く作る早ずしが定着していったのである。

天明六年（1786）刊。『絵本江戸爵』中の歌麿の絵。現在の日本橋通りで箱ずしを売る屋台店の光景。

大都市江戸ですし屋を商う様子が垣間見られるいくつかの面白い文献が存在し、これらはすしの歴史を知る上で貴重な資料となるものばかりである。『絵本江戸土産』（1760）の両国の納涼風景図には、低い台の上に「はこつけ、すし」（箱漬けのすしか）と書かれた行灯《あんどん》を立てて売っている。客はしゃがみこみ、品定めをしている。台の上に並べているのは箱に入れられたすしである。喜多川歌麿筆の『絵本江戸爵』（1786）には、賑やかに人が行き交う通りで、みせ台に押しずしを並べている屋台が描かれてあり、この絵の上部には「夜や冷し人にやなれし通り町　ゆき合の間も鮓や売るらん」という狂歌も書かれている。また、『後は昔物語』（１８０３）の頃になると、すし桶をいくつも重ねて肩にかついで売り歩いた昔話を収録している。『名画職人尽《しょくにんづくし》』（１８２６）にも、何個も積み重ねて肩にかついでいるすし売りの絵が載っている。股引《ももひき》姿に　草履《ぞうり》で、尻はしょりで威勢よく歩いている。いずれの絵も箱の上には小桶を一つのせている（ショウガか薬味でも入れていたか）。

『絵本江戸風俗往来』（１９０５）には〝こはだのすし〟を売り歩く様の説明として次のように書かれている。

寿司箱を重ね、蓋の上に紅木綿をかけて、色どりを粧《よそお》いて肩に荷ない、水浅葱の染手拭・衣類・股引・腹掛より足袋・草履まで、新たに調《ととの》え置きて、正月二日を待甲斐《まちかい》ありて、春霞棚引き初めし大空を、寿司店の天井となし、門松の柱に〆縄《しめなわ》の衝立《ついたて》は、人様の造作、その中をゆるゆる歩みながら、「こはだのすしィ」と呼ぶ声は、味を広むる春の光景《ありさま》、当時の正月に必ずほしき呼び物なり。

握りずしの屋台の絵では、歌川広重の『東都名所高輪』（１８３０～８０頃）の「廿六夜待遊興之図」が有名である。いろいろな屋台が並ぶなかにすしの屋台もあり、見せ台の上のすしはほとんど売れてしまったためか、客がいないので主がすしを握っている図である。客は見せ台に並んだ作り置きのすしのなかから好みのものを取ったのである。

人の集まるところは食文化が栄える。すし屋も人の集まる江戸で大きく変化と発展を重ねていったのである。江戸は多種多様な職人の集まる町として賑わい、開府から一二〇年もすると、その人口はおよそ一〇〇万人を超える大都市に急速に発展し、成長していった。江戸が大都市に発展していくと、前述したように、地方のあちこちから江戸に職を求めてやってきた。当然、その多くが独身男であり、外食産業の必要性が背景となって、気軽に摘《つま》めるすしは便利な食べ物であった。すしの外売りは道端に店を広げる露天商や屋台が先行した。振り売りなどの歩き売りの記録が現われてくるのはかなり後になる。

宝暦四年（1754）の市村座の正月芝居『皐需《さつきまつ》曽我橘《そがのたちばな》』の二番目狂言中で、『すしうりのせりふ』と題した版本があるという。吉野昇雄氏の『鮓・鮨・すし　すしの事典』から引用すると、

まず、〈サアサア鮨めさい〱〉の口上ぶれに始まり、〈…昔つるぎ今井鮓、なぎなた変ってすし庖丁、げに長らへば、またこの頃やしのばれん、すしと見し世ぞ今は鯉、鮒の鮓、まだ前方《まえがた》な拙者めが、舌も廻らぬ長《なが》口上、なれすぎたとやおぼされん、とはいひながら辛口過ぎ、売らねばならぬ鮓あきなひ、さらばここらで売り掛《か》けうか……これ漬け加減、押し加減、舌打ち至極の鯵の鮓、一切れあがって御覧なれ、……〉

さまざまなすし名を並べ立てるすし売りの口上が面白い。
また、『守貞謾稿』のすし売りの条には江戸では店舗を構えた内店と屋台の他にすし売りがあったという。すし売りは小さな箱を重ねて肩に担ぐか、御膳篭（竹で編んだ篭）を天秤棒でかつぎ、初春にはもっぱらコハダのすしを売り歩いたという。

鮨　賣

三都トモヒ、自店、或ハ屋台見世ニテ賣レ之アリ。唯、京坂ニ巡二賣之一者無レ之。江戸ニテモ、或ハ、重ネ筥ニ納テ肩レ之、或ハ、御膳篭等ヲ擔キ賣ルモアリ．初春ニハ、専ラ、小ハダノ鮨ヲ呼賣ル。

すし売りの川柳に、次の句がある。

あじのすうこはだのすうと賑やかさ

これはすし売りが吉原などで売り歩いた呼び声である。

十返舎一九の『東海道中膝栗毛』（１８０２）では、蒲原宿（静岡県）での弥次さんと北さんの会話の中で、すし売りの声として「アジのすうし、サバのすうし」という呼び声が登場する。

江戸のすし売りは、「いなせ」な粋な男の見本のようにいわれる。豆絞りの手拭を粋な吉原被りにして、着物は尻端折り、黒襟の唐桟の半纏《はんてん》に木綿の股引《ももひき》、兵児帯《へこおび》を締め、足袋・麻裏草履といったいで立ちで、高く積み重ねたすしの箱の蓋の上に紅木綿をかけて肩に担いで威勢よく歩く姿であった。浮世絵に出てくる姿である。

ここで『守貞謾稿』から、江戸時代末期の上方と江戸とのすしのちがいなどを探ってみる。

……因曰、京坂ニテハ、方四寸許ノ箱ノ押ズシノミ、一筥四十八文ハ、鳥貝　ノスシ也。又、コケラズシト云ハ、雞卵ヤキ、鮑、鯛ト並ニ薄片ニシテ、飯上ニ　置ヲ云。價六十四文、一筥凡十二ニ斬テ四文ニ賣ル。又、筥ズシ、飯中椎茸ヲ入ル。飯二段ニナリタリ。又、浅草海苔巻アリ、巻ズシト云。飯中、椎茸ト独活ヲ入ル。京坂ノ鮨、普通、以上三品ヲ専トス。而モ、異製美製ヲナス店モ、稀ニ有レ之。又、鮨ニハ、梅酢漬ノ生姜一種ヲ添ル。赤キ故ニ、紅生姜ト云。又、江戸ニテモ、原ハ京坂ノ如ク筥鮨、近年ハ廃之テ、握リ鮨ノミ。握リ飯ノ上ニ、雞卵ヤキ、鮑、マグロサシミ、海老ノソボロ、小鯛、コハダ、白魚、蛸等ヲ専トス。其他、猶種々ヲ製ス。皆、各一種ヲ握リ、飯上ニ置ク。巻鮨ヲ海苔巻ト云。干瓢ノミヲ入ル。新生姜、古同、トモニ梅酢ニツケズ。弱蓼ト二種ヲソユル。又、毛ヌキスシト云ハ、握スシヲ一ツヅツ、クマ笹ニ巻テ押タリ。價一六文バカリ。毛ヌキスシノ他ハ、貴價ノモノ多ク、鮨一ツ價四文ヨリ五六十文ニ至ル。

現代語に要約すると、

京坂では四寸くらいの筥《はこ》に入れた押しずしのみで、鳥貝のすしは一筥四八文、またコケラずしとは鶏卵やき、鮑《あわび》、鯛を薄片にしてめしの上に置いたもので六四文で売った。四八文の鳥貝のすしは、一筥およそ一二に切って四文で売った。また筥《はこ》ずしは飯中に椎茸を入れた。京坂では、これに紅生姜《べにしょうが》をそえた。江戸では初期にすしは、京阪型の筥ずしがもっぱら売れていたが、握りずしが現れると筥ずしはほとんど姿を消した。

握った飯の上に鶏卵焼、アワビ、マグロの刺身、えびそぼろ、小鯛、こはだ、白魚、たこなどをもっぱら用いた。また巻ずしのことを海苔巻といい、干瓢だけを入れた。毛抜きずしとは、握りを一つずつ熊笹に巻いて押したもので価一六文であった。このほかの握りは、一つ四文から五、六〇文までのものであった。

また、上方（京坂）のすしは酢味を強くしたものが好まれたが、江戸のすしは淡い味のものが好かれたという。江戸の握りずしはすし飯が人肌ほどの時が食べ時であるが、上方のすしはタネとすしめしを押すので、冷えても旨いように昆布のだしを使ってすし米を炊き、合わせ酢にも塩と砂糖を混ぜて加えたという。また巻ずしの海苔は上方ではあぶらないが、江戸では火であぶったものを使った。これらは今でも東西のちがいとして受け継がれている。

●握りずしの高級化

『江戸鹿子《えどかのこ》』（1687）によれば、その当時、自店（内店）の店舗を構えたすし屋は、江戸にはわずか二軒しかなかったという。百年後の『江戸町中喰物重宝記《えどまちじゅうくいものちょうほうき》』（1787）の頃になっても、二〇数軒にはなっているが少ない。屋号としては亀屋・吉野屋・美濃屋・東ずし・若葉ずし・初音ずし・翁ずし・笹屋毛抜きずし・お満ずしなどである。つまり、この頃でもすし屋は「外売り」だったのである。こうして握りずしが誕生してからは、外売りの屋台が江戸中にあふれていたという。依然として、すしは酒の肴や気取らない安価な軽食として、江戸の庶民に親しまれた。ところが、このすし事情が一変するのが、前述したように、文化の初めの「松ヶ鮓」の登場に起因する。つまり、きわめて高価なすしが現われたのである。このすし事情については〝このすし屋が出てきて世のすし事情が一変した〟と『嬉遊笑覧』に記されている。そして文政を経て、天保になると、さらに一段と高価になっていったのである。

『守貞謾稿』によると、天保頃のすしダネとその値段は、

江戸今製ハ握リ鮓也。鶏卵焼、車海老、海老ソボロ、白魚、マグロサシミ、コハダ、アナゴ甘煮長ノママ也。以上、大略、価八文鮓也。其中、玉子巻ハ、十六文許《ばかり》也……（中略）……散シゴモク鮨三都トモニ有之、起シ鮓トモ云、飯ニ、酢塩ヲ加フコトハ勿論ニテ、椎茸、木耳《きくらげ》、玉子焼、紫海苔、芽紫蘇《めじそ》、蓮根、笋《たけのこ》、鮑《あわび》、海老、魚肉ハ、生ヲ酢ニ漬タル等、皆、細カニ刻ミ、飯ニ交ヘ、丼鉢ニイレ、表ニ金絲《きんし》玉子焼ナドヲ置キタリ、丼ト云ハ、一人分ヲ小丼鉢ニイレテ、価百文、或ハ、百五十文許也……。

またこの頃の高価なすしとして『五月雨草紙』は、「松ヶ鮓」ではすし一個が二五〇文もしたと記している。さらに『甲子夜話《かっしやわ》』（1822）では、五寸桶に二重に盛ったすしが小判三枚もの値がしたという。

松ヶ鮓　一分べろりと　猫が食い

これは当時詠まれた川柳である。一分は当時酒一斗ほどの値であったというから、そろばんをはじいても

むずかしいくらいの高値である。その後、多くのすし屋が高級化へと向かい、江戸のすし屋は贅をきわめたのである。そして『守貞謾稿』に、

天保府命ノ時、貴價ノ鮨ヲ賣ル者、二百餘人ヲ捕テ、手鎖ニス。其後、皆四文八文ノミ。府命弛ミテ、近年二三十文ノ鮨ヲ製スモノアリ。

とあるように、水野忠邦《ただくに》の天保の改革（1841～43）で、奢侈《しゃし》禁止令（倹約令）（1842）によって二〇〇人以上のすし屋が召し捕らえられたという。後に水野忠邦の失脚（1843）により、倹約令もなくなると、すし屋は高級路線を歩き、当時の高級品好みの金持ちの町人に好んで食されるようになった。その経済力は相当なものであったという。『皇都午睡』のなかに、大坂の金持ちが京の料亭で「宇治丸《うじまる》」を注文したところ、亭主が町中のウナギを買い取って、最良のウナギだけを数本選び、蒲焼にして出し、五〇両請求をしたという逸話が紹介されている。実話かどうかは定かではないが、この当時の世相を表わしている。

なお、江戸末期のすし屋は好んで「すし」を「寿し」と書いた。一部には「寿司」も使われたが、いずれも縁起をかついだためであった。明治になると東京では「すし」「鮓」「鮨」「寿し」と並んで、「寿司」という表記が一般化していく。

◆江戸の漁業

日本の漁業は四方を海に囲まれ、寒流と暖流が交差するという絶好の条件を有し、わが国の魚食文化をささえてきた。さらに、わが国は河川も多く、川と海の両面の恵みからその種類も多く、古代から漁業が盛んであった。とくに大和・京阪を中心とする近畿圏は早くから漁業が発達し、とくに若狭湾・大阪湾の漁民は他国へも多く進出していったという。

漁民の他国進出が戦国末期から、江戸中期にかけて盛んに行われたのは、各地の城下町の発達により、兵農分離に伴う都市の新しい形成が一大消費地を生んだからである。

そして海産物をはじめとする食生活物資の確保が求められた。その代表が江戸であった。江戸進出の漁民のうち摂津国西成郡佃村の漁民がとくに有名であったという。つまり、佃村の漁民三〇余名が江戸入府の時、命令を受けて江戸に下り、御膳魚の上納と漁猟の御用をつとめたという。

ところが、佃村から江戸への移入者が増えるにしたがって、地元民と衝突した。そのため、佃村の漁民は幕府に願い出て、江戸近辺の海川での漁業免許を受け、特権的漁民となったのである。さらに幕府は、寛永年間には、江戸鉄砲洲干潟において「佃島」を造成させ、佃村の漁民も、「佃島」に定住するようにしたのである。これほど、江戸において漁獲は食生活に重大な意義を持っていたのである。

一方、漁法については網漁法が発達し、沿岸から沖合漁法へと変化していった。とくにイワシの地引網からイワシ流網に至る変化はその代表である。

握りずしの定着と全国への普及――明治・大正・昭和（戦前まで）時代

慶応三年（1867）、徳川慶喜が大政奉還を乞うと、王政復古の大号令が出され、江戸幕府270年の歴史は閉じ、翌年、明治維新となった。明治（1868〜1912）になると、急速な洋風化が進み、洋服の普及とともに、食生活も急速に西洋文化の影響を受けていった。日本の既存の食文化と西洋の食文化を模倣・融合した、いわゆる和洋折衷の食文化へと大きく変わっていった。仮名垣魯文の小説『安愚楽鍋』（明治四年・1871）に「士農工商、老若男女、賢愚貧富おしなべて、牛肉食はねば開化不進」とあるように、牛鍋を食わないとはとんでもない時代遅れとし、またこの時代を象徴する有名な言葉として「散切り頭を叩いてみれば文明開化の音がする」とある。「牛鍋」「ざんぎり頭」「洋装」などの奨励とともに、文明開化の波が押し寄せてきたのである。

しかし、世相風俗が西洋文化をとり入れ、文明開化を推し進めていたとはいえ、日本の食文化の一つである握りずしは庶民の間でそのままの発展を進めていた。江戸末期に誕生した握りずしは、江戸が東京になっても、さらなる発展を遂げた。「江戸前」という言葉は、もともとは〝江戸城の前の海〟、つまり、江戸湾で獲れた新鮮な魚を指したが、握りずしの発展とともに、今では「江戸前」は握りずしの代名詞のようになっていった。すなわち、江戸前は「新鮮な魚介を使った旨い握りずし」と思われるようになり、定着していったのである。『東京名家繁昌図録』（1883）には、「與兵衛寿司」「東寿司」「けぬき寿司」「安宅松寿司

（松ヶ鮓）」の四軒のすし屋が収載されている。この頃のすしを知る資料として、明治末の刊『家庭鮓のつけかた』（1910）の口絵には、当時の「與兵衛ずし」が握っていたすしを画家の川端玉章《かわばたぎょくしょう》が一つ一つ詳細に模写した絵がカラーで掲載されている。明治の握りずしの様子を知る貴重な資料である。

明治時代（1868〜1912）のすし屋は、店舗を構えた料亭のような「高級店」と「内店《うちみせ》」と呼ばれた一般店、そして露店の「屋台店」という三つの方向に分化していった。「高級店」は、座敷で食べさせ、普通の一般店「内店」は出前と土産用の折り詰めを扱った。一般店といわれる「内店」には基本的に客席はなかったという。その場ですぐに食べるすしを売ったのは、「屋台」である。江戸時代はすし屋の基本形といえば「屋台」であり、外食産業としての屋台が町の各所で営業していった。『守貞謾稿』（1849）によると、当時のすし屋はそば屋よりも数が多く、名のあるすし屋は屋台を置かず、普通の店は屋台を置き、また、屋台のみで売る店も多くあったことを伝えている。

> 江戸ハ、鮓店甚ダ多ク、毎町一二戸、蕎麦屋一二町ニ一戸アリ。鮓屋、名アルハ屋體見世ヲ置ズ。普通ノ見世ハ、専ラ置レ之。又、屋タイミセノミニテ賣モ多シ。

つまり、「與兵衛ずし」や「松ヶ鮓」などは高級店であり、当時の屋台店には、屋台専門の店と、一般店「内店」が店舗の傍らに出していたものとがあったというのである。

内店の出す屋台は小銭稼ぎのためや、材料の残り物を売りさばくことを目的としたのであろう。当時の内店は昼だけの商売だったから、夕方から屋台で稼いだというわけである。

店ですしを作る仕事場を「漬け台」と呼ぶが、当時のすし職人は板の間に小さな畳を敷き、座ってすしを握っていた。屋台店でも内側に台が置かれ、その上に座ってすしを握っていた。当時の職人は「すし屋が立ちっぱなしじゃおしまい」といわれたという。職人が立つのは「仕事がない」ことを意味していた。しかし、その後、屋台のほうも変化して、元来は座って作業をした握りずしの職人が、理由はわからないが、内店でも屋台でも立つようになっていったのである。しかし、昭和（1926～89）も戦前（～1945）までは座り仕事がふつうだったようである。一方、逆に客のほうは、立ち食いから椅子にかけるようになった。これはおそらく内店の方が、店のなかで客に立ち食いさせることに気兼ねしたからであろう。ちなみに、今もすし屋の看板やのれんに「立食」の文字が残っているのは、その頃の名残りである。

文政中頃（1825頃）創業とされる両国の「與兵衛ずし」。昭和初期まで続いた。（昭和五年刊『すし通』より）

いずれにしろ、明治時代の屋台は組立式で、夕方から店を出し、江戸時代と同様に出す場所も自宅の近くに出店したという。明治中期頃になると車輪のついた屋台も登場しているが、場所の移動はしなかったという。しかも、この時代の屋台では酒は扱わず、お茶であった（酒を客がのむようになるのは椅子に座るようになってからである）。

屋台店のすし職人は、握り、お茶だし、勘定の支払いの作業を一人でこなさなければならない。ちなみに、すし屋の湯のみ茶碗が大きいのは、屋台では人手が足りず、お茶を何度も入れ替えなくてもいいように、手間を省いたのがはじまりとされている。

●明治の握りずし

江戸末期の『守貞謾稿』によれば、その当時のすしとして、玉子焼・玉子巻（飯に海苔をまぶし、干瓢《かんぴょう》を入れる）・海苔巻（干瓢を巻き込む）・粗い海苔巻（太巻）・クルマエビ・エビそぼろ・アナゴ・シラウオ・刺身・コハダとある。このうち刺身（＝ここでは生ダネのこと。マグロとコハダ）には飯と魚の間にワサビを入れる、と図をつけて説明している。だいたい今日のものとかわらないが、巻ものがすしダネの筆頭にきており、刺身が最初にきていない。

また、明治時代の握りずしの様子、材料を知る貴重な資料として前述した『家庭鮓のつけかた』がある。前述したようにこの本の口絵には、当時の「與兵衛ずし」のすしダネが画家の川端玉章によって、ひとつひとつ克明に色彩豊かに描かれている。この絵によると、春はシラウオ・タイラガイ・ヒラメ・小ダイ・サワラ・サヨリ・マス、夏はクルマエビ・キス・アワビ・アジ・シマアジ・カスゴ（タイの幼魚）、秋はアユ（姿漬けの押しずし）・コハダ・細巻、冬はサバ・アカガイ・ミルガイ・海苔巻・トリガイ・イカが描かれている。さらにこの本はすしの作り方の教科書としても書かれており、それぞれの個々のすしダネのしめ方、漬け方、握り方もくわしく記載されている。その頃の握りずしの仕事がよくわかる。当時の「與兵衛ずし」では、すしダネはしっかり下仕事をして下味をつけるべきものだったようである。したがって、切り身をそのまま握るのではないため、「つけ醤油」は不要であった。生の魚をそのまま握らず醤油や酢にくぐらせるというのは、生物《なま》の貯蔵技術がなかった時代で、鮮度を維持したり、腐敗を防ぐための知恵だったのであろう。幸いなことに、これらの下味が生魚そのままの味とは違った、すしならではの旨さを引き出す結果となったのである。また、すし飯は非常に大きく、すし飯の味つけも酢と塩だけが基本で、今のように砂糖は入れてなかったという。明治時代の握りずしと、現代のそれとではいくぶんの相違が発見できる。

しかし、明治三六年（1903）刊の『食道楽《くいどうらく》』には、砂糖を加えた五目ずしの製法が記してあり、当時の家庭では甘いすし飯が一般的だったようである。この本の「五目鮨」の項に次の一説がある。

妻君「……お鮨は炊《た》き立ての熱い御飯へ酢と塩とごく少々のお砂糖をまぜて、振りかけて団扇《うちわ》であおぎながら掻きまぜなければおいしくなりません」
大原「おや、塩がはいるのですか」
妻君「はい、塩がはいらなければ酢が利きません。最初、酢の中へ塩をまぜておきます。酢も尾州の山吹酢か、紀州の粉川《こがわ》酢がいいのです。そういう酢だと、お砂糖をまぜないでも充分甘味があります。一升の御飯に酢を一合半、塩を三、四勺も入れればよく利きます。……（中略）……この五目鮨には椎茸と木耳《きくらげ》と竹の子と簾麩《すだれふ》と蓮根と玉子焼と干瓢と海老《えび》のオボロと鯛と紅生姜《しょうが》と浅草海苔が入れてあります」

●すし屋の商法の変化

幕末から流行していた屋台の握りずしは、明治になっても大繁盛した。握りずしはこの繁盛の中で、合理化を求めて、次第に変化していった。それまでの〝江戸前の握りずし〟は、下仕事をして、すしダネに前もって下味をつけたすしであった。ところが、明治の半ば頃から、この下仕事を省いて、下味をつけない屋台が増えはじめ、つまり、生のままの魚介類を切り身にして、そのまま握るようになったのである。これらの屋台では「つけ醤油」が必要となった。それまでの江戸前の握りずしの作り方からすれば大きな手抜きに思えるが、屋台の主にしてみれば、売上げ向上と時間節約のための合理化であった。日本人にとって旬の魚の刺身はもともと好物であったため、魚介類を生のままのせて握る握りずしへの変化をすんなりと受け入れることができたのである。

しかし、より長く保存するための下仕事を省いたタネを握るとなると、今までのような〝作り置き〟はできない。客の注文を受けたら、さっと握って即座に出さなければならなくなったのである。すなわち、これが客の好みに応じて素早く握るという今日のすし屋の江戸前握りずしの誕生である。「生」のタネがあっという間に握りずしの主流になっていった。

さらに、明治末期（～1912）の頃には、氷の冷蔵庫が普及し、鮮魚の保存がよくなると、この傾向は一段と進んだのである。またこの頃になると、すしダネの種類も多くなっていった。こうした握りずしの変化によって、内店の商売のやり方も変化せざるを得なかった。すでに屋台を併設する内店は多くなっていたが、今度は併設ではなく、さらに店のなかに屋台をとり入れ、売り場を持ち込んで設置する店が増えはじめたのである。

　明治の末から大正（１９１２〜２６）の末にかけてのことである。今日のすし屋のカウンター席はこの店内に持ち込んだ屋台が発端である。しかし、内店に売り場を持ち込んだとはいえ、客は屋台と同様、以前のまま立ち食いだった。その後、理由は不明だが、今までは〝座り仕事〟だったすし職人が立って仕事をするようになり、逆に客は椅子に腰掛けて食べるようになった。そして、さらに、明治末から大正の初めにかけて、店の中にテーブルと椅子を置く食堂式の内店も現われるようになったのである。

　志賀直哉（１８８３〜１９７１）が大正八年（１９１９）に書いた『小僧の神様』に、屋台ずしが登場する場面がある。神田の秤《はかり》屋の番頭達がマグロの脂身《あぶらみ》の話をしながら、電車に乗って、屋台店ではなく、京橋あたりにあるという内店のすし屋に行ってみようかと噂している。話の屋台店は、その内店と同じ名ののれんを掛けて、すぐ近くの横町に出店している。この時代の様子がよく伝わってくる。

　「脱亜入欧」が唱えられた明治から大正

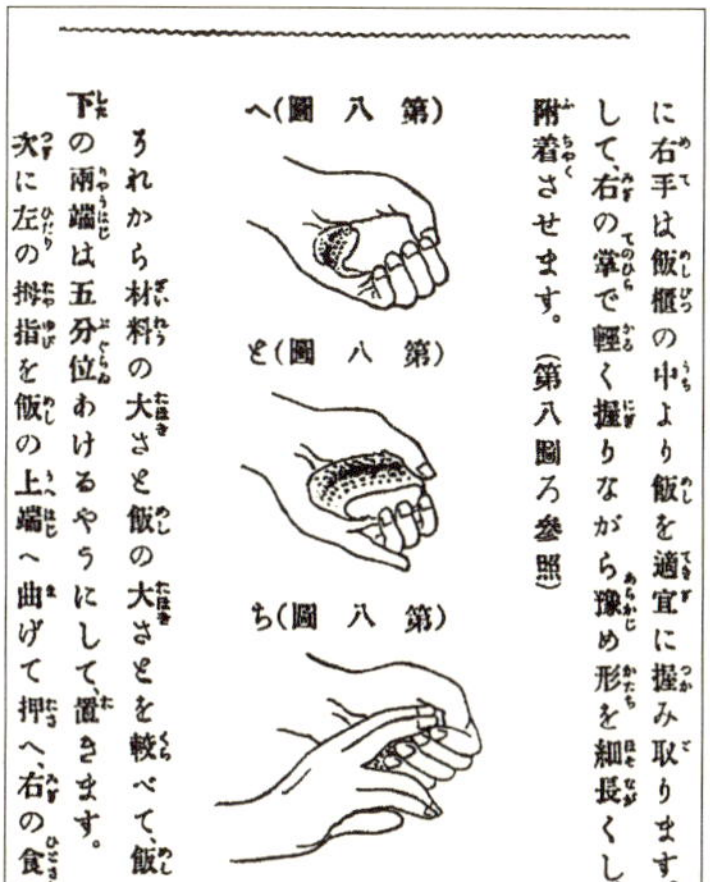

明治四三年（１９１０）刊、小泉迂外著の『家庭鮓のつけかた』にある握りずしの図。現在より、握りのサイズがかなり大きく、すしダネの端は下側に折り込んでいるのがわかる。

にかけての時代は、変革・改革が進んでいた。内店や屋台店の商売が大きく変容していったのも例外ではなかった。すなわち、江戸の屋台で庶民的な食べ物として人気を得ていた握りずしは、明治、大正と受け継がれ、その食べ方とともに、商売の仕方まで変えていったのである。反対に、すし屋と並ぶ代表的屋台であった天ぷら屋は、明治から大正にかけて、急速に消滅していった。とはいえ、昭和（１９２６〜８９）を迎え、次々とたび重なる社会不安はすし文化の世界にも大きな暗い影を残した。そして、吉野昇雄氏によると、その当時の東京市内のすし屋は３１００店前後あり、屋台ずし店が約８００店あったという。屋台ずしの繁栄ぶりがわかるが、その屋台店は、昭和一四年（１９３９）、公衆衛生、交通法などの理由から禁止されて姿を消してしまったという。そして、太平洋戦争（１９４１〜）が始まる直前、食糧統制がきびしくなり、多くのすし屋が営業をやめなければならなくなったのである。

●大正から昭和（戦前まで）

握りずしが急速に全国に広がったのは、大正から昭和初期にかけて、関東大震災（１９２３）で罹災《りさい》したすし職人が東京を離れ、全国各地に移り住んで、店を構えたからであるといわれている。また、日清（１８９４）・日露戦争（１９０４）や韓国併合（１９１０）後に、植民地が拡大し、多くの民間人が外地に移住した。そこには握りずし屋も少なからず移住していった。こうして、日本全土に限らず、満州、朝鮮と、東京の郷土料理として、握りずしは広く普及していった。韓国では海苔巻ずしは「キムパプ」（酢飯でなくゴマ油で風味づけした海苔ご飯の意）の名で受け入れられ、今なお親しまれている。

昭和一二年（1937）日中戦争が起こり、翌一三年（1938）国家総動員法が成立、昭和一五年（1940）日独伊三国軍事同盟条約調印の頃から、戦局が悪化し、食糧不足が切実になってくる。食の分野でも、昭和一四年（1939）四月「米穀配給統制法」が公布され、翌一五年（1940）には東京の食堂・料理店では米食の使用が禁止された。また昭和一六年（1941）からは鮮魚や青果も統制を受けるようになった。当然のこととして、すしの世界においても、すしダネが入手困難となり、各一種類ずつのすしダネでは、一人前が揃わなくなった。そこで、一回の注文すなわち一種類のすしダネで二個のすし（二カンづけ）にして出す店が現われてきた。一説には、今では当たり前になった二カンづけの由来はここにあるといわれる。

昭和二〇年（1945）八月第二次世界大戦が終わっても食糧難はしばらく続くことになる。きびしい食糧統制の継続は大きな社会問題であった。昭和二二年（1947）、料飲業を制限した「飲食営業緊急措置令」が発令され、すし屋は営業ができなくなった。これに対し、東京都鮨商組合の有志が警察と東京都にかけあい、交渉を重ねた末、「委託加工制」の許可を得ることができたのである。これは、客がすし屋に米一合を持参し、それを職人が握りずし一〇個（巻ずしも含む）に加工するもので、すし屋はタネ（川魚と貝類のみ。海魚は統制のため使用禁止、その他、玉子・シイタケ・カンピョウなど）代と加工賃を客からもらうという制度である。ヤミ屋が横行した時代に、すし屋だけはこうして合法的な商いができたという。ただし、店舗数には制限があったという。まさにすし業界の苦況を救った名案であった。

その後、他府県のすし組合も続々とこれにならい、各府県の許可を受けていたのである。この結果、他府県のすし組合でも、握りずし一人前が一〇個に定着してしまったのである。また握りずし以外は、すし屋で扱えなくなったことは、押しずしを主体としてきた関西の上方ずしはその主流を握りずしにゆずる結果となった。この変化は後に、食糧統制が緩和され、自由営業が再開されても、元にもどることはなく握りずしが全国を制覇していったのである。

明治末期あたりから大正・昭和と、海外移民の進出にともない、握りずしは欧米へも進出するようになった。たとえばアメリカのロサンゼルスには明治三九年（１９０６）に初のすし屋の開店をみている。当初は現地に渡った日本人を相手に開いた店であったが、これがしだいに現地の人々に受け入れられるようになり、海外における日本食ブームのこれからを築くことになったのである（本章「アメリカのすし事情」の項参照）。

◆握りずしの盛り付け

天保年間（１８３０～４３）初め頃の制作とされる三代豊国の『見立源氏はなの宴』は、当時の握りずしを描いた貴重な錦絵である。そのなかでは、握りずしは白木の小桶の中に「重ね盛り」になっているという。また歌川広重の握りずしの錦絵（天保年間の作）や豊原国周《とよはらくにちか》の「大名題《おおなだい》出世《しゅっせ》双六《すごろく》」（幕末～明治の作）などにあるすし盛りの絵も、すしが器のなかに重ねられているという。吉野昇雄氏によると、握りずしはこのように積み上げるのが本筋であって、平面的に並べる盛りつけ（「流し積み」と呼ぶ）は、遊廓の料理屋やそのかいわいの屋台などいわゆる悪所《あくしょ》でのやり方であったという。また、戦前は「流し積み」を一般家庭に出前すると「堅気《かたぎ》の家に台屋《だいや》（遊廓用達の仕出屋）のすしを持ってくるな」と怒られることもあったという。

そして明治以降から大正までは、握りずしの器は皿か白木の桶・重箱が用いられ、とりわけ「錦手の皿」が好まれ、たいていの内店は錦手の大皿を店内に飾っていたものだったそうである。ところが、関東大震災（大正一二年・１９２３）を境に、すし屋の器は皿から塗り物の盤台に変わったのである。

高度経済成長と、すしからＳＵＳＨＩへ—昭和（戦後）・平成時代

第二次大戦後（１９４５〜）、「委託加工制」の許可を受けたことを反映し、再びすしの販売がはじまり、江戸前の握りずしは全国のすし屋にしっかりと定着していった。安価な屋台は戦前になくなっていたので、握りずしは、やや高級料理になってしまった。そのため、握りずし以外の手軽なすしは家庭で作られるようになり、握りずしを食べるなら、ちょっと贅沢をしてすし屋へ出かけ、手巻ずし、五目ずし、いなりずしは何よりも経済的で簡単であるから家庭で作って食べるというふうに、生活の中で二極分化をしていったのである。

●高度成長期（昭和三〇年代から四〇年代）にかけて

高度経済成長、いわゆる「いざなぎ景気（1965〜70）」を迎える頃までは、ふつうの家庭においては、すしはごちそうであり、何かの祝いなどの機会に作られるハレの料理であった。戦争直後のきびしい食糧事情が落ち着くと、婚礼を今のようにホテルではなく家庭で祝い、祭礼の日と同じように、全国各地で郷土色豊かなすしを作ったのであった。昭和三一年（1956）にわが国は国際連合に加盟し、昭和三五年（1960）には日米新安全保障条約を調印している。そして昭和三〇年代後半（1960〜）から始まった高度経済成長期を迎え、日常生活は大きく様変わりしていった。食生活も例外ではなく、家庭でのすし作りが減少し、衰退へと向かったのである。いわゆる消費社会の到来であり、人々に消費は美徳であるという観念を推進する社会風潮となっていった。高度経済成長により所得が増え、生活も向上すると、外食は不経済であるとか、もったいないという観念も薄れてきた。グルメという言葉が出回ると、食事作りを人の手にゆだねることへの主婦のうしろめたさもなくなり、加えて女性の社会進出、核家族などを背景に日常生活の価値観が変貌していった。

経済成長による消費社会の到来は、外食産業を促進し、すしを格安に供する店が現われてくるようになったのである。こうして、家庭のすしをご馳走ではなくしてしまった。つまり、すし屋は以前より身近なものになり、家庭ではすしはあまり作られなくなった。かつては自宅で行っていた婚礼や葬儀の宴も、食事は専門の業者にまかせるようになった。かくして、完全にすしは家庭で作るものではなく、時々思い出したように五目ちらしずしやいなりずし、巻ずしを作る程度になった。現在、かろうじて地方文化の中にハレの料理として、郷土ずしが残っているのが救いである。

戦後のすし屋の発展は、明治時代に出現した氷冷蔵庫をさらに開発したタネケースの設置とそれに対峙したカウンター席の組み合わせというアイデアによるところも大きい。カウンター席は戦前から屋台形式で東京のすし屋で使われていたが、昭和二〇年代後半（1950〜54）にこのスタイルが登場し、タネケース（当時は氷を敷いていた）からカウンター席の客が、旬のもの・鮮度のよい食材を選んで注文し、すし屋が客の前でそれを握って出すという演出をした。かつての江戸前ずしでは、すしは客の前で握るものではなく、すしダネに下仕事をしてあらかじめ握ったものを客に出していたので大きな発想の転換といえよう。現在ではタネケースは仕入れたタネの鮮度、そして衛生面と安全性を客に示す、いわばその店の品質のバロメーターのようになっている。そして、カウンターが整備されて、客が座るようになると、すしダネを肴に酒を飲ませたり、握りずしを肴に酒を飲ませるようになった。戦前も一部の高級店では酒を出す店があったともいうが、やはり、すしの合いの手がお茶からお酒になったのはこのカウンターの前に客が座るようになってからのことである。

●低成長時代から現代へ

戦後の高度経済成長期を経て、握りずしの普及が全国に行き渡った背景には回転ずしとテイクアウトずしの存在を忘れてはいけない。回転ずしもテイクアウトずしも、すしを高級品化する流れに変化を起こしたのである。回転ずしの出現の時期については諸説があるが、本格的に普及となったのは大阪での万国博覧会

（１９７０）における出店であったといわれる。回転ずし店は徹底した生産の合理化と低価での薄利多売による展開が図られた。こうして回転ずしは日本人に最も愛されてきたお好みずしである〝握りずし〟を低価格な外食として実現したのである。回転ずしは店舗の拡大も進めながら、タネの品質と雰囲気の向上に余念なく、時代のニーズに合わせてまだまだ進化をしているといってもいいだろう。

一方、テイクアウトずしは、室町時代にも馴れずしを持ち帰りとして商売をしていた記録はあり、新しい発想の商いではない。価格の安価は回転ずし同様に大量仕入れによる経費削減とマニュアル化による職人不要などの生産過程の合理化によるものである。コーヒーショップをはじめ、ハンバーガーやフライドチキンなどと同じフランチャイズ化することによって低価格路線で急成長し、最近では宅配（デリバリー）という新商法も登場してきている。

戦後の経済発展と民主化・自由化による社会背景の中で、女性の社会進出による共稼ぎ社会などの時代を経てすしも変化し、食べる人と作る人の価値観に合わせて新たな形態を創造していったのである。

今や「ＳＵＳＨＩ（すし）」といえば、ほとんどどこの国でも通じる世界共通語となった。アメリカでも英・仏でも日本食ブームになっており、その中心的料理はＳＵＳＨＩである。海外でＳＵＳＨＩを握っているのはもはや日本人だけではない。彼らもまた現地の人たち向けにさまざまな創作ずしを工夫し提供している。

１９６０年代の米国のニューヨークや西海岸のロサンゼルスでの日本食レストランの開店、つづいて１９

70年代になると各主要都市への進出であった。当時はすしはメニューにのってはいたものの、現地の人々にとって日本食といえば、スキヤキ、テンプラであった。それがいきなりすしの人気が高まったのは1977年アメリカ上院が報告した「マクガバン・レポート」の発表からであった。肥満、糖尿病などが原因の生活習慣病抑制のための対策として提出されたレポートである。最も手本とされ注目されたのが、日本古来の米、魚を中心にして、それに野菜を組み合わせた低脂肪・低カロリーの日本食であったのである。ここで一気に〝すし〟は脚光を浴び、「スシ・バー」が新たな形でアメリカの大都市に次々と店舗を出し、普及していったのである。「マクガバン・レポート」に沿って、多くのアメリカ人が肉食を減らし、魚や穀物を増やすようになったのである（本章「アメリカのすし事情」の項参照）。アボカド巻やサラダ巻をはじめ、天ぷら・チーズ・マヨネーズを用いたアメリカンロールの登場は、従来の握りずしや巻ずしの考え方を変え、新たなすし食品を生み出したのである。いわゆる創作ずし＝ＳＵＳＨＩの誕生である（本章「創作ずし」の項参照）。

アメリカで筆者が買ったＳＵＳＨＩの本にはすしの説明として、

Sushi is a world of tantalizing, clean, fresh flavors. Pristinely beautiful, plump, and chewy white rice, glistening with freshness and flavored with a fragrant vinegar dressing, is topped or mixed with fresh vegetables, cheese, tofu, or whatever you desire.」（Strada J & Moreno M.T.: SUSHI for DUMMIES. WILEY. 2004）

と書かれていた。和訳すると「すしには、清潔で、新鮮な、わくわくさせる世界がある。香りのよい酢で風味づけされ、ぴかぴか輝く、美しい、ふっくらとしたひと口サイズのすし飯に、旬の野菜やチーズ、豆腐などお好みの具を上にのせたり、混ぜたりしている」とある。まさしく、なんでもすしにしてしまう世界である。

こうしてグローバル化されたすしは逆輸入され、わが国のすし屋でも回転ずし店を中心に外国で人気の創作ずしを出しはじめ、けっこう子供や若者には人気があるという。いずれにしろ、このようなすしが世界中の人々に受け入れられるようになった背景には、すしが健康食ということもさることながら、食文化全体のグローバル化と人類の〝食への飽くなきこだわり〟であろう。

しかし、その一方では戦後の日本の経済発展の影で多くの問題もかかえることにもなった。環境破壊に伴う食生活への影響もその一つである。昭和二九年（１９５４）第五福竜丸の「死の灰」事件での放射能マグロの問題、昭和三一年（１９５６）熊本県水俣湾の魚介類汚染による水俣病問題、昭和四五年（１９７０）頃のカドミウムによる汚染米問題などはその代表である。さらに、最近では地球温暖化による影響は魚食文化に暗い影を投げかけている。

かつての江戸湾（東京湾）、つまり江戸城の前海は魚介類の豊富な旬の味を提供してくれる豊かな内海であった。現在、東京湾沿岸の工業化によって多くの魚介を失ってしまった。いつか再び文字通りの江戸前の多くの魚介が復活し、この〝江戸前ずし〟が食べられたらと願うのは筆者だけではなかろう。

回転ずし・創作ずしの登場

日本における長いすしの歴史とそれにつづくすし屋の歴史のなかで、特筆に値するのは「回転ずし店」の登場であろう。本項では、注目すべき〝現代史〟の回転ずしと最近のすしの国際化にともなう「創作ずし」の登場、アメリカのすし事情についてみていきたい。

◇回転ずし

●回転ずしの発明と普及

安くて美味しいをモットーに回転ずしは今や全国に5000軒とも6000軒ともいわれ、さらには世界中の主要都市へと拡大し、回転ずしワールドを形成している。安くて、早くて、気楽に食べられるのが回転ずしである。回転ずしは昭和三三年（1958）日本で初めて大阪に「廻る元禄寿司」として誕生した。しかし、当初はなかなか受け入れられなかった。昭和四五年（1970）大阪で万国博覧会が開催され、これにマクドナルドや、ケンタッキーフライドチキン、ミスタードーナツといった後の日本を席巻するファスト・フードのチェーン店と肩を並べて、万博の飲食店部門に出店し、回転ずしは一気に市民権を得た。その後、着実に試練を乗り越え、改良を加えながら発展し、現在でも次々と進化しつづけているのが現状である。

すしはもともと庶民的なもので、とくに江戸前ずしの屋台の立ち食いはまったくの庶民の食べ物であった。この屋台が衛生上の問題等から禁じられたこともあり、すしの高級化が一気に進み、高嶺の花のご馳走になってしまった。店のカウンターで、旬のタネを財布の中身を気にせず、楽しむことができるのは一部の金持ちや祝事のときだけになってしまったのである。それが回転ずしの登場により、手頃な予算で、好きなだけ、いつでも食べることができ、しかもうるさいマナーもなく、自分流で自由に選べるかつての屋台の気安さで、すしを楽しむことが可能になったのである。こうして回転ずしはすしを再び庶民のものにしたのである。この自分で選べて、安く早く食べられる回転ずしは女性の社会進出という社会背景の中で、コンビニが浸透し全国に拡大していったことと大いに関連している。

回転ずしを登場させ、庶民のニーズに応えられたのは何であろうか。

まず第一に考えられることは、冷凍・冷蔵技術の発展が遠方の産地からすしダネを安い値段で一度に大量に輸送することを可能にしたこと、そして大量仕入れ、薄利多売、回転率の良さ、代用ダネの採用などの企業努力である。利益率を追求しながら、安く売るために最も重要な要因は客の回転率の向上と従業員の人件費節約である。これを可能にするために開発されたのが回転ずしの三種の神器と呼ばれる「すしコンベア機」とシャリマスターと呼ばれる「すし握り機」さらに「自動皿洗浄機」である。とくに回転ずしの名の由来となった「すしコンベア機」はスムーズな流れと速さが重要であった。遅くても後の客がイライラし、速くてもすしが風を切り、乾いてしまうためである。改良を重ねた結果、現在では分速４・５ｍが標準とされている（東日本と西日本では電気の周波数が異なるため東日本の50ヘルツより60ヘルツの西日本のほうが若干速いという)。

また回転ずしのレーンのほとんどは時計周り(右周り)である。これは右利きの人は右手に箸をもつため、当然左手で流れてくる皿を取ることになるからである。また多くの人は利き眼が右眼にあり、右から左へ動いていくものをとらえやすいという。

現在では「自動給茶装置付きすしコンベア機」はもちろんのこと、「自動のり巻機」「自動酢合わせ機」さらには皿にタグを装着させ一定時間後すし皿を回収する「自動排除システム」等次々とハイテク化が進み、回転ずしは日々進化しつづけている。

しかし回転ずしはずっと順調に成長してきたわけではない。昭和六〇年代(1985〜)から平成(1989〜)にかけてのバブル時代には人々の生活が豊かになり、回転ずしに対し「品質が悪い」「不衛生」「飽きた」などというようになり、沈滞していった。ところが平成七〜八年(1995〜96)頃からタネの品質向上を目的として、鮮魚卸売業者や水産加工業者、和食チェーン店などの魚のプロたちが回転ずし業界に参入してきた。つまり、〝安くて、早くて、気楽〟だけでなく〝旨い〟の要素が加わったことにより、再び活気をとりもどしたのである。魚を丸ごと仕入れ、客の目の前でさばき、新鮮なタネを揃え、一般すし店を凌駕する店も登場している。

このように回転ずしは単一価格で安く量を食べさせる店と一般すし店並みの品質を求め、できるだけ安く食べさせる店の二極分化が進んできているといえる。回転ずしは今、創作ずしをもとり入れて地球上を回りはじめている。

◆いい回転ずし店とは

従業員の教育と清潔感そしてタネのよさが三原則である。

①入店した時ににおいのないこと。
②女性客（主婦・ＯＬ）が仲間とよく来ている。
③職人が客の立場で対応してくれる。
④本日のおすすめが表示されている。
⑤タネの産地や鮮度にこだわりがある。
⑥代用ダネでも正直に表示している。
⑦醤油の小皿・お手拭きがきちんとある。
⑧お茶・ガリ・ワサビが自由に取れる。
⑨味噌汁などの椀物が充実している。

◇創作ずし

●すしの国際化と創作ずしの多様化

日本の伝統的な代表料理としてのすしは今や世界中で「ＳＵＳＨＩ」として変幻自在に進化を遂げている。従来のすしダネでなくキャビアやフォアグラなどもとり入れ、種々の自然の野菜などと自由に組み合わせ、新鮮な味のハーモニーを演出している。「創作ずし」の定義はないが強いていうならば「伝統的な江戸前の仕事とフランス・イタリア料理などの西洋料理ならではの機知と才気が巧みに融合して、まったく新しい新鮮な味を生み出したすし」ということになる。

この背景には既成概念にとらわれないアメリカでのすしブームがある。すなわち先入観を捨て、いろいろな料理のそれぞれの出身のシェフたちが自由な発想の中で多彩な食材を利用し、遊び心を大切にして創作していったのである。まさしく〝アメリカずし〟の逆輸入である。また飲み物も日本酒やビールだけでなく、ワインをはじめいろいろな飲み物との組み合わせも考慮されながら国境を越えて、楽しい味ができあがっていったのである。したがってオードブルとしても供されるようになっていった。著者が欧米旅行や国内の有名店で味わったことのあるめずらしい創作ずしを挙げてみると――

握りずしでは、①マイタケ天ぷらの抹茶塩かけ　②海老のタルタルソースかけ　③豆腐の炙りずし　④ナスの炙りと天然塩・わさび　⑤イクラのサーモン軍艦巻（親子ずし）　⑥ブルーチーズとアボカドの軍艦巻　⑦トリュフと玉子包み　⑧甘海老のキャビア乗せ　⑨焼きネギと焦がし味噌　⑩うずら玉子の黄身とオクラの軍艦巻　⑪牛ヒレの炙りずし　⑫トマトサラダ軍艦巻　⑬イクラの千枚漬け軍艦巻　⑭白身魚の塩昆布のせ　⑮平目のアンキモソースのせ　⑯アボカドと漬物　⑰トロの沢庵巻　⑱穴子の白焼　木の芽のせ　⑲フォアグラ　⑳キャビア軍艦巻　等であった。

巻物では、①レインボーロール　②カリフォルニアロール　③ボストンロール　④すき焼ロール　⑤スパイダーロール　⑥ソフトシェルクラブ天ぷらロール　⑦テリヤキロール　⑧カッパロール（カニミソ添え）

⑨サーモン・クリームチーズロール　⑩ベジタブルロール　⑪ツナ・カンピョウロール　⑫キャタピラーロール　⑬ドラゴンロール　⑭マンハッタンロール　⑮アラスカロール　等である。

ここで注目しておきたいことは、欧米人は海苔は黒く葬式を連想させるため、不味《まず》いと映るらしく巻ずしは〝裏巻〟で巻かれる点である。つまり、海苔をなかにしてすし飯が外になるように巻かれるのである。

アメリカ・ニューヨークでお洒落な創作ずしを売り物にして、世界的な注目を集めている「ボンド・ストリート」のすし。上はお洒落な盛り付けのエビの巻もの。下はキャビアと金箔をのせた中トロなどのオリジナル握りずし。

次に一品料理では――

①マグロの炙りとおろしポン酢　②マグロとホタテの網焼　③ウニの茶碗蒸し　④真だことモッツァレラの酢の物　⑤穴子のコキール　⑥真鯛刺身のバルサミコソース　⑦鱧そうめん　⑧白身魚のあん肝ソース　⑨あわびのバターソテー　⑩マグロのしそ巻串焼き　⑪大トロのヅケと大根の漬物　⑫マグロのホホ肉のロースト　等である。

まさしくフランス・イタリア料理的発想の料理である。またすし飯の石焼ビビンバにはびっくりした経験がある。いずれにしてもすしダネと旬の野菜を中心にして加熱や脱水を加えたり、切り方を変えたり、あらゆる飲み物に合う味を出そうと努力している技術は感服に値する。まさしく世界をまたにかけたＳＵＳＨＩの百花繚乱である。

アメリカのすし事情

１８８７年、サンフランシスコにアメリカ本土で初めて日本食レストランができたという。日本の明治時代初期の話である。その背景には、１８７０から１８８０年代にかけてカリフォルニア州における日系移民の増加がある。しかし、この頃はまだすし専門の店はできていない。アメリカ大陸におけるすし専門店の始まりは、20世紀に入ってからで、ロサンゼルスの日本人街（リトル・トーキョー）にオープンした店といわれている。その後太平洋戦争が勃発し、敵国となり、多くの日系人は強制収容所へと送られた。当然の結果としてリトル・トーキョーも廃れていった。戦後になり、アメリカが同盟国になると、日系人のみならず日本に滞在した進駐軍の帰国者や、アメリカに嫁いでいた戦争花嫁たちを通して、多くのアメリカ人が日本食に興味を示すようになった。こうして、１９５０年代後半から１９６０年代にかけて、西海岸を中心に日本食レストランが次々とオープンしていったのである。1963年坂本九さんの「スキヤキソング」（日本タイトル＝上を向いて歩こう）が全米チャート第一位になっている。しかしこの頃の日本食といえば、すき焼・天ぷら・しゃぶしゃぶであり、すしではなかった。すしの専門店が登場するのは1970年代になってからである。

つまり、1960年代が日本食ブームの始まりということになる。アメリカにおけるすしブームは日本食ブームの影響を受けて少しずつ広がっていった。まだ日本食になじみのないアメリカ人にとって生の魚を使ったすしを食べるかどうかは当初は大きな賭けといってもいい試みだったであろう。そして、1970年代半ばにはロサンゼルスの白人を相手にすし店がオープンし、これが大当たりしている。その後、ニューヨークでも1964年の日本食レストラン「ベニハナ」のオープン以後、日本食レストランが相次いで出店し、1975年には「竹寿司」がニューヨーク初のすし専門店としてオープンしている。さらに、1980年代に入ると日米の関係改善が一層すすみ、それにともなって文化の交流とともに、ふたたび日本ブームが起こり、すし店もその例外ではなかった。

●アメリカでのすしの普及の背景

アメリカですしビジネスが成功した理由はまず日本の米に近い美味しいカリフォルニア米が開発されたこと、次に生の魚肉の保存と加工技術の進歩とそれに対するアメリカ人の信頼性、そして健康ブームという社会的背景であると考えられている。

１９７５年にアメリカ政府と国民は、がん・心臓病・肥満を原因とする脳卒中・糖尿病などの現代病の増加と、それに伴う医療費の増大などに悩まされていた。そこで、栄養問題特別委員会を設置し、食事と健康の調査をした。その結果、１９７７年にアメリカ政府は、当時の委員長の名前をとって「マクガバン・レポート」と呼ばれる報告書を発表し、食生活の改善指標を示した。そのなかで最も理想的な食生活として定義づけをした内容が、日本の食生活の内容と一致したのである。

つまり、精白しない穀物を主食にし、季節の野菜、海藻類、そして低脂肪、低コレステロールの良質なタンパク質の魚をとることであった。また日本人はなんといっても平均寿命は世界一位であったし、極端な肥満は見られなかった。アメリカ人のなかで「日本食は健康食」という概念と、「すしはヘルシーフード」だという認識が広まっていった。また、この当時、「青魚は健康によい」という科学的裏付けもその背景にあった。そして１９９０年代に入ると、アメリカの好景気は、すしレストランの繁栄に拍車をかけ、さらにはスーパーマーケットに〝パックずし〟が登場し、飛ぶように売れた。こうして、すしは日常食となり、さらに一層、全米に広まっていったのである。

今やアメリカ人にとってすしは日本食ではなくなっている。日本人がラーメンを中国食としてすでにとらえていないのと似ている。こうしてすしのグローバル化がアメリカからはじまったのである。

すしの字考――鮨と鮓――

ここで、すしに当てられてきた文字について考察してみよう。

「鮨」も「鮓」も2000年以上も昔の中国の古い漢字である。中国最古の紀元前五〜三世紀頃の辞書『爾雅《ジガ》』には「魚は之を鮨《キ》といい、肉は之を醢《カイ》という」とある。一〜二世紀頃の二番目の辞書『説文解字』（紀元100〜200頃）には「鮨《キ》は魚《さかな》の脂醤《ホウ》（塩辛）である」と記している。そして、三世紀のなか頃出された三番目の辞書『釈名』では「鮓《サ》とは葅《サ》（つけもの）の意」「鮓《サ》は塩と米で醸すつけもので馴れたら食べる」と記している。つまり、鮨と鮓の区別は魚偏に旨は塩辛で、乍は馴れずしということになる。しかし、その後、三国時代（220〜265）に『爾雅』の増補版『広雅』が出版され、「魿《シン》・鮆《シ》・鮨《キ》は鮓《サ》なり」と書き、同一視してしまった。さらにその後『爾雅』の注釈書が晋《シン》の時代（265〜420）にだされたが、「鮨《キ》は鮓《サ》の類なり」として、また同義語としてしまった。以後まったくこの二つの文字は混同して使われることになったのである。これが八世紀頃、日本へ渡来し、わが国では「鮨《キ》と鮓《サ》」ははじめから混用して使われたのである。

日本における文献上、最古のすしの記録は、『養老令』（718）で、当時の税法を命じた『賦役令』の条文に、「鰒鮓二斗、貽貝鮓三斗、……雑鮨五斗」という記述が残っているという。この中に「鮓」と「鮨」の両方の字が現われている。当時の税は租庸調として納められ、労役の他は現物税であった。この条文によると、当時、すしは調として諸国の特産物の貢納物として中央集権に納められていたことがわかる。しかし、『養老令』は『大宝令』（701）の改定版であるから、「鮓」や「鮨」の記述は既に『大宝令』の中にも存在していたかもしれないが、『大宝令』は現存していないので定かではない。平安時代になってできた令文の注釈書の『令義解』や『令集解』には「鮨は鮓のことなり」として両方を用いているが、正字として「鮓」の字が多く用いられていたという。

一方、天平九年（737）の『但馬国正税帳』には「雑鮨五斛《ざつすしごこく》」として、「鮨」の字が出てくる。「正税帳」は律令時代の税の記録（『正倉院文書』）である。また奈良の平城宮趾の木簡には「多比（鯛）之鮓・多比春鮓・貽貝鮓」として「鮓」を用いた記載があるが、二条大路跡出土の木簡には、志摩からの「堅魚（カツオ）鮨」「近代（コノシロ）鮨」、若狭からの「貽貝鮓」「鯛鮓」「鰒鮓」、播磨からの「加比（カイ）鮓」の記述がある。いずれにしても奈良時代のすしの記録には「鮓」と「鮨」の二通りの漢字表記があり、概ね同一視し無意識に使用していたのであろう。

九世紀末、わが国最初の漢和辞書『新撰字鏡』（900頃）のなかで「鮓」を「酒志《スシ》」と訓を付けて読み、同義語として「鮭・鮝・鮨・鮗」の字を挙げている。また一〇世紀にできた『和名抄』（931〜937）の中では「鮨」に「須之《スシ》」の訓を付けている。すなわち、「鮨」も「鮓」も「すし」と読み、区別していない。

ここで「すし」という言葉の語源について江戸時代からの諸説を紹介しておこう。まず、最も一般的と思われるのが「味が酸っぱいからすし」という説である。これは江戸時代中期、儒学者・貝原益軒が元禄一二年（１６９９）に出した語源辞書『日本釈名』で、「味すし」（味が酸っぱい）と書いている。おそらくこれが最初であろうといわれている。次に新井白石は享保四年（１７１９）に語源研究書『東雅』を刊行した。「スは醋（酸）也、シは助詞也」としている。その他、諸説があるが一般的ではない（本章「わが国のすしの歴史」の項参照）。

平安時代の人たちは「鮨」も「鮓」も「すし」と読んだが、書くときは「鮨」の字を使っている。宮中の儀式をはじめ国家の政務を記した『延喜式』（９０５〜９３０）に記されたすしは「鮨」の字を使い、『土佐日記』（９３６）や、平安末期の『今昔物語集』（１０７０頃）、『宇津保物語』（９９０頃）などの文学書も飯鮨《イイすし》・鰒鮨《アワビすし》など「鮨」に統一され用いられている。

鎌倉時代は平安朝とほとんど変化なく、やはり「鮨」の字を多く用いている。年貢の一部として納めさせた〝鮨桶〟をすしの単位とし、この時も「鮨」の字を用いている（福井県敦賀『気比神宮文書』１２１２）。また『沙石集』（１２８０〜８３）のなかでも「鮨」の字を用いている。

室町時代初期、往来ものの最初とされている『庭訓往来』（１４５０頃）には「鯵鮨」の名が出てきている。奈良時代の平城宮木簡の中にある「多比（鯛）之鮓」「多比春鮓」以来の海魚のすしの記録として「鮨」の字を用いている。つまり、平安時代から室町前期にかけてはすしの文字からみれば「鮨の字の時代」といえる。したがって、馴れずしには「鮨」を用いているということになる。
室町時代も中期になるとわが国のすし文化は急速な発展をとげている。この頃は、アユずし、フナずしだけでなく、宇治丸（ウナギ）さらには海魚のタイ・イワシの他、ハモも登場してくる。また、ナス・タケノコなどの野菜も登場し、さらなる賑わいを見せる。さらに発酵を浅く止め、ご飯も一緒に食べる「生成《なまなれ》」が登場してくることはすし文化史上最も注目すべきである。つまり、馴れずし（ホンナレ）により魚だけを食していた時代から「生成《なまなれ》」ですし飯も同時に味わうようになったことは大発見、大発明であり一段とすし文化を発展させたのである。また糀《コウジ》を使って乳酸菌発酵を促進させた改良型の生成ともいうべき「飯《イ》ずし」（魚・塩・ご飯に糀と野菜を加えたもの）も誕生させている。そしてこの頃になるとまた「鮓」の字を多く用いるようになってきている。そうなると、「生成《なまなれ》」では「鮓」の字が使われていることになる。蕪村も一茶も生成の一夜ずしに「鮓」の字を用いている。

一夜鮓馴れて主の遺恨哉　（蕪村）
鮓になる間を配る枕哉　（一茶）

また『実隆公記』（1529）でも「鮓」の字が使われ、室町時代の庶民の生き生きとした生活がよみとれる。そして、江戸時代初期の頃までは「鮓」の字一色で使われている。この頃出た『料理物語』（1643）でも「鮓」の字に統一され使われているという。

すなわち、江戸時代初期は室町時代の継承であるが、江戸中期頃の元禄（１６８８〜１７０３）から安永（１７７２〜８０）になると何故か「鮓」と「鮨」がまた入り混じって使われている。この当時は〝馴れずし〟と〝生成〟が人々の生活のなかに混在しており、このためすしの字においても両方の字を使い分けたのかもしれない。

酢を使った〝早ずし〟が発明されたのは江戸時代初期から中期にかけての延宝（１６７３〜８０）の頃である。それまでのすしは生成だから、酢を使う〝早ずし〟の登場は結果として「鮓」の字の方を再び多く使いはじめることになったと考えられる。幕末に出た『難波江』には

直ニ出来ル故ニ、マチャレズシト云ヒ、又早鮓トモ云ウナリ

と記している。さらに、

元来スシハ……飯ト魚トヲマゼテ置クニ日数経レバオノズカラソノ出ズルモノニテ、酢ヲ加エテ製スルモノニアラズ、鮨ノ字ヨリハ鮓ノ字ガヨロシ。

と書いている。

要するに生成や早ずしには「鮓」の字がよろしいとの判断である。これは生成《なまなれ》を詠んだ蕪村の句が「鮓」

の字にかぎっている事実とも一致している。こうしてみると江戸中期以前までは「鮓の字の時代」ということができる。

早ずしの出現はすしの歴史の中で変化をこの上なく広げる結果となった。つまり、当初の早ずしは姿ずしやこけらずし（箱ずしの一種）であったが、江戸も中期になると巻ずしやいなりずし・ちらしずしなどさまざまの形態を生み出していったのである。そして、江戸中期以降、明治・大正（1912〜26）となるとふたたび「鮨」の字が多く使われてくる。理由はなんといっても〝握りずし〟の発明と普及によるものと考えられる。文化・文政の頃にはじまった〝握り早漬け〟と呼ばれた握りずしはたちまち広まり、文政の終わり頃には大阪でも握りずしの店ができたと伝えられている。またこの頃の川柳・俳句・文学はほとんど「鮨」の字を使い、明治へと使い継がれている。

なぜ江戸っ子は握りずしに「鮨」の字を用いたかは定かではない。奈良時代は「鮨」も「鮓」も用い、平安時代は「鮨」の字を主として用いているが、この頃の江戸の人々には昔のことはよくわからなかったであろう。室町時代に生成や早ずしの発明で「鮨」から「鮓」の字を用いたように、新しい握りずしの登場で変革の意を込めて「鮨」の字を江戸っ子は再登場させ用いたのかもしれない。「鮨」の字はその後、江戸の末期から現代に至るまでつづいて用いられている。つまり、江戸の初期までは鮓の文字が多く用いられたが、握りずしの登場で「鮨」も用いられ、徐々ではあるが「鮨」の字が多くなっていく。幕末に出た『守貞謾稿』（前出）では「鮓」と「鮨」を混用している。しかし、著者の喜田川守貞は当時の上方と江戸のすし文化を充分把握した上で使い分けている。また、江戸時代末期には、わが国独自の当て字として縁起をかついで、「寿司・寿し」を作っている。そして以後「鮓・鮨・寿司・すし」が混用され、現在に至っている。

●志賀直哉は「鮨」、正岡子規は「鮓」

明治時代になると握りずしが主流となったためか、「鮨」の字が文学の世界でも多く使われている。志賀直哉の小説『小僧の神様』では大正時代の屋台のすし屋の握りずしが舞台であるがすしの字はすべて「鮨」を使っている。しかし、正岡子規はもっぱら自分用のすしは「鮓」を使っている。

ここで現代の日本列島をすしの字を通してながめてみると、西側とくに関西（上方）を中心にした馴れずし・押しずし・箱ずし・姿ずしでは「鮓」の字が多く使われ、東側とくに関東（江戸）を中心に、握りずしでは「鮨」の字を、ちらしずしや巻ずしでは「寿し」、「寿司」を好んで使っている。また北海道や日本海地方でのニシン・ハタハタ・サケ・ブリなどの飯ずしでは「鮓」も「鮨」も使わず、平仮名の「すし」の字をあてている。

こうしてみるとすしの字はその時代の地域の社会や文化と深くかかわっているといえるかもしれない。前項で述べたように、昨今では回転ずしや創作ずしの登場によりＳＵＳＨＩが加わり、ますますすし文化はグローバル化している。世界中どこでも食べることができるようになった。このことは一方では鮨・鮓・寿司・すし・ＳＵＳＨＩの区別がなくなってきているともいえるかもしれない。

古来有名なりしすし屋

◇すし売り

平安時代末期に成立した『今昔物語集』に泥酔したすし売りの女が自分の売り物のアユずしの上に反吐《へど》をはき、あわてて汚物をとり除いて、そのまま商いをつづけたという当時の馴れずしの記録がある。すし売りの歴史の最も古いものである。しかしその後、すし売りの記録はなぜか江戸中期まで見あたらない。すし売りが市中から消えることはなかったであろうが、記録は見つかっていない。すし売りは江戸では「いなせ」な代表とされていた。夜、提灯をもって、肩に箱を積みかさね、美しく澄みきった声で「すしやァ　こはだのゥすゥしィ」と呼び歩いたという。『守貞謾稿』にすしダネの種類や当時の値段が詳しく出ている。手柄岡持の『後《のち》は昔物語』（1803）にも、

鮓売りというは、丸き桶の薄きに、古き傘《からかさ》の紙を蓋にして、いくつも重ねて、鰶《こはだ》の鮓、鯛《たい》の鮓とて売りありきしは、数日漬けたる古鮓也。

とある。吉野曻雄氏は、日本風俗史学会編『図説江戸時代食生活事典』（雄山閣出版・1996）のなかで、

宝暦四年（1754）正月興行の市村座上演の『皐需曾我橘《さつきまつそがのたちばな》』の二番目で、坂東三八がすし売りの所作事を演じた時の「魚尽し鮓売りのせりふ」を紹介している。

「サアサア鮓めさい」の口上ぶれに始まり、「昔のつるぎ今井鮓、なぎなた変わってすし庖丁……鮓とみし世ぞ今は鯉、鮒の鮓……つけ加減、押加減、舌打ち至極の鯵の鮓、一切れあがって御覧なれ……釣瓶鮓、枕二つに蚊屋つらせ、二人抱かれてお角力、いざ見えたか、見えたは……ころころ鱗鮓《こけら》……必ず今度鮎の鮓……

江戸末期のすし売りは特に正月が有名で、他は花見時がかき入れだったようである。また安物は飯代わりに味をつけた豆腐からを用いていたという。「いなせ」な代表といわれたすし売りは、とくに色町などでそう呼ばれたという。

◇すし屋

(1) おまん鮓

宝暦（1751〜63）の頃、日本橋と京橋の間に中橋という地名があった。ここに女房の名前がおまんというすし屋があった。すし屋の女房おまんは、当時人気の役者にたいそう似ていることから評判になり、「おまん鮓」と呼ばれて繁盛したという。また一説には、日本橋と京橋の中間地にある中橋に紅を供えて願い事をする「於満稲荷社」が祭られ、大変賑やかな通りがあり、「京橋中橋おまんが紅よ」という童唄《わらべうた》まではやった。ここの於満稲荷社の名前にあやかり、屋号を「おまん」としたとも伝えられている。江戸の「おまん鮓」も島根県石見地方の郷土ずしの「おまん鮓」も、ご飯の代わりにオカラを使ったオカラずしのことである。石見のオカラずしを「おまん鮓」と呼ぶようになったのは江戸の「おまん鮓」の呼称が背景にあるが、直接的な関係はみあたらない。

(2) 松ヶ鮓

深川安宅《あたけ》町に柏屋松五郎というすし屋があった。主人の名を「柏屋松五郎」といい、「安宅の松ヶ鮓」が通り名になり、「安宅の松公」などとも呼ばれ、高価な店であったが、とても好評であったという。『嬉遊笑覧』（1830）に、「松ヶ鮓出き行われて世上のすし一変し……」とあるのに基づいて、握りずしの元祖だとする説もある（本章「わが国のすしの歴史」の項参照）。また狂歌に

伊豆山葵《わさび》隠しに入れて人までも泣かす安宅の丸漬けの鮓

という歌がある。サバの丸漬けのすしを詠んだものである。すしにワサビを初めて使ったのは「與兵衛ずし」の華屋與兵衛という説もあるが、この「松ヶ鮓」が初めであるという説もある。

一方、江戸の川柳にも多く登場する。

三聖もうましと云はん松ヶ鮓

三聖（孔子・老子・釈子）が初めて酢を嘗《な》めて、孔子は酸っぱいといい、老子は甘いと評し、釈子は苦いといったといわれるように、味の感性は人それぞれであるが、もし、三聖が「松ヶ鮓」を食べたら、三聖が口を揃えて美味しいとほめたであろうと表現している。「松ヶ鮓」の味は万人が賞美したらしい。

算盤づくならよしなまし松ヶ鮓

天保頃（１８３０〜）までは握りずし一個四文程度であったが、「松ヶ鮓」や「與兵衛ずし」が出てきて高価なものとなり、鮨一個五、六〇文もしたという。そこで老中水野忠邦が倹約令（１８４２）を出して暴利をむさぼるものとして二〇〇余名を罰した。この時、「與兵衛ずし」とともに同罪に処せられたという。

(3) 與兵衛ずし

わが国の握りずしは華屋與兵衛（１７９９〜１８５８）による「與兵衛ずし」がはじまりであるといわれる。與兵衛は行商から身を起こし、握りずし一筋に四代にわたり、昭和（１９２６〜）の初期に廃業するまでつづいた。「與兵衛ずし」は御殿ずしとまでいわれ、現在の握りずしの原型を創り上げ、わが国のすし文化に大きく貢献した。前述したように、與兵衛四代目小泉喜太郎の弟、小泉迂外の『家庭鮓のつけかた』によると、握りずしの起源は、文政（1818〜1829）の頃で、「與兵衛ずし」の初代華屋與兵衛以前にも握りずしの製法を企てた者はあったらしいが、いずれも世間に受け入れられず、失敗に終り、初代與兵衛がこれを改良し、考案したことから握りずしの始祖としてさしつかえはなかろうといわれている（本章「わが国のすしの歴史」の項参照）。

また芝海老の「おぼろ鮨」を創案したのも與兵衛だといわれている。しかし、関東大震災（1923）を境として、「與兵衛ずし」は昭和初期に、「松ヶ鮓」（明治末に閉店）とともに、江戸直系の握りずしの姿を消していった。

(4) 毛抜ずし

毛抜きで魚の小骨を抜いたことより、このすしの名がついたという。「笹巻ずし」ともいった。ひとつひとつのすしを笹に巻いたのち、桶の上から石で圧して作った。一個六文で売ったという。『守貞謾稿』に「毛ヌキズシト云ハ、握ズシヲ一ツヅツ、クマ笹ニ巻テ押タリ。價一（つ）六文バカリ」と書かれている。日本橋人形町へっつい河岸の毛抜きが有名であった。持ち歩きに便利なので、よく売れたという。

(5) 雀ずし・すし萬

大阪と和歌山の名物ずしである。小鯛を酢でしめて握ったものであるが、古くは江フナ（ボラの幼魚＝イナ）であった。『嘉元記』（１３４７）にも江フナすしが書かれ、これが初見といわれている。ヒレが両側にピンと張り、すし飯で丸く握った形がまるで雀が飛ぶ姿に似ていることから、紀州公（八代将軍徳川吉宗）が名づけたという説が一般的である。寛文六年（１６６６）の『古今夷曲集』の中には大阪・福島の雀ずしが歌われている。タネは江ブナであることがわかる。

数おほふ江鮒のうろこ福島の人は仕馴れてよいすゞめ鮓

そして、同一二年（１６７２）の『後撰夷曲集』では、

口のうちには音の高く聞こゆるは喉《のど》を飛びこす雀鮓かも

いずれの歌からも、生成《なまなれ》であることがわかる。魚屋の河内屋長兵衛が雀ずしを漬けて売っていたが、天明元年（１７８１）に魚屋の七代目葭屋万助の時、仙洞御用の大役をつとめた。この時、江鮒は生臭いし、皮も硬いであろうと小鯛に代えた。これが「小鯛雀ずし」として今日まで続き、「すし万」がそれであるという。

(6) 釣瓶《つるべ》ずし

すし桶の形が釣瓶《つるべ》に似ているので「釣瓶ずし」という。釣瓶型の曲げ物の中にアユを漬けた発酵ずしであ

ったが、現在では早ずしになっている。歌舞伎や浄瑠璃の『義経千本桜』に登場するすしとして古くから有名であった。このすしは江戸時代の初めの頃、仙洞御所へ献上することになり、江戸中期の頃になると、紀州徳川家を通じて、毎年将軍家へ献上していたという。そして、仙洞御所への献上役をおおせつかったのが、〝弥助〟であったという。竹田出雲の『義経千本桜』（1742）には、源氏に敗れた平維盛を匿《かくま》う役として、この弥助のすし屋が登場している。あらすじを要約すると、

源氏の追手から逃れた平維盛《これもり》は、吉野山中で釣瓶《つるべ》ずしを商う弥左衛門に出会う。弥左衛門はかつて維盛の父・重盛に恩義があり、維盛を弥助という名前にし、店で匿《かくま》いながら働かせていた。弥左衛門の娘・お里はそんな維盛を恋い慕うようになる。折も折、追手・梶原景時が鎌倉からやってくるという。弥左衛門は維盛の身代わりに、たまたま手に入れた死人（実は維盛の家臣）の首を鮓桶に隠しておく。お里と弥助（維盛）の祝言の前夜、離れ離れの妻子を思い悩む維盛。そこに一夜の宿を乞う旅人が戸を叩く。偶然にもそこには維盛の妻子が立っていた。涙ながらに再会を喜び合う三人。すべてを察したお里は自分の思いを断ち切り、維盛たちを逃してやる。入れかわるように追手・景時一行が現れ、維盛を逃したとして弥左衛門を捕える。そこに親不孝者の弥左衛門の息子・いがみの権太が鮓桶を抱えて母子連れで現れる。「褒美ほしさに、維盛一家を捕えたが抵抗したので維盛を首にした」という。

景時は「あっぱれ！」といい、権太への褒美に頼朝公拝領の陣羽織を与えて首の入った鮓桶と母子を連れて去る。しかし怒りが収まらないのは弥左衛門。わが子権太を無残にも切りつける。権太は息絶え絶えにな

りながら「維盛一家は無事で、母子連れは自分の妻子だ」と告げる。実は権太は弥左衛門の留守中に店に来て、母親から金をだまし取り、去ろうとしたところに弥左衛門が戻ってきたので慌《あわ》てて隠れ、すべてのいきさつを聞いていて後悔し、改心していた。そしてその時権太は死人の首の入った鮓桶を持ち出していたのである。かけつける維盛一家。景時が残していった陣羽織の内側には「内ぞゆかしき」と古歌が添えられていた。内側をほどくと数珠《じゅず》と袈裟《けさ》が忍ばせてあり、それは維盛に出家して生き延びてほしいという思いの品々であり、すべてを見通してのことであった。何故なら頼朝もかつて平清盛の母・池禅尼から命を救われていたからである。妻子やお里とも別れて、ただ一人出家をしていく維盛。わが子権太を殺し旅立つ弥左衛門。いずれも悲しい今生《こんじょう》の別れであった。

奈良県下市町に「いがみの権太」の墓が実在する。この名作がある限り「釣瓶ずし」の名は消えることはない。平維盛が弥助と名を変えた日が一一月一日だという。全国すし商生活衛生同業組合連合会が制定している一一月一日の「すしの日」は、この「義経千本桜」に由来している。

(7) 京都のすし屋

江戸時代に発刊された黒川道祐の地誌『雍州府志』（1686）に、近江（滋賀）のフナや琵琶湖のウナギ等のすしの魚が紹介されている。また室町時代から江戸時代までのおよそ200年余りの間、書き続けられたという天皇に仕えた女官たちの公式記録、『御湯殿の上の日記』（1477～1687）によると、すしの魚としてアユ・フナが主に用いられていることがわかる。琵琶湖の〝鮒ずし〟、丹波や吉野の〝鮎ずし〟〝竹の子ずし〟、六条の〝飯ずし〟などが紹介されている。そして、〝宇治丸ずし〟は京都の宇治川でとれたウナギをすしにして室町時代に珍重されたが、江戸時代には、代わってタイやサケのすしが紹介されている。

また、京都名物といえばハモであるが、〝ハモずし〟も芭蕉の弟子の其角が

飯鮓の鱧《はも》なつかしき都かな

と詠んでいることから、この時代からあったことがわかる。
「鯖ずし」の早い記録は『料理山海郷』（1749）のなかにイワシずし・サケの早ずしとともに、その作り方が出てくる。西沢一鳳の『皇都午睡』（1850頃）には京都の祇園会《ぎおんえ》に、サバずしを出すことが載っているし、また上方で書かれた『鮓飯秘伝抄』（1802）にはコケラずし・タコずし・暖めずしとともにサバずしの漬け方が記されているという。
一方、十返舎一九の『東海道中膝栗毛』（1802）の中には、アジのすし・サバのすし・トリガイのすしが記されており、庶民が日常に食していたことがよくわかる。その部分を抜粋してみると、
弥次さんと喜多さんが蒲原の宿につくと、「アジのすうし、サバのすうし」と担ぎ売りのすし屋がやってきた。そこで、安い宿はないかと問いかけた。……

とある。さらに京の宿のところでは、

　この丼の中には上方で流行っているトリガイのすしが入っている。……

と記されている。大いに賞味していたのであろう。

第二章

すしダネと食材のすし学

酢の歴史

●酒のあるところ、酢あり

酢は酒や味噌・醤油と同じく微生物の発酵作用を利用して造られる自然食品である。もともと酢の起源は酒が酸化し、副次的に偶然生まれた産物だといわれている。酢は英語ではビネガー vinegar といい、フランス語の vinaigre が語源だという。vin はワインを意味し、aigre は酸っぱいという意味で、この二つの言葉を合体させてつくられた複合語である。だとすれば〝ワインが酸っぱくなったもの〟ということになる。古代中国では〝酉〟は酒の容器、または酒そのものを意味し、これに「重ねる」という意味の「乍」を合わせてつくられたといわれている。とすると〝酒が日数を重ねてできたもの〟ということになる。つまり、酢は果物や穀物を原料にして酒を造り、その後酢酸菌《さくさんきん》によって、アルコールを酢酸発酵させて造ったのである。洋の東西を問わず酒のあるところ、必ず酢があったのである。

酢が酒から副次発生的に生まれたとなると、酢の起源は人類の歴史上、かなり古くからあったと考えられる。このことは交流のほとんどない時代に世界の各地でいろいろなタイプの酢が生まれていることからもうなずける。世界中の人々はさまざまな酒を造り、同時にさまざまな酢を造ってきたといえる。紀元前６０００年頃、メソポタミア南部のバビロニアでワインが造られ、紀元前５０００年頃にはナツメヤシや干しブドウから酢を造っていたという。さらに『旧約聖書』では、「強い酒の酢とブドウ酒の酢」という言葉が出ており、紀元前500年〜400年頃のギリシャでは、ヒポクラテスが病気の治療に酢を用いた記録が残されているという。

中国では紀元前5000〜6000年頃から黄河流域に文明が興り、バビロニア（メソポタミア南部）と同じように果実酢が造られていたようである。紀元前1050年頃に興った周の国の官僚制度の記録に酢造りを担当する役人の存在があり、「羹《あつもの》をつくるに塩が過ぎれば則《すなわ》ち鹹《かん》、梅が過ぎれば則ち酸、塩梅《あんばい》が中を得て、しかる後羹となる」という言葉もある。酢と塩は人類にとって最古の調味料であった。

秦の時代（紀元前221〜201）になると、今の中国料理の基礎となった多くの料理が誕生し、酢も調味料の一つとして使われていた。六世紀の中頃、北魏の時代には『斉民要術《せいみんようじゅつ》』（550年頃）が刊行された。現存する最古の中国の料理書といわれており、麹の作り方や、米、麦、粟、こうりゃんなどの材料を使った酢の製造法が約20種類も記録されているという。代表例を紹介する。

「大酢」の作り方（作大酢法）・要約

ムギ麹一斗と水三斗とアワ飯三斗を冷やして、ムギ麹、水、飯の順に攪拌しないで甕にいれる。甕の口を綿で覆う。七日目に「初汲みの水」一椀を加え、二一日目にもう一度加えると、酢になる。

「モチアワ酢」の作り方（秫米神酢法）・要約

ムギ麹一斗、水一石、モチアワ三斗を使用する。初めに水を計って、ムギ麹を浸し、飯を炊いて蒸し、冷ます。麹はよく揉みほぐして仕込む。よく攪拌し、粥状にする。綿で覆う。七日目にもう一度攪拌しておくと、一か月後には熟成する。

わが国の酢の歴史

日本で最初に米から酒を造るようになったのは、水稲農耕が定着してからと考えられている。加熱した米を口でよく噛むと唾液中の酵素で米のでんぷんが糖化し、自然に入り込んだ酵母菌により、発酵されて、アルコールができて酒になった。この原始的な「口噛みの酒」が『古事記』（712）や『大隅国風土記』（713以降）に記載されているという。『播磨国風土記』（715頃成立）の文献には、神様に供えた米飯が枯れてカビが生え、これを醸し酒にしたと、米と麹を用いた酒造りについて記述されている。

米はそのままでは酒にならない。酒になるには、でんぷんが麹の糖分解作用によってぶどう糖にまず分解されなければならない。これに酵母が働き、アルコール発酵が起こる。ブドウなどの果実には糖分（ブドウ糖）が豊富に含まれているため、果皮に付着している天然酵母の働きで最初からアルコール発酵が起こり、酒になる。このことから、古代ではまず果実酒による酢ができ、その後、米の酒からの酢ができたと考えるのが妥当であろう。

　このようにわが国での酢の起源は、酒から自然発生的に酢が誕生したと考えられるが、確定できる文献や証拠は残されていない。一般的にわが国で酢造りが本格的に始まったのは八世紀の初めの頃とされている。養老二年（７１８）に成立した『養老令』では〝造酒司〟という役所があり、酒のほか酢も造っていた。すなわち養老令の中に「造酒または酢のことを掌る」とある。『養老令』は大宝元年（７０１）の『大宝律令』の改定法令であることからすると、七世紀後半にすでに酢を組織的に造る役所のようなものがあったとしてもおかしくない（大化の改新は６４５年）。現在のところ〝酢〟という文字の最も古い記録は平城京遷都（和銅三年・７１０）の前、一六年間つづいた藤原京跡から出土した木簡の〝酢〟という記述といわれている。平成一五年（２００３）、国の重要文化財に指定された木簡、「平城宮跡大膳職推定地出土木簡」の一枚、通称「平城宮跡木簡第一号」には次のような文字がある。

（表）寺請　小豆一斗醤一斗五升　大床所　酢末醤十

「小豆１斗と、塩（醤）一斗五升、酢と味噌それぞれ十斗を請求します」というように訓《よ》める。

　また東大寺の『正倉院文書』の『正税帳』の中の『豊後国税帳（天平九年・７３７）』や『伊豆国正税帳（天平一一年・７３９）』には税として酢が納められていることが記されている。

『万葉集』（７５９）に酢《す》・醬《ひしお》・蒜《ひる》・鯛《たい》・水葱《なぎ》を詠んだ歌として

醬《ひしほ》酢《す》に蒜《ひる》搗《つ》き合てて鯛願ふ吾にな見せそ水葱《なぎ》の羹《あつもの》

という歌がある。「搗き砕いたニンニクに醬と酢の合わせ酢で鯛を食べたいと思っているのに、ミズアオイの熱い吸い物など私に見せるな」という歌である。奈良時代の人々がいかに醬や酢を好んで用いていたのかがうかがえる。

平安時代（７９４～１１９２）になると調理技術もいっそう発展した。承平年間（９３１～９３７）に成立した辞書『倭名類聚鈔《わみょうるいじゅしょう》』（９３１～９３７）では「酢・俗に苦酒という」とある。またこの頃になると、料理人のことを〝庖丁〟といっている。そして基本的な調理方法とともに食事の仕方や儀式といった食事作法が生まれている。食卓調味料としては、〝塩梅類〟があり、必ず塩・酢・酒・醬の四種類の調味料がそれぞれ小皿に入れられて食膳の手前に並べられていた。一三世紀に成立したとされる説話集『宇治拾遺物語』（１２３５）に、

……めぐりには酢・酒・塩入れたる瓶どもなんめりと見ゆる、数多置たり……

という一説がある。酢は平安時代、重要な調味料であったことがわかる。

平安中期の『宇津保物語』（990頃）には、長者の屋敷の描写のなかに飯炊き場のほかに〝酒殿〟と呼ばれる醸造場所があったことが書かれている。地方の豪族や実力者の家では酒とともに酢や醤を自家醸造していたことがうかがえる。当時の酢の造り方ははっきりわかっていないが、平安時代中期の律令の施行細則というべき『延喜式』（905〜930）によると酢一石（一〇斗）を造るための原料は、「米六斗九升・米麹四斗一升、水一石二斗」とあり、「六月に仕込んで、一〇日目ごろにかもし、これを四度くり返して成る」と記している。また、米から造る〝米酢〟のほかに米酢と酒で造る〝酒酢〟や菖蒲の茎を漬けて香りをつけた〝菖蒲酢〟、さらに梅の実の酸味をつけた〝梅酢〟、雑果の酢なども造られている。酢と酒と水を等分に加えて酢として用いたものを〝万年酢〟と呼んでいたようである。

貴族文化が中心であった平安時代に比べ、武家文化が主体の鎌倉時代（1192〜1333）は何事にも質実剛健を尊ぶ気風が食生活にも反映している。建長年間（1249〜1255）頃に成立した百科事典ともいうべき『世俗立要集』には後世の小笠原流の原型ともいうべき食事の作法が書かれている。その中で武家の酒の肴は、「打アワビ・クラゲ・梅干しの三種に酢と塩を添えたもの」と書かれており、奈良時代以来つづく塩と酢が基本的な調味料であったことがわかる。

一五世紀半ば頃に成立したとされる『庭訓往来《ていきんおうらい》』（1450頃）のなかに、全国から京に集まるさまざまな物産の中に、〝和泉酢〟が書かれているという。

能登釜、河内鍋、備後酒、和泉酢、若狭椎、宰府の栗、宇賀の昆布

すなわち、酢の名産地は和泉であったことを表わしている。

室町時代（1392～1573）は武家文化と公家・貴族文化が融合し、禅宗教養も取り入れて、「わび・さび・幽玄」の美を追求した独自の文化を作り上げた。食文化も変化し、大きく発展していった時代である。たとえば、この時代には魚介類の調理においても生物《なまもの》の調理が発展し、膾《なます》、刺身、和え物などがあり、酢は生物《なまもの》にはなくてはならない最も大事な調味料であった。このことは四條家の料理書『四條流庖丁書』（1489）にも次のように記されている。

一、サシ味之事、鯉ハワサビス、鯛ハ生姜ス、鱸ナラバ蓼ズ、フカハミカラシノス、エイモミカラシノス、王余魚ハヌタダズ

つまり、魚の種類によって、山葵《わさび》酢、生姜酢、蓼《たで》酢、実芥子《みからし》酢、ぬた酢と五つの合わせ酢の使い方を記述している。

応仁の乱（1467～77年）が起こり、いよいよ戦国時代に向かうと、相次ぐ戦乱の中で武士は、それまでの朝・夕二回の食事から、昼を加えて日に三度の食事を摂るようになり、これが習慣化されていった。

この頃からだいぶ後の記録になるが、江戸時代の日本の様子を知る上で貴重な資料となっている朝鮮通信使の旅日記の記録では、日本人は「一日に三度の飯を食う」と、江戸時代の食習慣の様子が記されているという。

また、安土桃山時代（1568〜1603）には茶の湯が千利休によって完成され、会席料理が大きく発展した。この頃になると、味噌・醤油・味醂・酢といった調味料も使われ、より料理らしくなった時代である。酢に関しては、今までのような自家製醸造の酢造りではなく、より質のよい酢が求められ、酢造りを生業とした職人が生まれてきた。室町時代末期に刊行された『七十一番職人歌合』（一四二人の絵に描かれた職人を職種別に歌に詠んだもの）の最後の七一番に酢造り職人が登場し、柄杓を片手に持って座り、酢を売る男の図が描かれているという。

さらに、この時代には、麹も味噌や甘酒作りには欠かせないものであったため、麹座と呼ばれる独占的な麹の製造販売組織が誕生していたという。酢売りと酒売り醸造業者の他、麹売りと法論味噌売りがあった。

安土桃山時代には、日本酒の製造技術の基盤となった火入れ技術が生まれた。火入れとは、酒を65度C前後の低温で、風味が損われないよう加熱し、でき上がった酒を腐らせないための加熱殺菌処理のことである。現在も「生酒」以外のすべての日本酒はこの火入れの加熱が行われている。1865年、フランスの化学者、パスツールがワインの腐敗防止策として発表した「低温殺菌法」は火入れの原理と同じである。ところが日本酒造りでの火入れ技術は、その二五〇〜三〇〇年も前から確立されていたことになる。火入れの技術はその後、酢造りにも応用され、安定した生産が実現していった。つまり、酢の歴史のなかでこの時代は重要な位置を占めていることになる。

江戸時代（１６０３〜１８６７）初期は食文化に限らず全般にわたって安土桃山時代を継承している。江戸時代の中心をなす食文化が成熟していくのは一七世紀末から一八世紀初めにかけての元禄時代（１６８８〜１７０３）以降のことである。調味料では、新たに醤油、砂糖、昆布、鰹節も、従来の塩、酢、味噌に加わっていった。

元禄時代に刊行された『本朝食鑑』（１６９５）に、米酢の産地と造り方がくわしく書かれている。すなわち、酢は昔から和泉《いずみ》酢がよいとされていて、今も盛んに製造しているが、三年以上経ったものが一番よいと。最近では相州の中原の成瀬氏で造られるものが第一等で、駿州の吉原善徳寺や田中の市上《まち》で造られるものがこれに次ぐ。以上の三所の酢は、いずれも泉州の醋《す》の法に基づいて、これにいろいろ工夫を加えたものであることなどとともに、それぞれの作り方の詳細を記している。

また江戸時代に注目されるものとして、後期に〝酢の物〟を定着させていることである。享和（１８０１〜０３）から文化年間（１８０４〜１７）にかけて刊行された『料理早指南』（全四編）には、「酢の物の部、加減の事」として、酢に塩を混ぜて魚などを漬け、漬け酢を捨てた〝生酢〟や、醤油と酢を同量で合わせた〝合酢（二杯酢）〟、酢、酒、醤油を合わせた〝三ばい酢〟、タデを酢で揉み出した〝蓼酢〟、酢に砂糖を入れて煮返した〝砂糖酢〟などの合わせ酢が紹介されている。この時代は、庶民も大いに酢の物を好んで食していた。さらに、この時代になると膾《なます》と刺身の料理も区分けされて、刺身は魚を生のまま食べるもので、膾は魚や鳥肉を酢で和えたものとし、料理の違いを明確にしていった。『料理物語』（1643）によれば、膾には、沖膾・がんぞう膾・ぬた膾・料理膾・鳥膾などが加わり、魚・鳥を酢で和えたものが紹介されている。芭蕉の句に次の一句がある。

蝶もきて酢を吸ふ菊の酢和へかな

江戸時代初期～中期の和泉酢や北風酢、善徳寺酢、中原酢、粉河酢といった銘醸酢は、『本朝食鑑』（1695）で記されているように、米から造る米酢であった。『江戸買物独案内』（1824）には、江戸の下り品問屋である醤油酢問屋が記述されている。下り品（下り物）とは、上方（関西）で作られ、江戸に送られた製品のことである。なかでも、灘酒は〝下り酒〟の高級品として有名であったという。酢は一八世紀の後半頃には、重要な調味料の一つとして普及し、下り品として江戸に運ばれている。そして、文化文政時代（1804～29）になり、〝すし飯〟に酢を使う〝握りずし〟が発明されると、酢はますます江戸庶民の必需品となっていったのである。この時代、すしは、〝馴れずし〟から酢を使う〝早ずし〟に変わっていた。そして、握りずしに合う酢として求められたのが、尾張（現・愛知県）〝粕酢〟であったという。

酒を搾《しぼ》った後に残る酒粕が粕酢の原料であるが、粕酢を造った後に残る〝酢粕〟はアルコール分が少なく、栄養分も残っているので質のよい肥料にもなった。しかも、従来の米酢よりはるかに安価であった。低コストで高品質の肥料を生み出す粕酢製造は効率のよい一石二鳥の発案であった。

江戸時代の風俗、事物が書かれた前出の『守貞謾稿』には、酢に関して次のように書き表わしている。

江戸にては、尾の名古屋の㊚印の製を専用す。

また、明治八年（1875）刊行の『日本地誌略物産弁』の「尾張国産物」の部では、

醋　知多郡半田村ニテ製ス、本邦ニ冠ナリ、（中略）其色薄黄色ナリ、食物ヲ浸シ、味ヲ付ルニ用フ、多ク他邦ニ輸送ス

と書かれており、『守貞謾稿』の時代、すなわち江戸末期には、これらの酢がすでに江戸の市場で広く知られていたと考えられる。

『守貞謾稿』では、〝下り酒〟として伊丹・池田・灘を最上とし、次いで尾張産の酒を挙げている。この尾張産の酒粕を使い、酢を造り尾張回船（知多回船）を利用して、大量に江戸へ酒とともに運んだと考えられる。このようにして〝酒は正宗・酢は丸勘〟といわれるくらい江戸の人々に親しまれた。今でもすし屋の店名に「勘」の文字が使われているのは、この㊚にちなんだものといわれている。

また、文化二年（1805）頃には壺で醸造される黒酢が鹿児島県福山町にて発祥し、現在も健康食品と

しても広く親しまれている。いずれにしても握りずしの発明とともに酢造りがさかんになり米酢や酒酢とともに酒粕酢がリサイクルの発想から生まれたということは歴史の中の必然性であったかもしれない。

明治（１８６８〜１９１２）に入ってからは酢酸から工業的に造る合成酢が生まれ、戦中戦後の物資の不足した時期には広く使われたが、合成酢は体によくないとして現在では醸造酢が完全に主流となり、世界中でなくてはならない調味料として食卓を賑わせている。

酢の種類

酢は3〜8％の酢酸を含む調味料であり、元来、酒から造られてきた。

酢の種類、つまり、食酢の呼び方は、材料の種類や量によってＪＡＳの基準に基づき定められている。基本の「醸造酢」は米や小麦、コーン、アルコールなどいろいろな材料を混ぜてもいいが、「穀物酢」は酢1リットルにつき穀類40ｇ以上、「米酢」は米を40ｇ以上、「果実酢」では果汁を３００ｇ以上使わなくてはいけない。最上級の「米黒酢」では、アルコールなどの使用は認められないうえ、米を１８０ｇ以上使わなくてはならない。米をぜいたくに使い、発酵と熟成に手間をかけるほど、酸っぱさは変わらなくてもアミノ酸が多くなり、一般にうま味が増す。つまり、米黒酢が黒っぽいのは、アミノ酸や糖分の量が多いからである。

日本人は昔から味付けの基本を塩と梅（酸味）においてきた。日本人は、この二つを上手に使い、うま味を出してきたのである。醸造酢ができるまでは梅酢が主流であった。そして「塩梅《あんばい》」という日本独自の調味の基本を表わしてきたのである。現在でも酢は日本の食文化になくてはならない調味料の一つである。

◆日本の酢の文化

日本における酢の使い方は酢そのものの味を楽しむところにあるといえる。それは、すしや膾《なます》・酢のものに代表されている。ヨーロッパではピクルスやニシンの酢づけのように酢の味はするものの酸味に包まれたサワー的な感覚を楽しんでいる。また酢を煮込みの前処理として使用しておいて、それをそのまま煮込んだりしていて、酢の味そのものを楽しんでいるわけではない。日本においてもレンコンやゴボウなどを酢で煮る料理はあるが、あくまで酢を主体にした味を楽しむ料理である。

魚料理についても日本人はその保存のために乾燥と塩漬けを用いてきたが、味に変化をもたせ、保存をさらに高めるために酢を早くから利用している。とくに海や川から遠いところにあっては、このことはとくに重要であり、生活の知恵であった。海から遠かった京都や吉野では古くから塩サバの形で運び入れ、これをさらに酢でしめて、味に変化をもたせ、旨味を加えた。これがサバずしや、柿の葉ずしであり、その味を楽しんだのである。

醤油の歴史

醤油は今や日本が誇る万能調味料であり、日本の味の基本である。煮たり、焼いたり、炒めたりの料理には欠かせないことはもちろん、付けたり、かけたり、醤油を使うことにより確実に料理は美味しくなる。アジア各国では、醤《ひしお》といわれる調味料が古来より使われてきた。中国では発酵食品として周（紀元前一〇世紀頃）の時代に、酒造りの名人である杜康《とこう》が醤《ひしお》を初めて造ったとされている。この頃、酢とともに醤も生まれている。紀元前三世紀の前漢初期に成立したとされる制度儀礼書『周礼』（紀元前一〇世紀頃の周の礼制を記録したもの）には、何種類もの醤があったことが記録されているという。ここでいう醤とは魚の肉や鳥獣の肉と塩と酒とを混ぜて壺に漬け込み、数ヵ月発酵させたもので、現在の魚醤の原形のようなものと考えられている。その後、前漢後期（一世紀）に入ると、動物性のものに加えて、植物性の豆醤もつくられている。北魏末の六世紀前半に刊行された前述の農学書『斉民要術《せいみんようじゅつ》』には、肉醤、魚醤、蝦醤、豆醤、麦醤など数多くの醤の造り方が書いてあり、植物性の醤には麹が用いられているという。

一方、古代ローマにはガルムと呼ばれる魚醤があり現在のアンチョビにその面影を残している。いずれにしても醤は酢とともに、人類の生活のなかで長い歴史を有している調味料である。

わが国の醤油の歴史

わが国への醤《ひしお》の伝来は律令国家として変革を遂げた七世紀には酢がすでにかなり普及していたと考えられていることから、奈良時代以前にすでに伝来し、奈良時代には酢とともに発酵食品調味料として好んで用いられていたと考えられている。わが国最古の百科事典『倭名類聚鈔《わみょうるいじゅしょう》』（931〜937）には、「醤」について、「和名比之保《ひしお》と称し、別に唐醤あり、「豆醢《まめびしお》なり」と説明していることから、醤は大豆を原料として造られた豆醤であることがわかる。この頃中国からは唐醤《からびしお》、朝鮮から高麗醤《こまびしお》などの製法が伝えられた。

奈良時代は醤が大いに発展した時代で、「草醤」「宍（肉）醤」「穀醤」「魚醤」があった。「草醤」とは、野菜や果実を塩で漬け、他の食品と和えるためのもので、後の時代の漬物のルーツともいわれている。「宍醤」は魚介や鳥獣の肉を塩で発酵させたもので、塩辛や魚醤（秋田の「しょっつる」など）に発展していった。穀醤は大豆や小麦などの穀物を塩とともに発酵させたもので、最も多く造られたと考えられている。

またこの時代に最も特有な調味料である醤は役人の月給としても支給されていた。当時の文書には、醤だけでなく未醤、荒醤、大麦醤、小麦醤、大豆醤、小豆醤など、10種類を超える穀醤の名称が出てきている。

これらの醤の詳細ははっきりしていないが、平安時代中期の『延喜式』（905〜930）によると、醤については大豆、糯米、小麦、塩を原料として発酵させた液体状の調味料であり、後の醤油のルーツと考えられ、未醤については、大豆、米、小麦、酒、塩を原料とする固形状の調味料であり、味噌の元になったとされている。

平安時代には〝塩梅類〟と呼ばれた食卓調味料のなかで、醤は塩・酢・酒とともに小皿に入れられ、食膳の手前に並べられた。しかし、この時代の醤は基本的には魚醤の流れをくむものであり、当時の文献からは「醤油」の二字は見出せない。現代に近い形の醤油としては、鎌倉時代の信州の禅僧、覚心《かくしん》が宋から伝えたとされている。禅僧覚心は、建長元年（１２４９）、宋に渡り、径山寺《きんざんじ》味噌の製法を習得してきた。帰国後、覚心は紀州（和歌山県）の西方寺を興国寺とあらため、一大寺院を建立して、この付近の村民たちに布教のかたわら、味噌の製法を教えた。この味噌造りの工程で、桶の底に沈殿した液が、食べ物を煮るのに適していることを発見した。この〝溜まり醤油〟のようなものが醤油のはじまりではないかといわれている。

このように、この時代の醤油は、味噌との区別としてではなく、液の状態により、使い分けていたと考えられるのである。

室町時代の料理書『四條流庖丁書《しじょうりゅうほうちょうしょ》』（長享三年・１４８９）に、「小鮒そのほかの魚を垂味噌《たれみそ》で煮て、にこごりを作った」ことが記されているという。煮凝り（にこごり）はゼラチン質の多い魚の煮汁が冷えてゼリー状に固まったもので、冷めると起こる現象である。魚を垂味噌で煮て、にこごりを作ったわけである。醤油は「醤油」の二字からもわかるように、「醤《ひしお》の油」で、味噌の製法から生まれたものであることは前述した。おそらく、この頃はまだ強く圧搾《あっさく》する方法はなく、袋に入れてしぼる程度で、その汁をとったり、味噌桶の底に溜まった汁をとる程度のものであったろうと考えられる。

「醤油」の文字が初めて現われたのは、慶長二年（１５９７）に刊行された日常の用字・語源を示した国語辞書『易林本節用集《えきりんぼんせつようしゅう》』の、「食服」の項に「瀉薬《シヤヤク》・糙太《シンダ》・醤油《シヤウユ》……」と、「醤油」の二字が、はっきり記されている。つまり、醤油は室町中期～後期には庶民の調味料となっていたのである。また、一六世紀中頃の公家、山科言継《やましなときつぐ》の日記『言継卿記《ときつぐきょうき》』（1550頃）には、「言継が長橋局に醤油の小桶を送った」ことが明確に記されている。さらに、奈良・興福寺の多聞院において、三代の僧により、延々と書き継がれた『多聞院日記』（1478～1618）の中にも「醤油」という二字が現われている。そして前出の『四條流庖丁書』とならんで、京風料理の宗家として栄えた大草家の『大草料理書《おおぐさりょうりしょ》』には、醤油を使った調理法が、詳細に記されているという。

室町時代の後期から、戦国時代の一六世紀後半にかけて、関西では龍野（兵庫県）や紀州（和歌山県）で、関東では野田（千葉県）などで醤油の醸造がはじまっている。

径山寺《きんざんじ》味噌を起源とする紀州の湯浅醤油は、天文年間（1532～54）にはじまり、千葉の野田醤油は永禄年間（1558～70）に溜まり醤油《しょうゆ》を造っている。この溜まり醤油は甲斐の武田勢に納め、これが後に「川中島御用醤油」と称されたという。また播州龍野の薄口醤油は天正年間（1573～91）にはじまり、醤油廻船をつくって他国への輸出をはじめたといわれている。そして関東の醤油は江戸に幕府が開かれると一層さかんになって、野田以外にも、銚子、土浦、佐原、成田などで造られるようになり、この時代に今日の醤油の基礎が築かれている。

江戸幕府が開府された頃は、上方から運ばれてくる「下り醤油」が江戸庶民の醤油の主流であった。しかし、人口の増加に伴い、問屋制度も確立されて、製造、販売、市場などの条件が整ってくると、上方からの入荷だけでは追いつかず、今日の関東での濃口醤油の基礎をつくっていった。関東醤油を代表する野田では一六世紀後半から一七世紀にかけて、さらに醤油づくりがさかんになり、つづいて銚子では元和（１６１５〜１６２３）から寛永（１６２４〜４３）にかけて、次々と創業されている。こうして江戸市場を独占していた関西の醤油も、幕末には年間の入荷量が激減した。「極上醤油《ごくじょうしょうゆ》」の名称は、どうにか保っていたものの、その名称も極上の上を行く「最上《さいじょう》」「次最上《つぎさいじょう》」の名称の関東醤油が占めるようになると、関東にその地位を譲ってしまっていったのである。

江戸時代は食生活にかぎらず日本独自の文化の向上がみられている。調味料からみても従来の塩・酢・酒に加えて味噌・醤油・砂糖・昆布・鰹節などが普及し、とりわけ、醤油の品質向上と普及は江戸の食文化を大きく発展させたのである。享和二年（１８０２）刊の『新撰庖丁梯《しんせんほうちょうはしご》』では、「醤油・酢・味噌この三品最もえらふへき第一成り」といい表わしている。

このようにして日本で発展していった醤油は、さらに世界中にまで広がっていった。ここで『本朝食鑑』（１６９５）に載っている醤油の造り方を紹介しておく。

醤油は近世家々で造っている。その製造法は、大抵好い大豆一斗を水に浸してすすぎ、煮熟《よくに》、別に大麦の春白《つきしらげ》たもの一斗を香ばしく炒り、礲《いしうす》で磨《くだ》き、羅《ふるい》にかけて粉にする。先ずこの滓《かす》を煮熟《よくに》た豆に混合して拌匀《かきとと》のえ、次いで粉を上面に抹《まぶ》し、蓆《むしろ》の上に攤《ひろ》げ、これを罨《おお》って黄衣《きかび》を作り、麹のときと同じように曝乾《さらしほ》しておく。塩一斗と水一斗五・六升を攪合《かき》わせ、慢火《とろび》で煎じ数十沸させてから桶にあけ、冷えるのを俟《ま》って、前の豆と麦の麹に加えて拌匀《かきととの》え、大桶に収め貯え、次の日から毎日三・五回竿で攪拌する。……（中略）……七十五日経つと、中間に簀《すのこ》を建てるが、この簀は編竹である。……（中略）……簀を建てると、醤油は簀内に透漏してくる。簀にいっぱいになると、油を汲み取る。これを一番醤油という。

フランスのルイ14世（在位1643〜1714）の頃、王様の食卓に醤油があがっていた、という伝説が残っている。醤油の輸出は一七世紀の後半とされている。当時は長崎からオランダに向けて船出した。この荷物の中に醤油の樽があり、ヨーロッパに運ばれ、取引されていたという記録が残っている。ベルサイユ宮殿を建て、強大な権力のもとで、ルイ14世が世界中から集めた材料で料理を楽しんだであろう。またオランダの商人たちは、日本からヨーロッパへは陶器製のコンプラ瓶で醤油を運び、これに「JAPANSCHZOYA」と書いたという。これはオランダ語で〝日本の醤油〟という意味である。しかし、今日のように醤油が万能調味料として世界で愛されるようになったのは、太平洋戦争後のことである。

その後、明治時代になると醤油も科学的醸造法の研究が進み、その手法が取り入れられ、改良の結果が現代へと引き継がれていった。

現在、日本の主な醤油醸造の発展の中で主な産地としては濃口醤油では、野田、銚子、香川の小豆島が有名である。溜まり醤油では愛知、岐阜、三重、淡口醤油では兵庫県の龍野、〝再仕込醤油〟では山口県の柳井が有名である。こうして、江戸時代より、濃口醤油、淡口醤油、溜まり醤油、再仕込醤油が造り出され、改良が加えられ、醤油の多様化の中で、種類も豊富となって、現在に至ったのである。それぞれの製造方法が異なると、味、香りも異なってくる。これが醤油に特徴を与え、料理によって使い分けがなされることとなり、食文化に花を添えているのである。

醤油の種類

濃口醤油

濃口醤油は、最も一般的なもので、日常生活で醤油というと、この醤油のことをいっている。少し赤味がかった色をしている。醤油全体の生産量の約80％を占めている。主に関東の千葉県（野田・銚子）を中心に発達し、今では全国的に製造され、つけ醤油、かけ醤油、煮物など万能調味料として料理全般に使用されている。造り方は大豆を蒸して、炒った小麦と種こうじを混ぜ、出来上がった糀に食塩と水を加えて〝もろみ〟をつくる。これを桶、タンクに仕込み、一年間くらい、熟成させる。この〝もろみ〟を圧搾器《あっさく》にかけ、生《なま》醤油を加熱処理（火入れ）してできたのが濃口醤油である。塩分は15～17％である。

淡口醤油

淡口醤油は色のうすい醤油で、主として関西を中心に使われている。もとは兵庫県龍野で生産された醤油である。全生産量の約15%を占めている。淡口醤油は、魚や野菜などの素材の味や色合いをそのままに保ちながら、醤油のうま味も生かすようにして造られている。したがって、含め煮・吸物・鍋物によく用いられる。濃口醤油よりも塩分が多く、香りやうま味はわずかに少ない。造り方は濃口醤油と大差ないが、色をつけないように原料の大豆を蒸す時に、圧力をかけず、小麦の炒りを少しにし、熟成も短めにしている。

溜《た》まり醤油

溜まり醤油は愛媛・三重・岐阜・滋賀を中心に造られている。醤油の元祖《もと》といえるものである。黒っぽい色をした、とろりとした感じである。少し濃厚な味をしている。主として、つけ醤油や照り焼きに使われる。造り方は、小麦は使わず、味噌と同じように、大豆だけで造られる。大豆を蒸した後、こうじを入れ、塩水を混ぜて味噌玉にする。これを一年以上じっくり熟成させる。もろみが固く、かき混ぜにくいため、もろみの中にザルを入れる。これにたまってくる液汁を汲み、もろみの上からかけながら熟成させる。熟成してからはゆっくりと濾過させる。火入れは行なわず、そのまま製品にする。

白醤油

白醤油は淡口醤油よりもさらにうすくしたもので、愛知を中心に造られている。味が淡白な割には、特有の香りをもった醤油である。造り方は、小麦を精白して大豆とともに、麹にし、水で仕込み、色が濃くならないように短期間で熟成させて造る。日がたつと再発酵してきて色が濃くなるため、賞味期限は他の醤油に比べ短い。

再仕込醤油（甘露醤油）

主として西日本で中国地方、とくに山陰地方や北九州にかけて使用されている。どろっとしていて、色は溜まりのように見えるが、香りは濃厚で、甘味もある。白身の刺身やすしのつけ醤油として、よく使われている。造り方は濃口醤油と同じだが、濃厚にするために、塩水の代わりに、生醤油（濃口）を使って仕込んだもので、醤油を二度醸造することから、再仕込醤油と呼ばれている。仕込期間も通常二年間で長い。

この他、香りを飛ばさないように、火入れをしないで造る。〝生《なま》醤油〟や、健康調味料として塩分を抑えた〝減塩醤油〟などがある。

すしと醤油

すしの材料としての醤油は、すしの具を煮つける時と、握りずしのつけ醤油として使う場合とがある。つけ醤油は客の舌に直接触れ、その店の個性が現れるため、相当に気をつかい選ばれている。

醤油はそれぞれに特有の個性が強いためか、すし屋では醤油をそのまま握りずしに付けさせるよりは、味醂やかつおぶしのだし汁などとともに煮て醤油独特の臭みを飛ばした〝煮切り〟がよく用いられてきた。中部地方や西日本のある地方ではドロリとした〝溜まり醤油〟や〝再仕込醤油〟が握りずしのつけ醤油や刺身醤油に使われることがある。いずれにしても醤油のうま味はすしにはなくてはならないものである。

握りずしの美味しさは、すし飯とすしダネの相性によるバランスから生まれている。この二つの味をいっそう引き出すのが醤油である。押しずし、棒ずし、箱ずしなどの関西ずしは、すしダネに味つけが施されているので、醤油なしで美味しく食べられる。ところが江戸前の握りずしは、新鮮なすしダネの素材が本来の味を損なわないようにするのが最も大切である。そこで、素材の持ち味を引き出してくれる醤油が必要となる。日本の醤油は食塩、アミノ酸、糖そして酵母の発酵生産物などの香気成分が、発酵中に混じり合い、あの独特の味と香りを生み、今や日本が世界に誇れる調味料になっている。色・味・香の三条件のそろった旨い醤油で美味しいすしをいただきたいものである。

◆魚醤と秋田のしょっつる

魚醤は生の魚介類を原料として、塩を加え、腐敗を防止しながら寝かせ、酵素の作用によって魚介の身が構成要素のアミノ酸類に分解してできたものである。塩辛の仲間ということになる。

しょっつるは、秋田の名物ハタハタやイワシなどを原料として造られる魚醤である。造り方は、水洗いした魚を水切りし、これを桶の中に入れ、塩を混ぜて三年から四年漬け込むという。すると、自然発酵した上澄み液が出てくるので、これを濾して使う。秋田では、きりたんぽ鍋や野菜の煮物に使われている。独特のコクと旨味が引き出されていて、とても美味しい。日本の魚醤は、かつては各地で造られていたが、大豆の醤油の出現によって今ではすっかり影の薄い存在になった。

　秋田のしょっつる以外にも、今でも能登半島の輪島周辺で造られているイワシを使った〝いしる〟や、香川県の〝いかなご醤油〟、千葉県の〝こうなご醤油〟などがある。いずれも、それぞれの魚介類から、〝醤〟の技術を使って、コクと旨味を引き出したものである。またこれらと同じものに、タイの〝ナンプラー〟があり、有名である。

海苔の歴史

日本列島を海に囲まれ、そして豊かな漁業資源に依存して生活してきた日本人は、古代より魚介類や藻類を食用にしてきた。日本人はこの大きな〝天恵〟をうけ、世界でも特有の海藻を食する人種となったのである。海苔は日本人にとって古くから慣れ親しんできた食材の一つである。海苔はその種類もたいへんに多く、ミネラルも多い。そして、ヨードをはじめとしてビタミン、カルシウム、鉄、亜鉛、マンガンなども多量に含んでいる。つまり、人間が生命を維持する上で欠かせないミネラルなどの栄養素がたっぷり濃縮されているのである。海苔は水中の岩石に着生したコケ（苔）状の食用藻類の総称で、淡水産と海水産がある。淡水産ではカワノリ、スイゼンジノリなどが有名である。海水産では有名なアサクサノリがあり、その他、アオノリ、スサビノリ、ウップルイノリなど全国には多様なノリがある。昔から知られているアサクサノリは、ウシケノリ科アマノリ属に分類される紅藻類の海藻であり、江戸湾（東京湾）のみで採取された名称ではなく、日本の近海全体に着生している。

縄文時代の人々は気候に左右され、海岸や川や湖の沿岸を漂泊しながら、食べものを採取し、それを生のまま食べるという生活であった。魚貝や海藻類は、この当時から手軽に採取できる食料であったことが文献に残されている。また、縄文後期になると、南方系の海人が日本へ移住し始め、こうした海人たちは広く日本列島の沿岸に移り住み、海苔を含む藻類、魚貝などを食べて生活をしていたと考えられている。

●海苔のはじまり

藻類が、日本各地で食べられはじめたのは、大和朝廷による全国統一と、大陸文化の導入により仏教が伝来（５３８）してからである。中央集権体制を強力に築いた朝廷は、藻類を国々から朝貢させる調（租税の一部）として加えた。仏教の伝来とその普及を経て、肉食禁令が天下に発布されると、人々は魚貝藻類の採集と野菜栽培などに頼らざるを得なくなったのである。採集植物の中では海藻類が最も多かった。これは手軽で、乾燥して保存もよく運搬にも便利だったからである。

『出雲国風土記』（７１３頃）によると、この時代、朝廷の最大の海苔貢納地は出雲国であった。次いで隠岐、石見、長門、志摩、紀伊などの国々があがっている。

養老二年（７１８）に制定された『大宝律令』の改定版とでもいうべき『養老律令』の中の『賦役令《ぶやくりょう》』には、大和朝廷が定めた租税大系が記されている。税には、租、庸、調の三種があり、調はさらに正調と雑物に分けられている。その雑物には鉄一〇斤、鍬三口、海産物の三種が定められていた。正調が納められない土地では、これらの雑物三種の納目の中からいずれかを選んで納めなければならなかった。そして海産物として指定されたもののなかで、海苔は第一級品の貢納物で、アワビやカツオと並んで高級品であったことがわかる。

平安時代の年中儀式や政務を記した『延喜式』（９０５〜９３０）には、種々の儀式の際に、役人に支給された食料が載せられている。そのなかで五位以上の高官に限って支給された紫菜《むらさきのり》が次のように記されている。やはり海苔は高級品であり、庶民には手の届かない貴重品であったことがうかがえる。

隠岐《おき》鰒《あわび》・熬海参《いりこ》・烏賊《いか》・押年魚《おしあゆ》・堅魚煎汁《かつおいろり》・紫菜《むらさきのり》・海松《みる》・干柿《ほしがき》・ツケナ

『延喜式』によれば海苔（紫菜）の貢納地は、志摩・出雲・石見・隠岐・土佐の五カ国であった。
鎌倉時代、海苔の産地は、主に伊豆と房総であった。特に伊豆半島は、海苔を産出するに最適な自然環境であったらしく、文治年間（１１８５～８９）に刊行された『吾妻鏡』に

供御《くご》甘海苔自伊豆国到来鎌倉彼国土産也任列差専使被京進之

と記されているという。つまり、都に伊豆の名産の海苔が献上されているのである。また伊豆海苔のほかにも都へは各地から海藻が送られてきている。文永年間（１２６４～７４）に北条実時が創設した金沢文庫に現存する文献によれば、「甘海苔」が佐渡や志摩、そして出雲から取り寄せられていたことが記述されているという。

室町時代は、日本食の原型が整った時代でもある。平安～鎌倉時代を通して、公卿社会で好まれたコンブ、ミル、アマノリ、アオノリ等は、支配者階級の食卓、精進料理、茶席料理に重用された。したがって、

日本の藻食は、鎌倉・室町時代に形成されたといってよい。この時代、アオノリは、乾燥して粉にされて使われたのに対して、海苔は現在のように紙状に仕上げられ、いろいろな料理に利用されたという。

鎌倉時代から室町時代にかけて茶を好んだ禅僧たちは、「点心」と称する中食を摂るのを慣わしとするようになった。点心は腹の虫休めとしてこの時代に中国から伝来した。集香湯《しゅうごうとう》という粉薬（苦参、肉桂、甘草など）に湯を入れる飲み物を喫したあと、砂糖菓子、餅、麺などの点心を、「菜《さい》」と呼ばれる甘ノリ、塩ノリなどとともに食べていた。その後、茶が集香湯《しゅうごうとう》に代わって飲まれるようになり、点心も軽食の意味を持つようになった。現在の茶懐石料理の点心という軽食もこの時代からのものである。また、懐石料理の中に「椀盛《わんもり》」という汁物があるが、この汁には豆腐や蕎麦と一緒に海苔を入れて香味を楽しんだという。

戦国時代は、武家はゆっくり休んで、食事をする暇は少なくなった。そのため、兵食としての即席料理が必要となった。いざ出陣が決まると醤油で豆腐、煮干しなどを大量に煮て、樽に詰め戦場に運んだという。これは「冷汁《ひやじる》」と呼ばれ食事の際、別に持ってきた海藻や干菜類を注いで食べたのである。江戸時代になって書かれた『料理物語』（１６４３）には、「冷汁」に用いる藻類として、モズク、カジメ、アマノリ、浅草ノリ、ウップルイ、ノロノリ、富士ノリが記されている。海苔は携行・運搬・保存・即席に最も適していたので、諸国の大名たちは戦に臨むに際し、持ち運んだのである。また戦勝を祈願して儀式を行う際には「うちあわび五本」「昆布五きれ」「勝栗」「のり」で祝ったという。このように、海藻類はつねに備蓄されたのである。

室町時代前期には、茶の子（茶請け）と点心を区別していたが、後期になると一緒に「菓子」と呼ばれるようになった。この時代の「菓子」とは、現在のように甘いものばかりではなかった。海苔はもともと軽い食品として、酒肴、茶請けには最も適していたので、この当時、菓子の一つでもあった。室町・戦国時代において、海苔を菓子の分類に置いていたことは興味深い話である。

●文献にみる「浅草海苔」

「浅草海苔」の名称に関する正確な文献は今のところ発見されていない。したがって、この呼び名がつけられた時期も由来も定説はない。しかし、江戸の初期の頃に浅草で売られて、その名が広められたのであろうという点では、大方の見解は一致している。このことを山東京伝著の『近世奇跡考』（1808）では次のように記載している。

浅草名物の干海苔、むかしは浅草川にてこれを取り、そこにて製したるよし云ひ伝ふれども、いつの頃まであありしや詳ならず。次の二句を考えれば、元禄の頃まで、浅草にて製したるとおぼし。

行く水や　何にとどまる　海苔の味　（其　角）
雨雲や　簀に干海苔の　片明り　（文　士）

元禄（1688〜1703）の頃までは、まだ浅草のあたりではさかんに“ノリすき”が行われ、海苔は浅草寺の門前町で売られていたのであろう。ところが、元禄一六年（1703）に起こった元禄大地震によって、隅田川の河口も一変して生ノリの根が絶えてしまった。すなわち、江戸の初めの頃は、浅草寺の周辺あたりは入江があり、ノリの養殖には最適だったようである。また寺の周辺には、「浅草紙」作りの職人が大勢いて、この紙づくり職人のなかから紙すきの製法をノリすきに応用するものが出現し、ノリを紙のように薄くすいて現在のような「浅草海苔」が誕生していったといわれている。

関ヶ原の戦（1600）の後、徳川家康が江戸に幕府を開いて町づくりをはじめた慶長八年（1603）以降になると、江戸の町は急速に発展していった。この頃浅草海苔も、江戸の人々の生活の中で人気を集めるようになっていった。浅草が海辺から遠ざかるようになるとノリの生産地は葛西浦へと移った。同じ頃、品川の宿場町が発達し、品川の遠浅の海で生ノリがとれるようになった。これが『毛吹草』（1645）にみられる「品川海苔」の誕生である。

品川の海は遠浅で、活魚を放しておくための生簀《いけす》があった。この生簀を囲む木の枝を「ヒビソダ」といい、この枝に海苔が付いたのにヒントを得て、元禄（1688〜1703）の頃から享保（1716〜35）にかけて、ノリを養殖する目的で海面に木を立てはじめたのである。これを企画し、資本を提供したのが元禄の豪商、紀伊国屋文左衛門だというういい伝えがある。しかしこの当時の製品は品質が悪く粗雑なものであった。

芭蕉の貞享元年（１６８４）の句に、この様子が歌われている。

衰《おとろ》ひや歯に喰ひ当てし海苔の砂

まだこのころ海苔の製法が未完成で、製品も粗雑だったことを物語っている。また同じ芭蕉の句に

苔汁《のりじる》の手際《ぎは》見せけり浅黄椀

浅黄の椀に生海苔汁をすすめられた時の句である。生海苔のほうが好まれたのであろう。
品川の養殖海苔が現在のような名産「浅草海苔」として認められたのは、享保年間以降のことである。
諸国の名物を記している『毛吹草』（１６４５）には浅草海苔を産地として記していない。

下総国・葛西苔　是ヲ浅草苔トモ云《イフ》
安房国・小湊苔／武蔵国・品川苔・伊勢国・甘苔・長門国・向津奥苔・
備前国・藤戸苔／出雲国・十六島苔

すなわち、品川海苔と、葛西海苔は産地として挙げているが浅草海苔については産地を挙げないで、「葛

西苔　是ヲ浅草苔トモイウ」とだけ記している。寛永二〇年（1643）の『料理物語』には、品川海苔、葛西海苔はのっていないが、浅草海苔は代表的な海苔の一つとして記載されている。

また元禄八年（1695）に出た『本朝食鑑』には、

浅草苔ハ　本総洲葛西ノ海中ニ多ク生ズ　土人之ヲ採ツテ浅草村市ニ伝送ス　葛西ノ土人モ之ヲ販《ヒサ》グ

と書かれている。つまり、浅草海苔とはこの当時、葛西などでとられ、浅草で製品として売られていた海苔のことであり、全国ですでにその名が広く人々に知れわたっていたのである。このように生産地をもたない浅草海苔の名称が全国に行きわたった背景には、当時の浅草の財力と高い文化の発展があったからこそであろう。

享保一八年（1733）に出た『続江戸砂子』には次の記載がある。

浅草海苔・雷神門の辺にてこれを製す
品川生海苔・品川にて産し　浅草にて製す

また寛政九年（1797）刊の『東海道名所図会』巻六品川名産荒藺海苔《あらゐのり》の条に、

大森辺より品川の沖にて取るなり、世にこれを浅草海苔といふ、むかしは浅草のほとりにて取しにや

とある。

海苔とすしの出合い

天保五年（1834）刊の『江戸名所図会』には、「大森品川の海に産せり、之を浅草海苔と称するは、往古かしこの海に産せし故に其旧称を失はずしてかくは呼来れり」と、記されている。

江戸時代は、現在の和食に通じる新しい食物、料理を数多く生み出したが、その代表は「すし」である。江戸期のすしは古代の馴れずしや、生成《なまなれ》とも異なるもので、米飯に、酢を加えて、魚肉や野菜を添えて食べる早ずしから握りずしを生んだ。米を主としながら、魚介を副にして一体化させた。そしてこれを箱に詰めたり、さらに食べやすく切ったり、押したり、あるいはすし飯に魚介を混ぜ合わせたりして食したのである。江戸の町に上方からすしが伝わったのは、貞享年間（1684〜87）から元禄（1688〜1703）にかけてである。寛延（1748〜50）の頃には、上方の押しずし・五目ずしなどを売るすし屋が江戸にも登場してきた。また安永（1772〜80）の頃には、海苔巻、笹巻、ゆば巻、玉子巻、昆布巻などいろいろな巻ずしが作られている。また、これまでの「鮓《すし》」の字に代わって、しだいに「鮨《すし》」「寿し」の文字が江戸で使われ出しているのもこの頃である。

天明七年（1787）に出た『七五日』は、この当時の江戸市中の有名な商店を案内しており、そのなかには25軒のすし屋の名がみられるという。屋号のそばには、「御膳御鮓所」「御鮓所」など、それぞれの店の評判のよい巻きずしの名を看板に記していたという。

文化文政時代（1804〜29）に入ると、海苔巻すしが江戸庶民にいっそう好まれた。そして、屋台ずしでは、簡単にできる干瓢の細巻が、手のかかる太巻に代わって売られた。以後、江戸では細巻が主となっていったのである。『守貞謾稿』（1849）に、

巻き鮨を海苔巻と云い干瓢のみを入れる。新生姜、古同ともに梅酢につけず弱蓼と二種を添へる

とある。またこの頃、干瓢以外に、鉄火巻、カッパ巻なども現われている。その後江戸で誕生した江戸前握りずし一人前には必ず海苔巻を付けたという。そして、海苔は、巻ずしに欠かせぬ材料となり、江戸前ずしになくてはならないものになったのである。

文化文政を経て、江戸も後期になると、海苔需要が急速に増大した。これは海苔商人の普及と海苔巻を握るすし屋の増加に加え、何よりも江戸庶民が家庭料理に海苔を取り入れるようになったからである。この手助けをしたのが、天びん棒をかついで江戸市内を売り歩く「振り売り」という行商人であった。冬とくに年末・年始には新海苔が市場に姿を現わし、大いに売られた。しかし保存方法が今ほど発達していなかったので、海苔を一年中乾燥した状態に保つことは難しく、早く売り捌《さば》く必要があった。振り売りの桐箱や杉の箱

に海苔を収めて売っていたという。この頃の記録として『守貞謾稿』に「乾海苔賣《うり》」の記録がある。

大略、中冬以後春ニ至リ賣之。乾海苔ハ、今世大森村ヲ昌トス。然ドモ、尚、浅草海苔ヲ通名トス。又、賣之者、江人稀ニシテ、多クハ信人也。彼国雪深シテ、冬季産ニ煩シキヲ以テ、出府シテ賣ニ巡之一。図ノ如キ筥ヲ、枴ヲ以テ擔賣アリ。或ハ、張籠ニ納テ、風呂シキ裹ミニテ負モアリ。

つまり、通読すると、「おおよそ冬の中頃から春までの間に売った。今では乾海苔は大森が盛んであるが、なおも浅草海苔と呼んでいる。海苔売りは江戸の者はめずらしく、多くは信州の人間である。信州は雪が深くて冬の季節は仕事もなく、江戸に出て海苔を売り歩いたのである。箱をかついで売り歩くか、あるいは、張籠に納めて風呂敷包みを背負うかした」となる。

江戸の人々は海苔をこよなく好んで食べた。そして、さまざまに工夫した上で、ついにこれを焼き上げて艶のある香り高い乾海苔を完成させたのである。

●海苔の養殖技術の発展

海苔ヒビ立てのはじまりには諸説あるが、一般的には享保の初めの頃といわれている。『日本水産製品誌』（明治二七年、１８９４）によると、「篊《ヒビ》を立てて作る海苔は、享保二年、江戸浅草の弥平なる者の創始」と書かれている。その出典は明らかでないが、年代的には合っている。つまり、品川の海の一角にヒビをたてた最初の人が弥平ということになる。そして品川の海は、この海苔ヒビのおかげで養殖が可能になった。そして、この養殖技術は、江戸の前の海一帯にあっという間に広がり、さらに海苔商人を介して全国各地へと伝わって一つの産業として形成されていくのである。

また明和（1764〜）から寛政（1789〜）にかけて神田の名主・斎藤家の祖父・父・子の三代が作り上げたといわれる『江戸名所図会』（1834）には、海苔ヒビの立ち並ぶ様子が描かれ、後に、浮世絵師・歌川広重も江戸百景の中で鮫洲《さめず》の海苔ヒビを描いている。

わが国で、海苔がほぼ全国民に食べられるようになったのは、「移殖法」が工夫された明治時代の終わり頃からである。その後「果胞子」や「糸状体の研究」、さらには「人工採苗法の研究」の成果により養殖は拡大し、生産量が急速に伸びる結果となった。ノリ養殖は、同じ頃に出現したカキ（牡蠣）養殖とともにわが国の水産業の将来に大きな影響を与えた。つまりそれまでとる漁業のみに頼っていたわが国の水産業を栽培する漁業として確立させたのである。現在ではタイ、ハマチなど広い分野でこの方法が生かされているが、さきがけを切ったのがノリ養殖業である。栽培、販売等、ノリ養殖に携わる多くの人々の生計を助け、水産業における重要な位置を築き上げたのである。

明治から大正にかけての全国の海苔の生産は年間3億枚の水準であったものが、昭和五〇年（1975）には80億枚以上となり、最近では100億枚以上の海苔が生産可能という。しかしこの間、太平洋戦争後の日本の発展のなかで、周辺の海では海水の汚染がはなはだしくなり、東京湾も例外ではなかった。さらに、昭和三七年（1962）、東京都が東京湾付近の漁業権を買い上げると、東京でのノリ生産はほとんど行われなくなった。そして、ノリの中心生産地も東京湾から伊勢湾・三河湾そして有明海を中心とする九州域、さらには瀬戸内海へと拠点が移っていった。江戸前で出発したノリの養殖は全国へと広がりをみせていった。海の汚染に留意しながら、いつまでも美味しい海苔を食べたいものである。

すしダネとすし食材

すしダネ

赤身

◉マグロ

鮪　[英名：tuna]

古くから鮪と書き、和名で「志妣《しび》」「之比《しび》」「波豆《はつ》」と訓《よ》んでいる。俗に「目黒《めぐろ》」といった。『万葉集』（759）にも「鮪衝く」として、この字を用いている。マグロというと普通はクロマグロのことをさすが、マグロ類全部をひっくるめてマグロということもあり、カジキ類まで含める場合も多い。魚市場ではこの両方をまとめて大物（おおもの）といい、またマグロ類の方を「四つもの」、カジキ類の方を「長もの」ともいっている。四つものとはクロマグロ、メバチ、キハダ、ビンナガ（ビンチョウ）と種類が四つあるからで、長ものとはカジキ類の体が長いからである。

鮪《しび》衝《つ》くと海人《あま》のともせる漁火《いざりび》のほにか出でなむわが下念《したもひ》を　（万葉集・四二一八）

まぐろ売り安いものさとなたを出し　（柳多留）

■クロマグロ（ホンマグロ）黒鮪（本鮪）

［学名：Thunnus orientalis　英名：black tuna, bluefin tuna］

スズキ目・サバ科・マグロ属

魚の王様であり、マグロの真打ちである。東北・東京・静岡あたりではシビともいわれ、小型の幼魚はヨコワ、それより大きくなった若魚（５～６kg）はメジマグロといわれチュウボウマグロ（～40kg前後）、シビマグロ（大マグロ１００kg以上）となる。マグロの名は「目黒」または「真黒」から転訛したものとされている。東部と西部太平洋、地中海を中心とする温帯海域に分布するが、マグロ類の中では最も低水温に適応しており、外洋を群れをなして高速で泳いでいる。すなわちマグロはカツオと同じように、口を開けて泳ぐことにより、エラを通り抜ける水量で効率よく呼吸している。したがって止まると窒息し死亡するため、つねに泳ぎ回っている。産卵域は亜熱帯海域、主要索餌域は温帯地方にあり、広い海域を回遊して暮らす。体は太い紡錘形で、背面は青みがかった黒色、腹面は白色を呈する。胸鰭は比較的短く、眼は小さい。マグロ類中最大で、体長３m、体重４００kgに達する。マグロ類の中では最も高級である。世界各地（ボストン・ニューヨーク沖・カナダ・地中海）から氷漬けされたクロマグロが生の状態で空輸され築地市場に集まる（平成三〇年・２０１８豊洲市場に移転）。わが国では「釣り」ものの青森・大間《おおま》が高級かつ有名。旬は晩秋から冬であるが、メジマグロは春がよい。

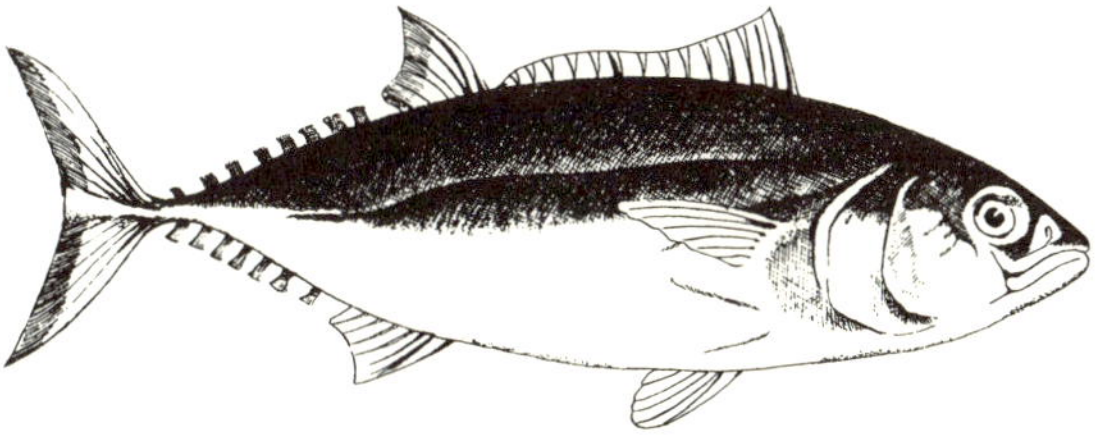

クロマグロ

マグロは、現代では高級魚の感が強いが、江戸時代は、ナマよりも塩マグロが多かった。随筆『飛鳥川』（文化七年・１８１０）には、「昔は、まぐろを食いたるを、人に物語するにも、耳に寄せて、ひそかに咄したるに、今は歴々の御料理に出るもおかし」とある。江戸も後期になって高級化したのである。

また、為永春水の『春色梅児誉美《しゅんしょくうめごよみ》』（天保三年・１８３２）にも「天麩羅《てんぷら》か、黒漫魚《まぐろ》の刺身で、油の乗った、あいさつが聞きてえの」とあり、刺身が食膳に供せられるようになったという。マグロが江戸前ずしに初めて登場したのは安政年間（１８５４～５９）といわれている。赤身を醤油漬けにしてからタネにした。当時は時間がたっても色が悪くならないカジキやキハダのほうが、クロマグロより好まれたという。クロマグロが珍重されるようになったのは明治に入ってからである。トロの人気が高まったのは関東大震災（大正一二年・１９２３）以後で、食生活の洋風化に伴い嗜好が変化したためである。
長山一夫氏の『江戸前鮨仕入覚え書き』（アシェット婦人画報社・２００４）には、クロマグロの旨さについて次のように記している。

クロマグロの旨さの最大の特色は、密度の詰まった身質の旨さで、微妙に鉄分ぽさを感じさせる酸みと、大海の中を颯爽と縦横無尽に回遊してゆく巨大な勇姿をも連想させる鮮烈な血潮の香りにある。特上もののクロマグロになると、赤身にまでもこれらの旨さと共に、しっとりとした脂の甘みが加わってくる。中トロの中では最も香りが高く、味の濃厚な「血合ぎしの中トロ」のこってりとした旨さ。砂ずりの部位で筋の多いジャバラの部分の大トロは、まるで濃厚なアイスクリームのように筋さえもが簡単にとろけてゆく。

■ミナミマグロ（インドマグロ）南鮪

［学名：Thunnus maccoyii　英名：southern bluefin tuna］
スズキ目・サバ科・マグロ属

別名インドマグロ、豪州マグロとも呼ばれる。ニュージーランド、タスマン海、オーストラリア西岸、インド洋の南半球域に分布する。南半球ではもっと高緯度地方に分布する。体形はクロマグロに似ているが、こちらのほうが眼が大きく、胸ビレが長い。体長２・５〜３ｍ、体重２５０kgに達する。日本人は輸入魚を「品質が落ちる魚」と評価しがちだが、ミナミマグロにはあてはまらない。マグロ類のなかではクロマグロについで美味しいといわれている。

旬は秋。クロマグロに肉質と肉色が近いといわれているが、ミナミマグロのほうが脂が強いことから、刺身より酢飯や海苔を使うすしに合う。ミナミマグロの旨さの最大の特色は、トロの部位の濃厚な脂ののりと甘みにある。トロの甘みが、とろりと口中に溶けていく食味が好まれるが、クロマグロと比較すると、クロマグロ特有の鉄分を感じさせるような酸味を帯びた血潮の香りは感じられない。しかし、脂ののったトロの旨さこそ、マグロの旨さのすべてであるとするならば、ミナミマグロのトロの人気は衰えることはない。

■キハダマグロ（キハダ）　黄肌鮪（黄肌）

［学名：Thunnus albacares　英名：albacore, yellowfin tuna］
スズキ目・サバ科・マグロ属

キワダとも呼ばれ10kg以下をチャッパ、10〜20kgをキメジと呼ぶ。

全世界の熱帯から亜熱帯にかけて広く分布し、本州中部以南の日本近海に一年中生息する。夏期には北海道近海まで北上する。その名の通り第2背ビレ、尻ビレ、小離鰭（しょうりき）が鮮黄色で、体もやや黄色を帯びる。体長2m、体重200kgに達する。クロマグロ、ミナミマグロなどの味が落ちる夏に日本近海に来遊するため〝夏の生マグロ〟としてもてはやされ、とりわけ西日本で珍重される。肉質がきれいなピンク色で、空気に触れると鮮紅色となり、色もちもよく、身もよく締まる。他のマグロと比べ脂肪分が少なく、味はさっぱりしているので客の好き、嫌いが分かれやすい魚である。

■メバチマグロ　目鉢鮪・目撥鮪

[学名：Thunnus obesus　英名：big—eye tuna]
スズキ目・サバ科・マグロ属

本州中部より南へ太平洋・インド洋の熱帯域の外洋に広く分布する。庶民のマグロの代表であり、バチ・メブトとも呼ばれる。また若魚はダルマの別称があり、体高が大きく、ずんぐりし、大きな丸い目が特徴である。背部は黒青色で腹部は白色である。クロマグロより小さく体長2m、体重150kgくらいのものが多い。旬は春と秋の2回だが、とくに秋が美味しいとされる。トロもとれるがとくに鮮やかな赤身は刺身・すしダネに欠かせない。

■ビンナガマグロ（ビンチョウ）鬢長鮪

[学名：Thunnus alalunga　英名：albacore, longfin funny]
スズキ目・サバ科・マグロ属

カツオ程度の小型のマグロで、胸ビレがマグロ類の中で最も長いため、この名が付いた。別名トンボともいう。世界各地の暖海に分布し、日本では東北より南に生息する。背部は黒藍色、腹部は銀白色である。旬は夏とされている。身はごく淡いピンク色で、加熱すると白色となる。脂質が少なく、味は淡白である。身の締まりが鶏肉と似ており、油漬けの缶詰にされ、「シーチキン」として欧米にも輸出されている。照り焼、ステーキにも向いている。刺身としても充分美味しい。すなわち、トロの部分が刺身として流通するようになり、〝ビントロ〟と呼ばれている。

■マカジキ　真旗魚・真梶木

[学名：Tetrapturus audax　英名：black marlin, striped marlin, spearfish]
スズキ目・カジキ亜目・マカジキ科・マカジキ属

サバ科ではなく厳密にはマグロではないが、肉質が淡赤色でクロマグロがまずい夏に美味であることからマグロの代用品として使われてきた。マカジキ科には他にクロカワカジキ、シロカワカジキ、バショウカジキ、メカジキなどがある。太平洋、インド洋の暖海に分布する。体長150㎝を超えると成熟し、3mを超えることもある。体は長紡錘形で上顎が突出し、背ビレも大きい。背面が黒紫青色、腹側は銀白色、体側にコバルト色の縦帯がある。体重20〜100kgで漁獲され、雄は雌よりやや大きい。カジキ類の中でもっとも美味しい魚といわれている。

旬は夏から秋である。マグロのように深紅でなく、赤みがかった橙色の身肉は脂肪が少なく、サラッとした味わいで、最後に脂身が残る食味がある。マグロと違い色変わりのしにくい身質も、料理人に重宝がられる要因になっている。マグロ類もカジキ類も刺身やすしダネなどに使われるが、カジキの肉は遠くへ運んでもあまり色が変わらないので、地方の料理屋や旅館などではカジキ類を使う場合が多い。厚めの短冊に切ったマカジキの握りは、食通に人気がある。また魚類としては珍しくビタミンCを含み、理想的なタンパク質食品でもある。

マグロ大トロ

腹から尾側にかけての腹部の脂のよく乗った部分が大トロ。脂肪の含有量は25〜30％近くあり、口に入れた瞬間にとろける食感、味わいは凄みさえ感じさせる。昭和（1926〜89）の半ば頃まで、大トロは上物のタネではなかったが、マイナス50度C以下の船内急速冷凍が可能になったことによる輸送・保存技術の発達や食生活のグルメブームにともなって人気が急速に高まった。

マグロ中トロ

腹部の霜降りの部分が中トロである。脂肪は20％前後で、大トロほどではないが、口の中でなめらかにとろけるあっさりした脂の食感はこたえられない。

マグロ赤身

トロに主役の座を奪われたが、かつては赤身がすしダネとしてのマグロの代名詞であった。現在でも握られている「づけ」は、煮切り醤油に漬けて保存しながらタネとしていた時代の名残である。安政年間（１８５４〜５９）に近海でマグロの大漁があって安値になった時、目先のきくすし屋が大量に仕入れて醤油漬けにしてすしダネにしたことからはじまったといわれている。マグロの赤身はトロに比べ、脂が少ないため、品質の差が身肉に表われやすい。

マグロの断面

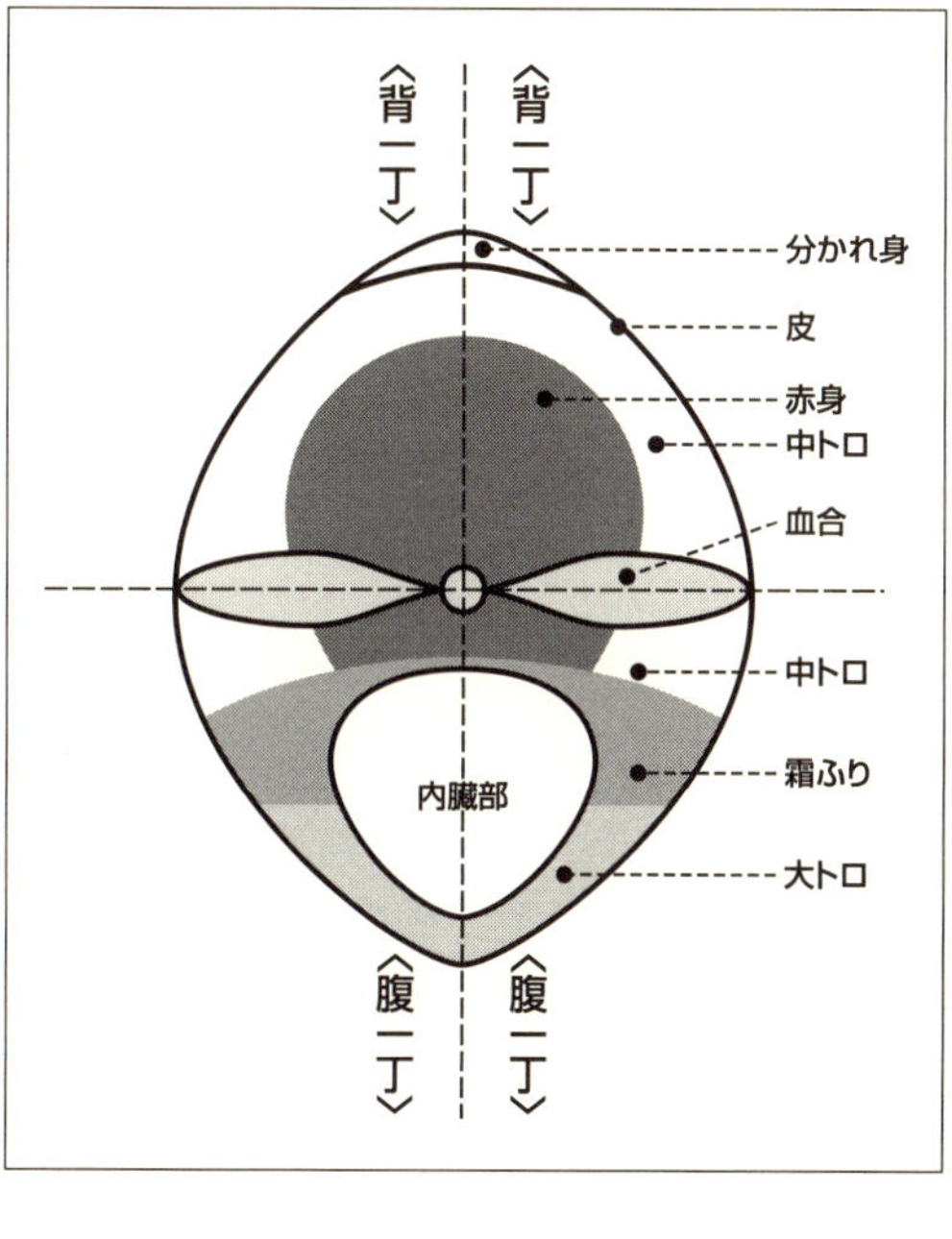

極上の赤身はほのかな酸味と甘味がある。赤身が旨ければ、その店のすしダネは良質であるとさえいわれるくらいである。

◆づけ（漬け）

伝統的な江戸前ずしの仕事に「づけ」と呼ばれる仕事がある。昔は現代のように冷蔵・冷凍の技術が発達していなかったために、マグロを腐らせないで保存するために醤油に〝漬け〟たことにはじまる。近頃は「トロ」もづけにされているが、江戸・明治時代では「づけ」は赤身に限られていた。発酵調味料ならではの旨味成分が豊富な醤油にマグロを漬けることによって、マグロ自体の水分が抜けて、味が凝縮され、また醤油の力で旨味がさらに増幅されることにもなる。

◆鉄火巻

海苔の風味とマグロの食感、そしてすし飯との組み合わせは、巻ものならではの味わいである。かつては赤身を巻いていたが、保存・冷凍技術の発展でトロが好まれるようになり、現在では中トロを巻いた鉄火巻が好まれるようになってきている。また、三枚に下ろしたマグロの中骨の間につまっている肉をサジなどをそぎ取ったものを〝中おち〟といい、この鉄火巻もまた最高である。

◆現代「マグロ」事情

今ではすし店のマグロといえば、本マグロ（クロマグロ）ミナミマグロ（インドマグロ）が主流であるが、明治・大正の頃までは出前が主であったため、色の変わりにくいキハダマグロやカジキマグロの方が好まれたという。現在のように、本マグロが高級マグロとして持て囃されるようになったのは関東大震災（1923）以後のことであり、漁獲も豊富であった。戦後（1945〜）になると日本のマグロ漁船は沿岸から沖合へ、さらに遠洋へと漁場を拡大し、世界の海に進出していった。こうした背景には漁獲技術や冷凍技術の進歩があり、マグロの人気とともに冷凍マグロが普及していったのである。しかし、一方では乱獲の影響や沿岸の海の汚染が進み、近海マグロは減少していった。また、1970年代のオイルショックや外国漁船の参入は国内の遠洋マグロに大打撃を与え、さらに漁船数の削減により日本の生産量は減少し、代わって輸入が増大していった。

日本近海の本マグロは5月からの巻き網漁で始まるが、この頃はまだ魚体も小さい。その後、三陸沖の定置網や秋から冬にかけて青森の大間の漁が始まり、大型の脂の乗った最高の本マグロが捕れるようになる。日本の巻き網漁が終わる夏頃からはボストンやニューヨーク、カナダからのマグロが空輸され、近海マグロの漁が少なくなる冬場はスペイン、クロアチア、イタリアといった地中海沿岸国から輸入される。つまり天然マグロは国内産と輸入ものとがうまく時期をずらして市場へ安定供給されているのである。しかし生鮮マグロの国内産は減少しつづけており、これを補うかたちで近年注目を集めているのが「蓄養」と呼ばれる養殖マグロである。蓄養とは卵から育てる「完全養殖」ではなく、捕獲したマグロを一定期間、人為的に餌を与えて大きくしてから市場に出す方法である。本マグロだけでなく、ミナミマグロも蓄養され、安価で「全身トロマグロ」として喜ばれている。2002年、クロマグロの完全養殖が世界で初めてわが国で成功した。すし店ではマグロは一年中絶やせないタネである。完全養殖の技術が市場でのマグロの安定供給を解決してくれることを期待したいものである。

■カツオ　鰹・堅魚・松魚

[学名：Katsuwonus pelamis　英名：bonito, skipjack, ocean bonito]
スズキ目・サバ科・カツオ属

古代では「加豆乎《かつお》」と訓み、漢字表記は「堅魚《かたうお》」や「頑魚《かたうお》」「松魚」と書いた。その後、武士社会では縁起をかついで「勝魚」と当て字をしていた。『延喜式』（905〜930）には「乾曝せば極めて堅《かた》硬くなるからこう名づける」とある。

今日では、マガツオ・ホンガツオ・カツ等と呼ばれる。また大宝・養老律令（718）にもみられるという。世界中の暖海（熱帯域）から黒潮にのって太平洋を広く回遊する。このカツオには二つの系統の群があるという。一つはフィリピン近海から黒潮に乗り、沖縄の島伝いに北上する黒潮系のカツオ、いま一つはミクロネシアから小笠原海流に乗って、小笠原と伊豆七島を通って北上する小笠原系のカツオである。五月頃相模湾から房総沖に北上してきたものを「初鰹（夏ガツオ）」と呼ぶ（紀伊勝浦あたりでは四月）。

目には青葉　山ほととぎす　初がつお（素堂）

元禄時代の俳人・山口素堂の有名な句である。初ガツオは夏の始まりを告げる季節の先ぶれでもあった。また太平洋側の日本海を黒潮にのりエサを追って北上し、親潮と黒潮が合流する東北の三陸沖から北海道の噴火湾沖に達してから、Uターンして、再び九月頃南下する。これが〝戻りガツオ〟である。体は流線形で背面は暗青紫色、腹面は銀白色で、生前は不明瞭であるが死後速やかに4～10条の青黒色の縦帯が現われる。まれに体長1m近く、体重で25kgに達するものがあるが、ふつう40～65cmくらいである。

初ガツオは脂が少ないが、香りがいい。一方、戻りガツオは脂が多い。藁《わら》焼きたたきにショウガを添えて握ると旨い。カツオのたたきが単なる刺身より美味しくなるのは、たたきにすることで生臭みが消え、さらに焼いた香ばしさが身に生まれるからである。また、初ガツオの美味しさは、鮮明な赤色と血の匂いをも含んだ微かな酸味、さらにはさわやかな初夏の訪れを感じさせる季節感にある。江戸っ子たちの熱狂の余韻さえも感じさせられる。江戸時代、江戸っ子たちを熱狂させた初ガツオは、鎌倉河岸から入荷したものであり、相模灘で獲れる初ガツオは武士の頭領である幕府が大量に買い付ける。これに対抗して、旗本や豪商が江戸湾の入口まで船を進め、一尾二～三両も使って初ガツオを手に入れる、というカツオ狂乱時代もあったという。

カツオの身は鮮度の低下が早く色も変わりやすい。手入れが悪いと鮮紅色はたちまち数時間でどす黒く変色してしまう。物流手段が厳しく、しかも冷蔵技術もない江戸時代に、敢えてこの鮮度のいい初ガツオを食べようとした、江戸っ子の粋にこだわる意地と見栄が伝わってくるようである。

鎌倉《かまくら》を生《い》きて出《いで》けむ初鰹《はつがつを》（芭蕉）

俎板《まないた》に小判一枚初鰹（其角）

松魚《かつお》舟子供上りの魚夫もゐる（虚子）

◆**鰹節（かつおぶし）**

「かつぶし」とも呼ばれ、カツオを原料とした日本の保存食品である。三枚以上におろし、カツオの身肉を蒸し、時に火であぶってから日光に乾かし固めたものである。平安時代の『延喜式』（905〜930）には「堅魚《かつお》」として安房・伊豆・駿河・土佐・紀伊・志摩・阿波・日向・豊後などの国々から献納されている。その後、平安時代後期に「鰹」の字が用いられるようになった。またカツオは生魚にも干し魚にも用いられていたが、室町後期から江戸初期にかけて、鰹漁業が専業として発達したために区別され、生魚は〝鰹〟、干した製品を〝鰹節〟と呼ぶようになったという。

奈良・平安時代にカツオを煮詰めて「堅魚煎汁《いろり》」を作っている『延喜式』（905〜930）には塩・酢・醤と並ぶ調味料として記載され、伊豆より貢献している。『四條流庖丁書』（1489）の中には「花鰹」の文字があり、この文献からは削ったものと考えられることから、かなり硬い状態となっていたことが想像できる。江戸初期の『料理物語』（１６４３）には鰹節を煮出した汁を初めて〝だし〟と呼び、だし料理を多く紹介している。かつおぶしは「勝男武士」の名から江戸で好まれ、大阪では昆布が好まれたというが、いずれにしても古くから日本料理の味をきめてきたことにちがいはない。

白身

■マダイ　真鯛

［学名：Pagrus major　英名：Japanese sea bream, genuine porgy］
スズキ目・タイ科・マダイ属

『古事記』（７１２）に登場し、『日本書紀』（７２０）では「赤女《あかめ》」として登場している。『万葉集』では鯛を「多比《たひ》」と訓んでいる。また『延喜式』では、鯛のほか、「平魚《ひらうお》」として登場している。春先の産卵期の体色の美しいものをサクラダイ（桜鯛）として珍重し、産卵の終わったものをムギワラダイという。日本各地、朝鮮半島、中国、東南アジアにかけて広く分布する。わが国では祭礼の膳を飾る魚として欠かすことができない。まさしく海魚の王様である。しかし、非常に貪欲なため欧米や中国では「悪魔の魚」（デビルフィッシュ）として嫌われている。ちなみに、中国では「死人の肉を食う魚」、フランスでは「貪欲な下魚」、イギリスでは「ユダヤ人の食う魚」といわれているという。大きいものでは体長1mに達する大型の海産魚で、赤褐色の体に鮮やかな青色の小点を散りばめた美しい魚である。

古くから重要な食用魚であり、貝塚からも骨が大量に発見されている。また縄文の時代から食用にされていたタイは、古代には朝廷への貢物として、また神饌としてアワビなどとともに奉納されていた。『延喜式』によると、朝廷に貢がされたタイは、瀬戸内海、伊勢志摩、若狭、北九州沿岸などでとれたものであった。その姿形の立派さ、食味のよさから縁起物の魚として重宝されてはいたが、室町時代中期においては、魚の王といえばコイをさし、タイは次席に甘んじていた。それが「タイは大位なり、コイは小位なり」と、タイが魚の王者としての地位を確立するのは、江戸時代になってからである。武士の時代であるこの頃の狂歌に「人は武士、柱は檜、魚は鯛」とうたわれていたのである。マダイの旬は一般には冬から早春

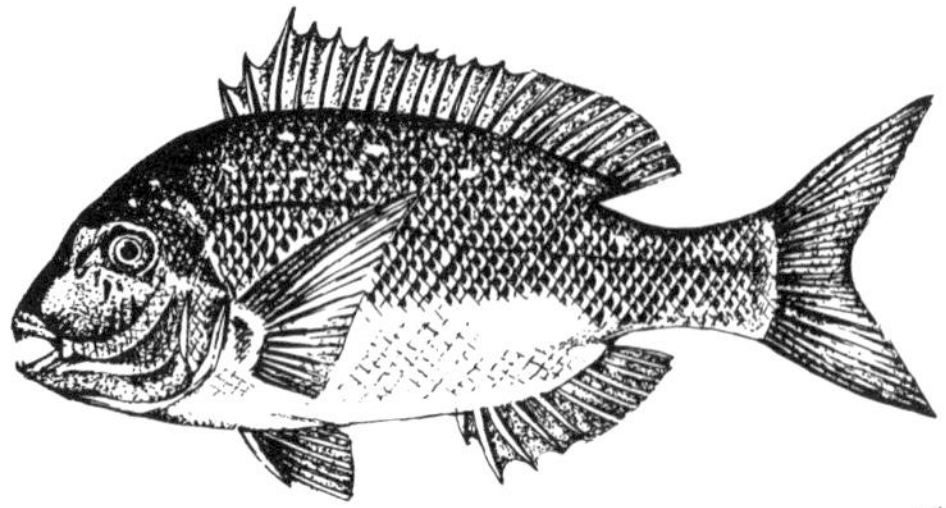

マダイ

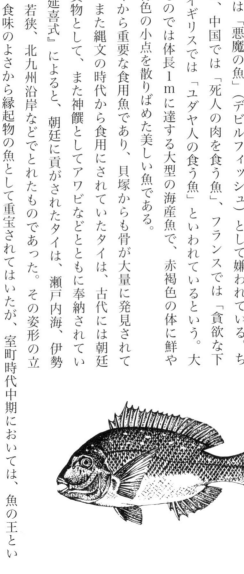

にかけてであるが、「タイは周年美味」といわれている。

マダイは皮をつけたまま皮だけを湯引いて松皮づくりにして握り、皮や皮下脂肪の旨味を一緒に味わう方法と、皮を除いた身を握る方法がある。前者はタイが大きくなりすぎると皮が固くなるため、1・5kg前後のマダイが向く。またマダイ類の幼魚は「春子（かすご）」と呼ばれ、すしダネには欠かせない。春子は皮つきのまま酢でしめ、半身か一枚づけで握られる。また関西の人々にとっての栄光の明石、鳴門のタイは脂がのり、しっとりと琥珀に色づく身質の見事な旨さで桜色の体色はすばらしく美しく、関東人も一度は食したいものである。

江戸時代の『料理物語』（1643）では、浜焼き、かまぼこ、膾《なます》、霜降、葛鯛《くずだい》、汁、すしなどが載っている。生でも煮ても焼いてもよし、頭から尾の先まで捨てるところのない魚である。また『鯛百珍料理秘密箱』（1785）にも数多くの鯛料理が紹介されている。古代より貴重な魚であったからいろいろな工夫がされてきたのであろう。

醤酢《ひしほす》に蒜搗《ひるつ》き合《か》てて鯛《たひ》願ふ吾にな見せそ水葱《なぎ》の羹《あつもの》　（万葉集・三八二九）

大鯛小鯛桜寄せくる網引《あびき》かな　（惟中）

津の国のなに五両せん桜鯛　（其角）

アマダイ　甘鯛

[学名：Branchiostegus japonicus　英名：horsehead, tile fish, Japanese branguillo]

スズキ目・キツネアマダイ科・アマダイ属

アマダイはタイの仲間ではなくアカアマダイ、シロアマダイなどの総称である。三陸以南の太平洋側の深い海に生息する。体はやや側扁し、尾ビレの切れ込みが深く、先端がとがっているのが特徴である。昼間は100mを超す深場にいて、夜間には表層近くまで浮上するという。体長40㎝ほどになる白身の高級魚である。関東ではアカアマダイが好まれるが、関西ではシロアマダイが珍重される。京都でグジと呼ぶのは若狭でとれたアマダイにひと塩したものである。

『甲子夜話』（1822）には駿府（静岡）出身の興津《おきつ》の局《つぼね》が生干しのアマダイを徳川家康に献上したところ、とても喜ばれたことから、これを「興津鯛」と呼ぶようになったと伝えている。旬は晩秋から早春にかけてである。鮮度落ちが早く身が柔らかいので、通常握りずしには塩と昆布でしめてから使うことが多い。

イシダイ　石鯛

[学名：Oplegnathus fasciatus;　英名：striped breakperch, Japanese parrot　fish]

スズキ目・タイ科・イシダイ属

クチグロ、シマダイとも呼ばれる。北海道以南の各地の沿岸から台湾へかけて分布し、荒磯にすむ根魚である。歯が積み重なり、間隙《かんげき》が石灰質で満たされて、くちばしのようになっているのが特徴である。すなわち、石をもかみ砕く歯をもつ魚という意味からこの名がついたのである。体側には幅の広い黒い横縞が7本ある。全長60〜70㎝に達する。旬は晩春から夏にかけてである。岩場に生息する磯魚であり、釣るか、銛でつくか、刺し網でとるしかない。とくに釣人にとっては、豪快な引きのため好まれる魚である。捕れたての活けじめの身は淡白でマダイに劣らぬ締まりがある。磯の香りがこの魚の持ち味だが、鮮度が落ちると臭みが強くなる。白身としては繊細さにかけるが淡白な旨さが好まれる。

■キンメダイ　金眼鯛

[学名：Beryx splendens　英名：alfonsio, slender alfonsio]

キンメダイ目・キンメダイ科・キンメダイ属

漢字では「鯛」の字がついているがタイの仲間ではない。水深100〜800mの深海に生息している。日本では太平洋沿岸で関東より南に分布し、世界ではアフリカ、オーストラリア周辺にもいる。目が大きく、虹彩が金色に光ることからこの名がついた。体高が高く、体色は朱をおびた赤で、うろこが大きい。体長は30～40㎝になる。タイと似た成分をもった白身魚である。皮に含まれる赤色の物質はカロチノイドの一種、アスタキサンチンである。旬は冬で脂肪分が多く、いろいろな料理に利用される。なかでも煮物や蒸し物にすると脂がほどよく落ちて美味しい。霜ふりにして刺身にすることもある。

■シマアジ　縞鯵

[学名：Pseudocaranx dentex　英名：striped jack, yellow jack]

スズキ目・アジ科・シマアジ属

東北から以南のインド洋にかけての近海に分布する。ニュージーランドやオーストラリアでもとれる。青い背部、銀白色の1本の縦帯が走る。細長い小判形だが体高がやや高く、ヒラアジ（熊本、福岡）、コセアジ（高知・和歌山）ともいう。若魚は黄色の横縞が体側にみられる。全長1ｍにも達するものもあるが、味のよいのは30～40㎝クラスである。主として釣りで漁獲される高級魚だが、近年養殖もある。アジ科の中では最も美味しいといわれている。シマアジは背の銀皮を残せば光り物、残さなければ白身とされる（青もの、色ものに分類されることもある）。夏場が旬の数少ない高級魚で天然物は身の色が赤身を帯び、透き通る。上品な脂でしっとりした食味で、その脂ののりのほどよさは、格調の高い甘さと旨さをもたらし、味に深いものがある。ただし、刺身以外の食べ方は考えられない魚である。

■ブリ　鰤

[学名：Seriola quinqueradiata　英名：yellow tail, amberjack]

スズキ目・アジ科・ブリ属

古くは「鰤」を「無利《ぶり》」と訓み、「魬」を「波万知《はまち》」と訓み、「鰤《ぶり》」の小さいものを「魬《ハマチ》」としている。成長により呼び名がかわる出世魚であるが、各地さまざまな呼び名がある。東京では15㎝くらいをワカシ、40㎝くらいをイナダ、60㎝くらいをワラサ、そして80㎝以上のものをブリと呼ぶ。関西ではツバス→ハマチ→メジロ→ブリと変わる。関東ではハマチというと養殖ものを指すことになる。北海道から日本南部、韓国、台湾に分布する。体は細長い紡錘形で、背側が青色、腹

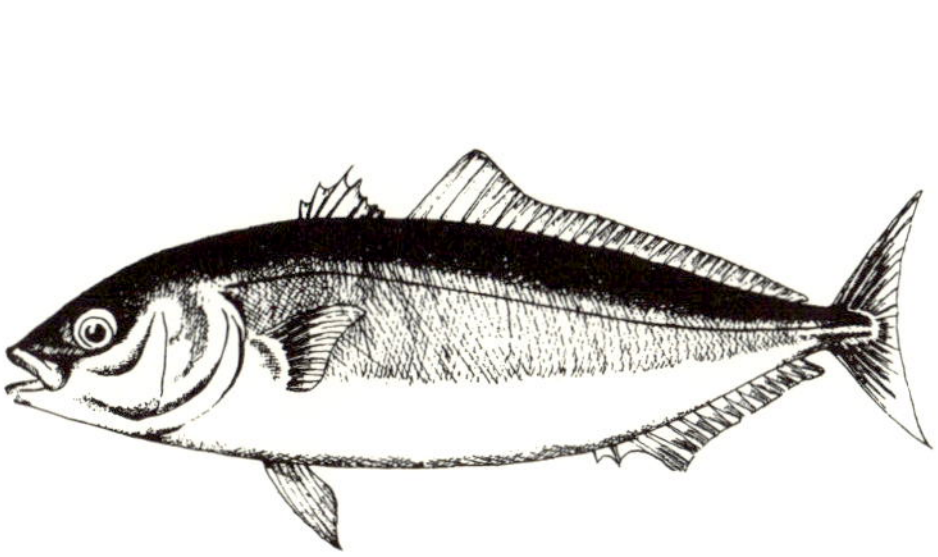

ブリ

側は銀白色を呈する。頭から尾にかけて1本の黄色帯が走る。冬の味覚の代表で、特に富山湾の氷見でとれた寒ブリは絶品である。身が締まり、脂がのるがしつこくない。とくに寒ブリの腹側の砂ずりの部位はマグロの大トロに匹敵するほどの旨さである。また、体長60㎝前後のブリの二歳魚をワラサと呼ぶ。ワラサは食味はブリに比べると淡白で独特の香味も控えめだが、それはそれですっきりとして、おつな味わいのすしダネである。一年の暮れに、関東、東北、北海道では新巻《あらまき》ザケが魚屋の店頭に並び、正月を迎える。これに対して、関西では寒ブリで正月を迎える。ブリは日本人にとって古くからなくてはならない魚である。

鰤呼ぶ頃も都しづけき（芭蕉）

■ヒラマサ　平政

[学名：Seriola lalandi　英名：yellow tail, amberjack, goldstriped amberjack]

スズキ目・アジ科・ブリ属

西日本ではヒラスとも呼ばれる。東北より南の日本近海および朝鮮半島から東シナ海・太平洋温帯海域に分布する。体は紡錘形で背面は暗青色、腹部は銀白色を呈し、体側に黄色の縦帯をもつなど、ブリによく似る。ブリよりも温暖な海域を好む。大きいものでは体長1m以上になるが、すしダネには3〜4kgのものがよいとされる。ブリとは反対に夏が旬であり、「冬のブリ、夏のヒラマサ」といわれる。青魚だが、刺身は白身として扱われる（青ものとして分類されることもある）。身は淡い桃色でブリより脂がきつすぎず、かといって淡白でもなく、味わいがある。

カンパチ　間八

[学名：Seriola dumerili　英名：allied kingfish, greater yellowtail]
スズキ目・アジ科・ブリ属

アカイオ・アカハナ・アカバナ・アカバラなどと呼ばれている。東北地方から南は台湾まで、中国沿岸から東はハワイ周辺まで分布し、日本海には比較的少ない。体高が高く、側扁し、口から目を横切って尾ビレまで淡い黄色の1本の縦縞の線がある。頭部を上から見ると両目の間に〝八の字〟の帯があるので間八という。全長1・5mに達するが、あまり大きいものは味が落ちる。体長20〜30㎝のものをショッパ、またはシオコという。夏のヒラマサ、冬のブリの間の夏から秋にかけてが旬である。すしダネとしては、きりっとしまった身の味わいが好まれる。旬の天然ものは、色、艶、歯ごたえ、脂ののり、うま味、どれをとっても一級品である。

■ヒラメ　鮃・平目

[学名：Paralichthys olivaceus
英名：Japanese flounder, flat fish]
カレイ目・ヒラメ科・ヒラメ属

俗に扁平な魚の意味で、「平目」とか目が並んでいることから「比目魚」とも書いた。樺太、千島以南から九州、東シナ海にかけて広く分布する。体は楕円形で平たく、眼は体の左側に寄っている。有眼側は灰褐色で、斑点がある。ヒレを動かす筋肉の束を俗に「エンガワ」と呼ぶ。全長80㎝に達する。

旬は晩秋から冬である。とりわけ「寒ビラメ」の旨さは昔から定評がある。春になると脂が落ち、味も落ちるため猫すら相手にしないということから「猫またぎ」と呼ばれる。白身のタネではタイとともに代表するすしダネである。とくに「鮃関東、鰈《かれい》関西」として関東人に好まれる白身である。素材によって活けじめは生で、野じめの大型ヒラメは昆布じめにしてからと、使い分けることが多い。前者は弾力のある歯ごたえと香味を、後者は昆布のうま味を取りこんだ味を楽しむ。また、〝エンガワ〟は歯触りと脂の甘みが口中に広がり、これぞヒラメとして珍重される。いずれにしてもヒラメは淡白な魚だけに、すし職人の庖丁

ヒラメ

しだいで食味が大きく変化する。

のろっこい味噌で平目のさしみなり　（柳多留）

■マコガレイ　真子鰈

［学名：Pleuronectes yokohamae　英名：right eye flounder, marbled sole］
カレイ目・カレイ科・マコガレイ属

古く中国では王余魚《おうよぎょ》であり、わが国ではカレイを「加良衣比《からえひ》」または「加礼比《かれひ》」と訓んだ。シロシタガレイ、アマテガレイ、ホソクチなど地方名がある。日本沿岸、黄海、東シナ海に分布する。体は長卵形、扁平。眼は体の右側に寄り、有眼側は暗褐色である。１００ｍ以内の浅い砂泥地に棲み、底生動物を食べる。体長は20㎝以上で産卵するようになり45㎝ほどになる。

一般にカレイの旬は秋から冬であるが、マコガレイの旬は晩春から夏である。すしダネとしては冬のヒラメに対して、夏のマコガレイといわれる。冬から春先が産卵期で夏頃から身肉が太ってくるからである。マコガレイはカレイ独特の香りと、透き通るような身に特徴があり、とにかく清涼感がある。大分県日出町《ひじまち》のシロシタガレイは有名である。また両側のヒレにあるエンガワは筋肉質でこりこりとした食感に、脂がのっていて、すしダネとして一級品である。また、コラーゲンを多く含み、ゼラチンに変化して煮汁に出てくる。この煮汁が「煮こごり」である。

イシガレイ　石鰈

[学名：Kareius bicoloratus　英名：stone flounder]

カレイ目・カレイ科・イシガレイ属

日本の南部から東シナ海、北はサハリンまで日本各地の内湾や河口の30～100mの砂泥底に広く分布する。体は楕円形でうろこはなく、皮膚は滑らかである。有眼側に堅い突起が2～3列並んでいるのが特徴で、これが名称の由来である。体長40cmに達する。すしダネとしては夏場の旬のみ使われる。時間がたつとクセが出る。活けじめ直後の身肉は粘りと弾力があり、旨い。

スズキ　鱸

[学名：Lateolabrax japonicus　英名：perch, Japanese sea bass]

スズキ目・スズキ科・スズキ属

貝塚などから多量の骨が出土することが多いことから、古代より盛んに利用されてきたと考えられている。古くは「鱸」を「須須木《すずき》」「鈴寸《すずき》」と訓み、小さいものを「鮬《せいご》」「世比古《せひご》」と訓んだ。セイゴ↓フッコ↓スズキと呼び名が変わる出世魚である。東京では稚魚をコッパと呼び、一年までの20㎝から25㎝くらいになったものをセイゴ、二、三年して30㎝から50㎝くらいになったものをフッコ、四年以上で60㎝以上になったものをスズキと呼んでいる。

『平家物語』（1243）には平清盛がまだ安芸守だった頃、舟に乗っていて、このスズキが舟中に飛び込んできた。そしてその後、吉事がつづき、ついに太政大臣（1167）になったと記されているという。まさに出世魚である。日本各地、東シナ海、台湾、南シナ海北部の沿岸に分布している。

旬は身に脂ののる夏。またカレイとともに夏を代表する白身で、春のマダイ、冬のヒラメに匹敵する。「深川の祭りがきたらスズキは終わり」といわれ、八月半ばより急速に味が落ちる。クセのある香りが目立たぬように、厚く切らずに薄く造るほうが美味しいといわれている。

釣上《つりあげ》し鱸《すずき》の巨口《きょこう》玉や吐《はく》（蕪村）
吸物も鱸さしみも鱸哉《かな》（子規）

アラ　鯇

[学名：Niphon spinosus　英名：sawedged perch]

スズキ目・ハタ科・アラ属

別名クエ（九絵）と呼ばれている。南日本・朝鮮半島南部・東シナ海・フィリピンに分布する。水深150〜200mの岩礁域を移動する。スズキより大きいが、体形は似て側扁している。口先が長く、口も大きい。下あごが少し出ている。うろこは細かい。エラ蓋《ぶた》に強くて長いとげがある。若魚のときの体色は背部に灰褐色の縦帯があり、尾ビレに2個、背ビレに1個の黒点をもっている。成長とともに縦帯が消失し、同じ仲間のマハタと区別しにくくなる。体長は1〜1・5mに達する。旬は冬である。ハタ科の中では最も美味とされる。大形ほど味がよいとされ、脂がのっているのにしつこくない。刺身にするとコクのある味わいで歯触りもよい。薄造りやすしダネとなる高級魚である。また鍋物にしても美味しい。

イサキ　鶏魚　伊佐幾　伊佐木

[学名：Parapristipoma trilineatum　英名：three—line grunt, chicken grunt]

スズキ目・イサキ科・イサキ属

古くは「伊佐幾《いさき》」「伊佐木《いさき》」と訓み、陸奥では奥鯖《おくせいご》といった。太平洋側では関東より南、日本海側では北陸より南の暖流域に分布し、東シナ海、台湾でも漁獲される。体形は細長く、上下のあごに小さな歯が密生している。うろこは小さく、ザラザラしている。体長30～40㎝くらいになる。幼魚はウリンボウと呼ばれ、3本の暗褐色の縦縞があり、成魚になると消失する。日中は海底にいて夜間に浮上し、海面近くにくる。旬はスズキとともに夏である。夏のタイはムギワラダイとして味の落ちたことを指すが、イサキはムギワライサキと称して、旬の美味しいイサキのことをいう。大きいほうが脂がのり、旨い。鮮度のよいものは刺身や洗いにするが、多少、磯臭さがあるので、生姜醤油を添える。傷みが早いので、フライやムニエルにしたり、塩焼、照り焼にもする。

■ムツ　鯥

[学名：Scombrops boops　英名：Japanese bluefish]
スズキ目・ムツ科・ムツ属

古くは「鯥」と書き、「牟豆《むつ》」と訓んでいる。成魚をクロムツ、幼魚をアカムツと呼んでいるが、同属としてクロムツ（黒鯥）、アカムツ（赤鯥）の別種の魚がいるので混同しないよう注意を要する。

市場では「ホンムツ」などと呼び区別されることもある。また仙台地方では昔、伊達藩が陸奥守《むつ》であったため、ムツを食べるのは殿様に対して不敬であることから、ムツを〝六〟にかけて「ロクノウオ」「ロク」と呼んだ。

北海道南部から南の日本各地と朝鮮半島南部、台湾に分布する。水深200〜500mの海山の斜面に群棲している。体形は紡錘形で成魚の体色は紫黒色であるが、幼魚では赤みを帯びている。眼は大きく、吻がとがっている。両あごに一列に生えている犬歯と上あごの前に3〜4本のさらに大きな犬歯がある。全長60〜70㎝に達する。旬は脂ののる冬である。脂がのって冬の鍋物に向いている。新鮮なものは刺身としても充分美味しい。塩焼きや魚すきにもよく用いられる。ムツコと呼ばれる卵巣も珍重され食される。

コチ　鯒

[学名：Platycephalus indicus;　英名：bartailed flathead]

カサゴ目・コチ科・コチ属

古くは鯒を「古知《こち》」と訓み、俗に「鮲」や「鮿」の字も用いていた。また漢名では「牛尾魚」と出ている。マゴチともいい日本中部以南の太平洋からインド洋に広く生息し、沿岸から水深200m前後の砂泥地にすむ。体は細長く、頭は大きく、骨板に包まれ、とげ状の突起がある。体色は黄褐色で、黒褐色の横帯または小さな丸い斑点がたくさんあり、砂地とまぎらわしい色彩を帯びる。海底の砂の中にもぐって背ビレだけ出している。こんなところから「魥」とも書く。敵に会って飛びはねて逃げるところから「踊＝ヨウ・おどる」から「鯒」を作った。コチ科中最大となり、体長60㎝にもなる。旬は夏である。身の食感はオコゼに似て弾力に富み、甘みがある。やや香りがあるが、フグの握りと同様にアサツキと紅葉おろしをのせ、煮切りをつけて食べても旨い。まさしく〝夏のフグ〟である。また、「コチの頭は嫁に食わせよ」という諺《ことわざ》がある。コチの頭は肉が少なく、骨が多い。「嫁いびり」の言葉である。しかし実際は「コチの頭は姑の知らぬ身がある」という諺の通り、頬に美味しい身が詰まっている。

鯒の子は酒乞《こ》い蟹は月を見て　（芭蕉）

■オコゼ　虎魚

［学名：Inimicus japonicus;　英名：devil stinger, lumpfish］
カサゴ目・オニオコゼ科・オニオコゼ属

オコゼの仲間にはオニオコゼ、ダルマオコゼ、イトオコゼなど数種あるが、オコゼといえば、オニオコゼ（鬼虎魚）を指す。古くは「鰧」と書き「乎古之《おこじ》」と訓んだ。本州中部から南の日本各地から東シナ海南部まで分布する。沿岸から水深２００ｍくらいまでの砂泥底に生息する。頭部背面に大きな凹凸があり、顔面がいかつい。口は大きく、斜め上方に向かい、眼は頭上にあって突出している。うろこはなく体表はやわらかい。背ビレのとげには、毒腺があり、刺されると激しい痛みをおぼえる。体長25～30㎝になる。

旬は夏である。外見に似ず白身の肉はフグにも匹敵するほど美味しく、夏にフグの代用として珍重される。刺身としても、吸い物ダネとしても用いられ、から揚げにしても美味しい。

■アイナメ　鮎魚女　愛魚女　鮎並

[学名：Hexagrammos otakii;　英名：fat greenling]

カサゴ目・アイナメ科・アイナメ属

日本各地で漁獲されるため、呼び名もアブラコ（北海道）・ネウ（宮城）・アブラメ（関西）などいろいろある。古くは「阿比奈女《あいなめ》」と訓んでいる。またアユのように縄張りをもつことから「鮎並」（あゆなみ）とし、これが訛ってアイナメと呼んだ。またアユに似て滑らかであるからとの説もある。

日本各地・朝鮮半島南部から黄海にかけての沿岸に分布する。沿岸の岩礁地帯に生息する。体形は細長く、体色は個体異変が著しく変化に富み、居る場所により保護色に変化する。尾ビレの後縁がほぼ直線をなす。体長は30～40㎝くらいになる。旬は晩春から初夏である。肉は白身で味はオコゼやコチに似て淡白であるが美味しい。鮮度の低下が早く、味の落ちも大きく小骨も多いので、注意を要する。活けじめの身肉は水分が少なく、甘みがあり、舌触りも弾力があり滑らかで、上品な風味がある。

■ホウボウ　魴鮄

[学名：Chelidonichthys spinosus;　英名：gurnard, bluefin searobin]
カサゴ目・ホウボウ科・ホウボウ属

浮き袋（鰾）を利用して声を発することが知られ、泣き声から名がついたとか、姿が同じホウボウ科のカナガシラ（金頭）をほうふつ（髣髴）とさせることから「魴鮄」と書き読ませたものとかの説がある。北海道南部から南へ東シナ海南部まで分布し、水深50～３００ｍの砂泥底に生息している。体形は細長く、円筒形に近いが、腹は平らである。頭部は硬い骨板で包まれ角張っている。眼から先の吻が長く、先端にとげがある。うろこは小さく体表は滑らかで、胸ビレは大きく内面は鮮青色に緑どられ、斑点が散在している。胸ビレ下部の棘条を使って、海底を這うように歩いたり、砂底を探って餌をとったりする。体長は40㎝くらいになる。

旬は冬である。白身の肉は淡白でうま味がある。とくに大きく、新鮮なものは刺身として珍重される。その他、煮付け、塩焼、なべ物などに賞味される。

■サワラ　鰆

[学名：Scomberomorus niphonius;　英名：sawara, spanish mackerel]

スズキ目・サバ科・サワラ属

古くはサワラを「佐波羅《さはら》」と訓んだ。サワラの名はほっそりして「腹部が狭い」という意の狭腹（さはら）に由来するといわれる。出世魚で成長に伴いサゴシ（狭腰）→ヤナギ（柳）→サワラ（鰆）となる。北海道南部、能登半島、瀬戸内海、ウラジオストック以南、東シナ海、オーストラリアまで広く分布する。体はやや側扁し細長い。第1第2背ビレと離ビレをもつ。背側は鉛色、腹側は銀白色を呈し、体側には暗色の斑点がある。沿岸の表層に棲み、春から初夏にかけて内湾で産卵する。このころ瀬戸内海ではサワラ漁の最盛期を迎える。

全長1mで体重4・5kgに達する。旬が春なので魚偏に春をつけたといわれるが、実際には産卵前の脂がのった冬から早春の〝寒サワラ〟が旨い。脂が充分にのった身肉は口の中でとろけ、身はきれいな薄桃色で、中トロに近い食感が楽しめる。また〝西京漬け〟にしたり、卵巣を塩漬けにし、圧搾、乾燥させたものを〝からすみ〟の代用とすることがある。いずれも代表的なサワラ料理である。

一匹の鰆を以てもてなさん（虚子）

■ハタハタ　鰰　鱩

[学名：Arctoscopus japonicus;　英名：sandfish]
スズキ目・ハタハタ科・ハタハタ属

古くは雷魚と書き、「かみなりうお」ともいった。アラスカから北海道・東北の日本海沿岸に分布する。浅海の藻場に群がり、ホンダワラなどの海藻に産卵する。身肉の量は少ないが、脂がよくのった白身は独特の風味があり好まれる。歯ごたえととろみのある卵巣は〝ブリコ〟と呼ばれ、珍重される。したがってブリコを抱いた冬の雌が旬として好まれる。鍋物、和え物、焼き物にもよく、しょっつるの材料となる。すしも飯ずし（ハタハタずし）が有名である。

■トラフグ　虎河豚

[学名：Takifugu rubripes;　英名：ocellate puffer]

フグ目・フグ科・トラフグ属

河豚と書き、「布久《ふく》」と訓み、漢名「鯸鮧《こうい》」の字を用いている。オオフグ・ホンフグ・マフグとも呼ばれる。本州中部から南へ東シナ海沿岸および日本海南西から朝鮮半島西海岸・黄海に分布する。フグの類の中では最高級である。胸ビレのそばに黒い斑点がある。成魚はエビ・カニ・小魚を摂取する。天然では満一年で25㎝くらいになり、60〜70㎝に達する。精巣（白子）は無毒であるが、肝臓・卵巣に毒（テトロドトキシン）があり、調理にあたっては要注意である（要ふぐ調理師免許）。

旬は冬である。ミガキ（毒を除いたもの）が産地から運ばれることもある。鮮度のよすぎるものは、おろした後、身を布でつつんで冷蔵庫に一晩寝かせてから用いる。活けじめにしてすぐのものは造り身が縮んでしまうからである。刺身（薄造り）は絶品であるが、このほかにもいろいろと調理されている。

ふぐ汁や鯛もあるのに無分別　（芭蕉）
ふく汁の我活《われい》きて居る寝覚《ねざ》めかな　（蕪村）

■カワハギ　皮剥

[学名：Stephanolepis cirrhifer;　英名：file fish , skin—peeler]
フグ目・カワハギ科・カワハギ属

カワハギ科の魚にはウマヅラハギ（馬面剥）やウスバハギ（薄刃剥）などがあり、店頭で混同されることがある。ハゲ（関西）の別名がある。皮をくるりとはいで料理することからこの名がある。北海道南西部より南の日本近海から東シナ海に分布し、水深１００ｍくらいまでの海藻の多い暖海の岩礁域に生息している。体形は菱形で側扁し、口は小さく突出している。歯は門歯状で強力である。体表は厚くて固い皮に覆われていて、微小なうろこがある。第一背鰭が眼の上にあって、一本のとげのようになっている。体長25～30㎝くらいになる。

旬は夏から秋である。固い皮をむいて三枚におろし、薄造りの刺身にして食べる。身が引き締まってかたいので、フグ刺しのようにして酢醤油などで食べると美味しい。肝も珍重され、肝醤油にして刺身を味わうことも多い。みりん干しや鍋にしても美味しい。

◆赤身と白身

赤身と白身は一般的には切り身をみたときの色の違いで分けられている。しかし、これではどちらか迷うものも多い。そこで、より化学的に色素で分けることもある。魚の主な色素タンパク質は、筋肉中のミオグロビンと血中のヘモグロビンである。色素を多く含む赤身を「赤色筋」、色素が少ない白身を「白色筋」と一般的に呼んでいる。一般に肉100g中のミオグロビンとヘモグロビンの合計が10㎎を超えたあたりから身が赤くみえはじめるといわれている。赤色筋はミオグロビンの働きにより血液から酸素を取り入れ、効率よくエネルギーを得て動く。酸素が供給されれば持久力があり、ずっと動き続けられる。マグロが長距離を泳げるのは赤色筋が多いからである。白色筋は酸素を使わずに筋肉中のグリコーゲンを分解することでエネルギーを得て動く。赤色筋と比べて瞬発力があり、すばやくエサを採ったり、外敵から逃げたりできるが持久力はない。

光り物

■コノシロ（コハダ）鰶・鮗・鮗（小鰭）

［学名：Konosirus punctatus;　英名：gizzard shad］
ニシン目・ニシン科・コノシロ属

古くは「鰶」を「古乃之呂《このしろ》」と訓み、「都菜之《つなし》」とも訓んでいる。また「鮗」の字も用いている。コハダは「古波太《こはだ》」といった。成長とともに、シンコ→コハダ→ナカズミ→コノシロと呼び名が変わる。夏から秋口に出る小ぶりの稚魚（4〜5cm）をシンコといい、冬場の成長した若魚をコハダ（7〜10cm）、その後成長にともなってナカズミ（12〜13cm）、コノシロ（15cm以上）と呼ぶ。本州中部以南に分布する。体は側扁、背部は灰青色、腹部は銀白色で、背部には黒斑が数列ならぶ。背鰭の最後の軟条が糸状に長く伸びるのが特徴である。体長30cmくらいになる。10cm前後のものを関東ではコハダと呼ぶ。江戸前のすしの中でも、特に夏のシンコを〝香りもの〟と呼ぶ。魚に祭でコノシロという字にしたのは、昔は初午《はつうま》の稲荷祭にこの魚を供えたからだとか、字画から生じた風習であるともいう。

この魚は煮ても小骨が多く、焼くと異臭がするので、すしダネとして酢でしめてから使われる。この魚を焼くと人間を焼いたような臭いがすることから父親が娘の嫌う嫁入りをやめさせるため、先方に娘は死んだと偽って、娘の代わりにこの魚を棺につめて火葬したという話があり、それでコノシロ

（子の代）だという説もある。

江戸前のすし屋はこの魚の仕事ぶりで評価が決まるとさえいわれ、昔はコハダは目で楽しみ、香りを楽しみ、舌と喉で賞味し、江戸っ子の「いき」を感じさせるすしダネであった。コハダの旬は東京では脂の乗る晩秋から冬であるが、近年は各地（東京湾内湾・三河湾・浜名湖・瀬戸内海・大阪湾・有明海・七尾湾など）から市場に送られてくるため一年中楽しめる。すし通にはうれしいかぎりである。

サッパ（ママカリ）拶双魚（飯借り）

［学名：Sardinella zunasi;　英名：Japanese shad］

ニシン目・ニシン科・サッパ属

北海道より南の日本各地から朝鮮半島、フィリピンにかけて分布する。瀬戸内ではママカリと呼ぶ。酢漬けにしたこの魚があまりに美味しいため、ママ（ご飯）が足りなくなり、よその家にカリ（借り）に行くということから付けられた。またコノシロに比べ、味がさっぱりしているため、「サッパ」というらしい。体は細長く、左右に扁平で全体に銀白色を呈する。腹側の緑の鱗が硬いので、「ハラカタ」と呼ぶ地方もある。体長15～20㎝くらいになる。旬は夏から秋で、脂がのった、きめの細かいサッパ（ママカリ）が最上であり、コハダと同じようにすし職人の仕事の技できまる魚である。

マサバ　真鯖

［学名：Scomber japonicus;　英名：Japanese mackerel, chub mackerel］

スズキ目・サバ科・サバ属

古くは鯖を「佐波《さば》」と訓み、「青魚」とも書いた。『延喜式』には鯖醤《さばのひしお》が記されている。ヒラサバともいう。北千島列島から南は東シナ海、台湾、さらにフィリピンまでの黒潮流域内に分布するが、主に日本本土周辺域に限定され、日本沿岸を産卵のため回遊する。体は紡錘形で背面は緑青色の地に黒い波状の紋（サバ紋）があり、腹部は銀白色で斑紋はない。体長は40〜45㎝になり、体重も1㎏に達する。秋の代表的な大衆魚である。晩春から夏にかけて産卵したサバは、秋までに体力を取り戻し、九月の下旬頃から脂がのり、冬に向って旬を迎えるので、脂ののった秋口のものをとくに「秋サバ」と呼んで賞味する。

江戸時代に七夕祭の宵宮、七月六日に御三家をはじめ、諸大名から七日七夕の祝いとして将軍家にサバを（刺鯖にして）献上したものである。後に、本物のサバではなく〝鯖代〟として金銀を献上することになった。これが今日お中元と称して進物をする起源となったという。いいかえれば、お中元とは鯖代のことである。またサバは「サバの生き腐れ」といわれるほど鮮度落ちが早く、生食されることはほとんどなかった。塩と酢でしめ、その具合が味を左右した。しかし近年の流通技術の進歩により生でも食べられるようになってきた。大分県佐賀関の豊予水道でとれる瀬つき（根付き）の〝関サバ〟は寒サバとして、また関東の三浦半島・松輪は秋サバとして有名である。

有明《ありあけ》もすくなき鯖のきざみ物（芭蕉）

鯖の旬《しゅん》即ちこれを食ひにけり（虚子）

■ゴマサバ　胡麻鯖

学名：Scomber australasicus; 英名：slimy mackerel, spotted chub mackerel]

スズキ目・サバ科・サバ属

暖海性の魚で、日本では房総半島から南九州にかけて分布する。マサバに比べ、背部の模様がぼんやりして不規則であり、腹部にも黒灰色の斑点が散在している。この斑点がゴマ状であることからゴマサバの名がついた。またマサバに比べ、体が丸いので「マルサバ」ともいわれる。体長は40㎝くらいになる。サバ類は沿岸の水温により、広い範囲を回遊する。ゴマサバは沿岸を北上し（夏）、産卵後（秋）南下する。旬は夏である。マサバに比べ脂肪は少ないので、秋サバ（マサバ）にはかなわないが夏サバとして人気がある。さば節・塩さば・開き干しなどに加工されることが多い。

◆さばを読む（語源）

数をごまかすことを「さばを読む」という。これは、魚屋が浜辺に出かけて、サバを買い求め、家にもどった。家でもう一度、数を数えてみるとなぜか足りない。このように、サバの数をうまくごまかすことから、サバを読むといい出したという説や、小アジの取れる浜では、小サバも取れるので、小アジより値の低い小サバを混ぜて、数を読むところから出た言葉だともいう。どちらにせよ、現在、「さばを読む」という言葉の出所についてはよく判っていない。西鶴の『本朝　若風俗　男色大鑑』（1687）巻五に、

外へ八年を隠シ、節分ノ大豆モ、さばよみニシテ

と記されていることから、古くからこの言葉は存在したようである。

■マアジ　真鯵

[学名：Trachurus japonicus;　英名：Japanese horse mackerel]

スズキ目・アジ科・アジ属

古くは鯵を「阿遅《あじ》」と訓んだ。日本各地の沿岸、沖合を回遊するが、あまり動かない瀬付き（根つ

き）もある。このため形態・体色・生態が異なる。関西ではヒラアジと呼ばれる。一般的に体は側扁した紡錘形。側線の全長にわたって楯鱗（じゅんりん）が並び、これはゼイゴと呼ばれる。体の背面は暗緑色、腹面は灰白色である。体長40㎝に達する。味がよいから〝あじ〟という名がついたといわれるほど滋味豊かな光り物の代表格である。新井白石は『東雅』の中で「アジとは味なり、その美なるをいう」と記している。さらには、天保二年（１８３１）に出た武井周作の『魚鑑』に「就中夏月河岸のものを酒媒の珍とす」とあり、夕鯵が旨かったのであろう。

旬は小アジは夏、大アジは秋から冬といわれているが地域により異なる。大分佐賀関の〝関アジ〟は周年美味しい。江戸の『本朝食鑑』（１６９５）に、「およそ春の末より秋の末にかけて、多く采《と》れ、とりわけ、その長さが六、七寸ばかりに過ぎずして円肥なるもの、味わい、はなはだ香美で、最も炙食《しゃしょく》によし。あるいは鮓となし、煮となし、膾《なます》となすも、また佳く、どの品類よりも絶勝《すぐれ》ている」と書かれている。「春の末から秋の末にかけてとれ、20㎝くらいの太っているのが旨い」ということになる。これは、今の食べ頃とも一致している。その旨味とまとわりつくような食感は飽きがこない。すしダネでは丸づけできる小型のものが好まれる。最近では生でも食べられるが、一般的には酢じめのアジにはワサビを、生アジには生姜を用いる。

活鯵《いきあじ》や江戸潮《しほ》近き昼の月　（一茶）

■マイワシ　真鰯・鰮

[学名：Sardinops melanostictus;　英名：sardine, Japanese pilchard]
ニシン目・ニシン科・マイワシ属

古くは鰯を「以和之《いわし》」と訓み、『延喜式』には、乾鰯《ほしいわし》（ほしか）、鰯汁《いわしのしる》、鰯鮨《いわしのすし》の記述がある。漢名は「鰮」である。

通常イワシといえばマイワシをいう。体側に明瞭な7個程度の黒点のあることから「ナナツボシ」とも呼ばれる。また、大きさによっても呼び名が変わり、シラス（3・5㎝以下）、小羽（こば・6～11㎝）、中羽（ちゅうば・12～15㎝）、大羽（おおば・16㎝以上）と呼び分ける。日本沿岸付近をオホーツク海より東シナ海まで生息し、表層を回遊する。暖流に乗り、冬は日本の南方、夏は北方へと大群で移動する。

昔から「イワシも七度洗えば、タイの味」といわれ、氷水で洗って生臭さをとり、刺身として美味しく食した。鮮度のいいものは旬にこだわらず刺身で旨いが、脂ののる晩秋がとくに旨い。しかし、難点は鮮度落ちが早く、落ちると特有の臭みが出てくることである。身が柔らかく、下仕事が困難なためすしダネとして使うのを嫌う職人もいる。イワシは弱（ヨワシ）からその名があるといわれるくらいである。マイワシはイワシの中でも飛びきり個性が強い。すしダネにする場合は握る直前にさばくのがよいといわれている。また一般的にイワシ類の仔魚をシラス（白子）と呼び、すしダネのなかでも風情があり、繊細で滋味がある。生シラスを握りにしたり、軍艦巻で食すと、かすかな苦味が美味しい。

日の光今朝《けさ》や鰯《いわし》のかしらより（蕪村）
大漁や鰯こぼるる浜の道（子規）
海荒れて膳に上るは鰯かな（虚子）

サヨリ　鱵　細魚　針魚

［学名：Hyporhamphus sajori;　英名：half beak］
ダツ目・サヨリ科・サヨリ属

古くは鱵・細魚を「佐与利《さより》」と訓み、針魚を「波里乎《はりお》」と訓んでいる。いずれも『延喜式』に書かれている。日本各地に広く分布しているが、南日本に多い。近縁のサンマに似て背びれとしりびれが後方に対置するが、体が銀白色で丸細く、下あごがくちばしとなって細く伸びるのが特徴である。体長40㎝に達する。北原白秋は「サヨリは薄い、サヨリは細い、銀の魚サヨリ、きらりと光れ……」と歌っている。〝腹黒い魚〟といわれるが、腹が黒いほど鮮度がよい証拠である。また細魚は魚介の麗人、美人とほめそやされているが、「細針魚《さより》と鱚《きす》」という諺は、麗人、美人とは反対のことを指している。というのは、いずれも腹部を開いてみると、その腹腔膜は黒く、スマートな気品のある体形からは想像できないほどである。このようなことに結びつけて、腹黒い女性のことを「細魚のような女性」ともいう。

旬は早春の三〜四月で、コハダの旬の後を受けもつ光物である。淡白な中に芯のある味わいと噛みしめた時の歯ごたえのある食感はなんともいえない。また昆布じめされた握りずしも美味しい。また皮の串焼きや骨せんべいはビールのつまみに最適である。

■サンマ　秋刀魚

[学名：Cololabis saira;　英名：mackerel pike, pacific saury]

ダツ目・サンマ科・サンマ属

古くからの和名漢字は知られていないが、いつの頃か「秋刀魚」「秋光魚」が使われている。また江戸時代、西日本では「サイラ」と呼ばれていたという。北太平洋、日本海に広く分布し、わが国では年間を通して日本列島に沿って移動する。太平洋側のものは夏に北千島列島やオホーツク海を出て南下し、秋頃銚子沖を通過する。体は側扁して細く、下あごが上あごよりわずかに長い。体の後部の対になった背ビレと尻ビレに、それぞれ数個の離れビレが続く。背側は青黒いが、腹側は銀白色に輝き、刀を連想させる。これらのことから「秋刀魚」「秋光魚」が与えられたと思われる。全長40㎝くらいである。

サンマといえば塩焼きだが、近年流通技術の進歩により、刺身や握りずしにも供されるようになった。落語の「目黒のサンマ」は忘れられない。今さら説明することもないが、徳川幕府華やかなりし頃、殿様が夕方狩りに出かけ、その帰りに目黒の茶店で食べたサンマの塩焼が美味しかったという話である。また「サンマが出るとアンマが引っこむ」ともいう。これはサンマが出る頃は体の調子がよくなるという意味と、栄養豊かなサンマを食べて元気をつけるとアンマを必要としなくなるという二つの意味があるという。

■キス　鱚

[学名：Sillago japonica;　英名：kisu, sand whiting]

スズキ目・キス科・キス属

俗に「鱚」の字を用いている。江戸時代は「幾須吾《きすご》」と呼んでいた。

キスの仲間にはシロギス、アオギス、ホシギスがあるが、単にキスといえばシロギスを指す。北海道の南部から九州にかけて、日本のほぼ全沿岸から朝鮮半島・中国・台湾へ分布している。湾内から外洋の砂泥地帯に生息する。体長は30㎝に達するが15㎝前後がすしダネとなる。旬は五月頃からの初夏である。「六月のキスは絵に描いたものでも食え」ということわざがあるくらいである。光り物の中でも金色に光る上品なタネとして好まれる。

すしダネとしてはシロギスが使われ、大ぶりなものが味がいい。一般的には背の薄皮を残して仕込む。淡白な白身のため、おぼろをかませて握ることもある。昔ながらの酢じめや昆布じめの仕事で味わっても美味しい。

■シラウオ　白魚

[学名：Salangichthys microdon;　英名：glassfish, Japanese icefish, shirauo]
サケ目・シラウオ科・シラウオ属

古くは「鮊魚《はくぎょ》」、俗に「白魚」といい、和名「しろ」と呼んでいる。漢名に「鱠残魚《しろいお》」と出ている。シラユオ、シラユ、シロヨ、トノサンイオなど地方により呼び名がある。九州福岡でとれるシロウオ(素魚)はシラウオに似ているが別種でスズキ目・ハゼ科である。シラウオは日本海側の秋田・新潟から島根、太平洋側は関東以南・三河・和歌山から有明海に広く分布している。体は細長く、頭は著しく扁平しており、口が大きくて、上アゴの後端は眼の前縁下に達する。シロウオ（スズキ目・ハゼ科・素魚）と区別するには、ヒレを見比べるとよくわかる。シラウオは背部に脂肪ビレがあり、左右の腹ビレはたがいに離れている。シロウオには、脂肪ビレがなく小さな腹ビレは癒合している。頭も丸い。シラウオの頭には葵の紋に似た突起があり、このため大事にされたという。シラウオは全長12㎝と小さく、一年で成魚となり、産卵後死んでしまう。春先に産卵のために川にさかのぼる習性があるが、シロウオも春先に同じように川にさかのぼるのでよく混同される。春を告げる魚として江戸では隅田川を早春になるとのぼってきたという。

春先（二月から四月）が旬である。しかし今日では東京湾や大阪湾ではとれなくなったので関東では霞ヶ浦、関西では島根の宍道湖《しんじこ》のものがよいとされている。シラウオ漁は夜間、かがり火をたいて漁をする。歌舞伎の「三人吉三」の「月もおぼろに白魚のかがりも霞む春の空」のセリフでもそのことがわかる。また「白魚のような指」と女性の透き通るような美しい手指を称賛するときに用いたりしている。すしダネとしては生はもちろん酢にくぐらせたり蒸したりして供する。軍艦巻に生のシラウオを、頭を揃えてのせ、うずら卵を一緒にのせたり、鮮度のよいものを握り、ノリ帯をつけたりもする。

明《あけ》ぼのや白魚《しらうを》しろきこと一寸《いっすん》　（芭蕉）

イカ・タコ

■アオリイカ　煽烏賊・障泥烏賊

[学名：Sepioteuthis lessoniana;　英名：big fin reef squid]

ツツイカ目・ヤリイカ科・アオリイカ属

古くは烏賊を「以加《いか》」「伊加《いか》」と訓んだ。また「墨魚」「柔魚」とも書いた。アオリイカはミズイカ・モイカ・バショウイカ・シロイカとも呼ばれる。アオリとは「障泥《あおり》」のことで、馬具の一種。馬の脇腹の下に垂らし、乗り手の脚や衣服に泥がかかるのを防ぐ革製の用具である。アオリイカの名は、縁の幅広い半円形のヒレの形が障泥に似ていることからついたという。また、団扇《うちわ》のような形のヒレを持ち、これを煽《あお》るように動かすことからともいわれる。北海道、本州、瀬戸内海、オーストラリア以北、ハワイ以西の太平洋の熱帯・温帯域に広く分布する。胴長50㎝に達する大型のイカである。体のまわり全体からヒレが伸び出すのでコウイカ類と間違われやすいが、コウイカ類のように石灰質の貝殻をもたず、ヤリイカ類の一種である。

旬は夏で、周年美味しい。むっちりとした粘りのある食感、それでいて厚みに似合わぬ柔らかさが多くの人々を魅了する。甘みと旨みがあり、すしダネとしては最高であり〝イカの王様〟と称される。アオリイカの旨さは、しっとりとまとわりつくような食感と見事な甘みにある。イカの種類の中では最も甘みが濃厚で、しかもほどよく、旨さの中に品格がある。

烏賊《いか》売の声まぎらわし杜宇《ほととぎす》（芭蕉）

スミイカ（コウイカ）墨烏賊（甲烏賊）

[学名：Sepia esculenta; 英名：golden cuttlefish]
コウイカ目・コウイカ科・コウイカ属

すしダネではスミイカと呼ぶが、正式名称はコウイカである。本州中央より西南部、瀬戸内海、四国、九州、朝鮮南部、北オーストラリアに分布する。胴はドーム形でその両側にヒレがある。背側には横縞があるが、腹側は白い。背面の外套に包まれて石灰質の貝殻（甲）があるのでこの名がある。また甲羅の突起が出ているためハリイカとも呼ばれる。外套長は15〜20㎝に達する。旬は夏と冬の2回ある。こりっとした歯ざわりと肉厚の甘みと旨みで江戸っ子の好みであった。初夏の頃に出回る子供の新イカ・コイカ（マメ）は柔らかく美味しい。関東ではとくにこのスミイカを珍重する。

■スルメイカ　鯣烏賊

[学名：Todarodes pacificus;　英名：Japanese common squid]
ツツイカ目・アカイカ科・スルメイカ属

イカの大好きな日本で最も大量に漁獲され、消費されるイカである。干してスルメにするイカということからこの名が付いた。日本全域・樺太・朝鮮半島などの沿岸に分布する。胴の体長30㎝、胴幅7・5㎝ほどになり、細長い体形をしている。胴後端の左右に三角形のヒレを持つ。全体は赤褐色で背側に濃色の帯が走る。わが国では北海道周辺とくに函館が主要な漁場である。歯ごたえはあるが甘みは少ない。粘り気のある独特の旨みが口のなかに広がる感がある。

旬は夏と秋だが、春から初夏に出回る「ムギイカ」と呼ばれる小ぶりのスルメイカも旨い。すしダネでは細く切って、イカそうめんにしたり、ウズラの卵とともに軍艦巻にしたり、煮イカにし、この煮イカを握るか、煮イカの胴にすし飯を詰め込んで〝印籠詰め〟にする。どちらも、煮ツメを塗って食すと美味しい。

■ヤリイカ　槍烏賊

[学名：Loligo bleekeri;　英名：spear squid]
ツツイカ目・ヤリイカ科・ヤリイカ属

ササイカとも呼ばれる。日本各地の沿岸、朝鮮半島南岸からインドネシア沿岸に分布する。胴長40～45㎝に達する。胴は細長い円錐状、ヒレは長い三角形状。頭部は小さく腕は短い。沿岸回遊性で晩冬から春にかけての産卵期に接岸した頃を漁獲する。このため春イカとも呼ばれる。漁獲量はスルメイカに次いで多い。旬は秋から冬である。肉質は薄いが、硬く、歯ごたえがあり繊細な甘みと旨味がする。透明感のある美しいタネである。ただ、鮮度の落ちが早いのが難点で、落ちるとこりこりした歯ごたえがなくなる。春の子持ち（春イカ）を煮イカにして食すこともある。

■ホタルイカ　蛍烏賊

[学名：Watasenia scintillans;　英名：firefly squid]

ツツイカ目・ホタルイカモドキ科・ホタルイカ属

北海道・本州・朝鮮半島東岸にかけての日本海全域に分布するが、とくに富山湾で大量に獲れる。胴長6～7㎝にしかならない小型のイカである。腹部全体と目の周り、第4腕に発光器をもっていて光を発する。普段は外洋の200ｍより深いところに生息しているが、夜、浮上する。初夏に産卵のため岸によってくる。この産卵前の春～初夏が旬であり、この時期は身が締まっていて美味しい。味は甘みと旨みがある。生でも茹でたものでも、ワサビ醤油、ショウガ醤油・辛子酢味噌、いずれで食べても美味しい。

■マダコ 真蛸・真章魚

[学名：Octopus vulgaris; 英名：common octopus]
軟体動物門頭足綱八腕目 マダコ科・マダコ属

古くは『延喜式』では「鮹」を用い「多胡《たこ》」と訓み、『和名抄』（931〜937）では「蛸」「海蛸子」を用い、「太古《たこ》」と訓んでいる。また俗に「章魚」とも書いている。

日本の東北地方から南へ、アジア、インド洋、ヨーロッパ、アメリカ東岸、オーストラリアまで広く分布する。西洋では悪魔の魚（devil fish）とみなされがちだが、世界でタコを食べるのは、イタリア、スペイン、ギリシア、メキシコなどイスラム教の影響が強くない国で、特にギリシア・ローマでは古代から一般的な食べ物であった。胴は卵形で、黄褐色から黒褐色の間を自由に変色し、濃色で不規則な網状の斑点がある。体重3kg、全長80cmに達する。メスよりオスが大きい。軽妙な歯ごたえ、ほのかに広がる香りと滋味は絶妙である。関西では明石を中心にした瀬戸内海産のマダコが有名であり、明石のタコは「立って歩く」といわれるほど身のしまりがよい。

別名を麦わらダコとも呼ばれ、麦の収穫期の春から初夏が旬である。松尾芭蕉も明石の浜をおとずれ、次の句を詠んでいる。

蛸壺《たこつぼ》やはかなき夢を夏の月　（芭蕉）

茶でサッと茹でたものやじっくり柔らか煮にした〝桜煮〟も美味しい。タコは2kgから3kgくらいの大きさが最も旨いとされ、値も高い。この大きさに成長した頃が、最も旨みが充実し、香りも高くなり、よくなるからである。特に柔らか煮にした時、この大きさのものは、長時間の煮あげに負けず、しっかりと旨みと香りを保っている。江戸時代の女性の三大好物は、イモ・タコ・ナンキン（カボチャ）であったという。タコは噛めば噛むほど甘味が強くなるだけでなく、低脂肪で高タンパクなことから、太りすぎを気にせず食べることができることを経験的に知っていたからかもしれない。

桜煮と蛸も本意《ほんい》を送る号《ごう》　（柳多留）

■イイダコ　飯蛸

[学名：Octopus ocellatus;　英名：webfoot octopus]
八腕目・マダコ科・マダコ属

古くは「望潮魚《いいだこ》」と書き、俗に飯鮹、飯蛸といった。北海道より南へ東シナ海にかけて浅海のやや内湾の砂泥域に分布する。体表は細かいいぼ状の突起に覆われ、腕のつけ根に金色の輪状の紋がある。体長は20㎝くらいになるが10㎝前後のものが出回っている。産卵直前のメスの胴の中に米粒に似た未熟卵がぎっしり詰まっているところから「飯蛸」の名がついた。旬は抱卵中の晩冬〜春である。まる煮が主な食べ方であるが、新鮮なものでは塩でもみ洗いし、軽く熱湯をくぐらせてから刺身や酢の物にする。握りずしでは丸づけか、真半分に切って半づけで握られる。

飯蛸の一かたまりや皿の藍（夏目漱石）

エビ・シャコ・カニ

◉エビ　海老　[英名：prawn, shrimp, lobster]

日本人のエビ好きは世界一で今に始まったことではない。しかし、縄文時代の貝塚からは、残念ながらエビ類と認める遺物は発見されていない。これはエビを食べなかったわけではなく、殻が残らなかっただけだと思われる。エビは古くから文字として現われている。「鰝・鰕・魵」が最初で、その後「蝦・海老」が出てきている。訓は「衣比、エヒ」である。エビの長いヒゲは、エビの腰曲がりと結び付いて、老人（海の翁）を連想させ、「海老」の字が当てられ、古くから長寿のシンボルとして故事に用いられている。エビ類は分類上大きく二つに分け、小型で泳ぎ回る遊泳類には「蝦」を、大型で歩き回る歩行類には「海老」を使うことが多い。英語でもシュリンプまたはプローンを遊泳性のエビ類に、ロブスターは大型の歩行類に用いる。

十六夜《いざよい》や海老を煮るほどの宵の闇　（芭蕉）

■クルマエビ　車海老

［学名：Penaeus japonicus;　英名：kuruma prawn, tiger prawn］
節足動物門甲殻綱十足脚目・クルマエビ科・クルマエビ属

エビを海老と書くのはヒゲがあって腰の曲がっているエビを「海の翁（老人）」にたとえ、長寿を祝う縁起ものからきている。またクルマエビは尾を曲げたときに斑紋が放射状に広がり車輪のように見えることからという。

クルマエビの体長が10㎝以下の小型のものをサイマキエビ、10㎝くらいをマキと呼びそれ以上のものをクルマエビと呼んでいる。北海道南部から西太平洋・インド洋東岸にかけて分布する。体長25㎝に達するが、一般的に20㎝（頭胸甲長7㎝）以下である。夜行性で昼間は砂泥中に潜っているが、夜になると泳ぎ出る。天然ものは夏に出回るが一年中楽しめる。歯ごたえと独特の甘みが身上である。

江戸前では茹でて酢通しするが、活けものが出回るようになり、〝躍り〟も供されるようになった。エビやシャコは茹でたてが旨いが、時間の経過とともに甘さも旨みも落ちてゆく。江戸の昔、すし職人を雇うときは、エビを茹でさせて職人の腕前を見たという。

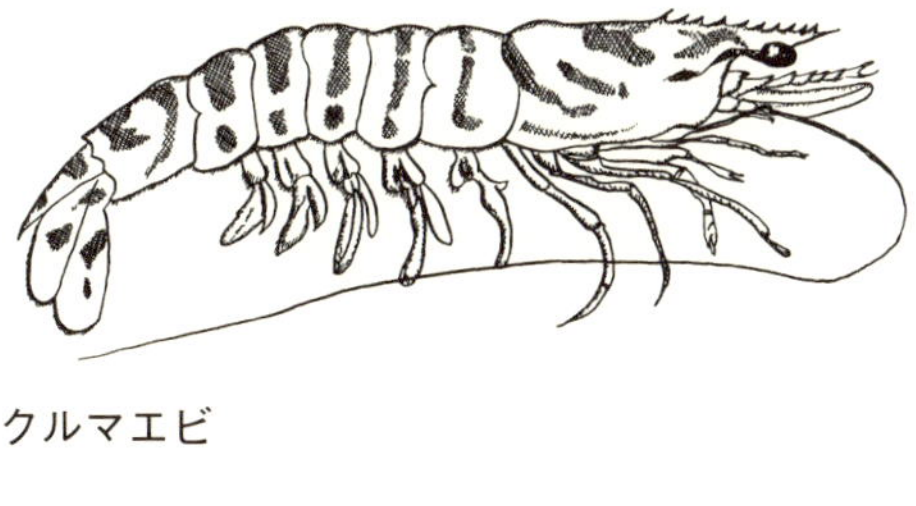

クルマエビ

■アマエビ　甘海老

[学名：Pandalus borealis;　英名：amaebi,sweet shrimp, northern shrimp]

節足動物門甲殻綱十足脚目・タラバエビ科・タラバエビ属

正式名はホッコクアカエビ（北国赤海老）である。他にトンガラシエビとかナンバンエビとも呼ばれる。とろりと甘いのでアマエビの名がついた。富山県以北の日本海、千島から樺太、朝鮮半島に分布する。体は紅赤色で細長い額角《がっかく》が前方に伸びる。ボタンエビと同様の雄性先熟の性転換を行うため、大型個体はすべて雌。体長は12㎝ほどである。日本海側、特に北陸地方と、東北、北海道で古くから馴染みのタネである。

旬は秋から冬である。鮮度は尾の色と身の張りに出る。生の新鮮なものと冷凍のものでは味に大きな差がある。華やかなタネの一つである。

■ボタンエビ　牡丹海老

[学名：Pandalus nipponensis;　英名：botan shrimp,botan prawn]

節足動物門甲殻綱十足脚目・タラバエビ科・タラバエビ属

日本海には生息せず、北海道内浦湾から土佐湾までの水深300〜500mの泥底にすむ日本特産種である。生きている時はやや濃い橙赤色で、頭胸甲の背隆起のとげと額角中央部付近が赤い。雄性先熟の性転換をするため、大型個体はすべて雌である。体長15〜20㎝に達する。アマエビより大ぶりで肉厚である。とろりとした舌ざわりが身上で、味わいはアマエビに似ている。

すし屋では同じタラバエビ科のトヤマエビもボタンエビの名で出される。どちらのエビも緑色の卵が美味しい。卵だけを取り出し、軍艦巻にして供する場合もある。

シバエビ　芝海老

[学名：Metapenaeus joyneri;　英名：shiba shrimp]

節足動物門甲殻綱十足脚目・クルマエビ科・ヨシエビ属

地方ではアカヒゲとも呼ぶ。東京湾、瀬戸内海、有明海、東シナ海、黄海などの水深10〜30mの泥底に多く生息する。東京湾の芝浦付近で多くとれたのでこの名がついた。甲皮は薄く、淡黄灰色で緑色の小斑点が散在する小エビである。体長15㎝に達する。握りずしのタネではないが、すし屋にはなくてはならない。オボロダネとして用いたり、玉子焼のコミ（玉子焼の中にすり込む食材）に用いる。

イセエビ（カマクラエビ）伊勢海老（鎌倉海老）

［学名：Panulirus japonicus;　英名：Japanese spiny lobster］

節足動物門甲殻綱十足脚目・イセエビ科・イセエビ属

『和漢三才図会』（1713）では「紅鰕」と書いて「海鰕のこと」とし、俗に「伊勢鰕、鎌倉鰕」というとしている。かつては伊勢でとれたものをイセエビ、鎌倉でとれたものをカマクラエビと呼んだ。日本の本州関東より、南へ九州・太平洋西岸から台湾北部の岩礁にすむ。大形で、体色は赤褐色。頭胸甲は円筒形で堅く、多くのとげがある。腹部は大きく、やや扁平で、歩脚はどれも鉗《はさみ》をもたない。第2触角（ヒゲ）が非常に長い。体長は30〜40㎝くらいに達するものもある。夜になると海底を歩き回り、小さなカニや貝などを食べている。なんといっても、活造りの〝姿盛り〟であるが、〝鬼殻焼き〟や〝具足煮〟にすることもある。

シャコ　蝦蛄　車子

［学名：Oratosquilla oratoria;　英名：mantis shrimp, squilla］

節足動物門甲殻綱口脚目・シャコ科・シャコ属

古くは「鰕蛄」「青竜蝦」と書かれ、「志也古《しやこ》」と訓まれた。また俗に「尺奈介《しやくなげ》」といわれた。茹でると石楠花《しやくなげ》の色のようになる。後に「蝦蛄」と書かれ、「車子」は当て字である。ガサエビとも呼ばれる。北海道の南から中国沿岸にかけて分布し、内湾の砂泥底にすむ。産卵期は五～七月である。

旬は春先から梅雨と晩秋の脱皮前の時期である。生きているときは体表に灰白色の地に暗色の小点が散在しているが、煮るとエビやカニのように赤くならずに赤紫色になるのが特徴である。体長は15cmくらいになる。五～六月の子持ちのシャコが最上とされる。カツブシとかオカカと呼ばれるやや固い卵が芯のように入っていて、これがなんともいえず美味しい。中の子は関東（東京湾）では茶、関西（瀬戸内海）ではややピンク色である。シャコの名は茹でると殻が紫がかったシャクナゲ色になるので、シャクナゲの名で呼ばれていたが、それが転じてシャコになったといわれている。生のものを茹であげるとシャコらしい香りが出てくる。一匹のシャコから二粒の〝つめ〟がとれる。これが、見事に甘く、旨い。しかし、〝つめ〟の筋肉の部位の抜きとりは、手間がかかる仕事である。

■ズワイガニ　楚蟹

[学名：Chionoecetes opilio;　英名：snow crab, queen crab, tanner crab]

節足動物門軟甲綱十脚目・ケセンガニ科・ズワイガニ属

古く蟹は「加仁《かに》」「河尓《かに》」と訓まれた。また「觧」とも書き、横歩きするので「螃觧《ほうかい》」ともいったという。マツバ（松葉）ガニ、エチゼン（越前）ガニとも呼ぶ。山陰・北陸各県が産地で水深150〜200mの海底から漁獲される。レンガ色をしていて、殻幅は雄15cm、雌7〜8cmである。雌は成熟すると抱卵のため成長が止まる。甲羅は丸みのある三角形でオスは15cm前後、メスは8cm前後に達する。歩脚は扁平で広げると70〜80cmになる。通常ズワイガニといえばオスを指す。メスは〝香箱ガニ〟（石川県）、福井県では〝セイコ（勢子）ガニ〟と呼ぶ。味の面でも価格の面でも冬の味覚の王者である。淡白でほのかに甘く、口の中でとろける。旬は晩秋から春先である。解禁期は一一月〜三月までである。

■ケガニ　毛蟹

［学名：Erimacrus isenbeckii;　英名：horse hair crab］
節足動物門軟甲綱十脚目・クリガニ科・ケガニ属

関東より北の太平洋と中国地方より北の日本海に生息しているが北海道・ベーリング海・アラスカが主産地である。米国からも輸入されている。甲は丸みのある四角形で幅は10cmくらいである。足を広げると、20cm以上となる。体に剛毛が生えていることからケガニという。旬は冬である。甘みがつよく、やわらかい肉質で、甲も薄く身がとりやすく好まれる。鍋物や酢の物に用いられるが、すしダネとしても好まれる。

■タラバガニ　鱈場蟹・多羅波蟹

[学名：Paralithodes camtschaticus;　英名：king crab, Alaskan king crab]
節足動物門軟甲綱十脚目・タラバガニ科・タラバガニ属

タラバガニ科のヤドカリの仲間である。日本では東北沿岸から北海道付近からオホーツク海・ベーリング海に分布し、タラ（鱈）の漁場でとられることから、「タラ場」と呼ばれている。アラスカでもよくとれ、地元でも食べられている。体形は大きく、カニに似ていて貝殻に入らない。甲長は20㎝くらいであるが、脚を広げると150㎝に達する。体の表面は暗赤色で棘《とげ》が多い。第四対の歩脚が小さいので三対しかないようにみえる。旬は晩秋から冬である。カニの缶語としては最も高級である。新鮮なものは刺身としても美味しい。

貝類

■アワビ　鮑・鰒・蚫

［学名：Haliotis;　英名：abalone］

軟体動物門腹足綱原始腹足目・ミミガイ科

古くは鮑・鰒・蚫と書き、「阿和比《あわび》」「阿波妣《あわび》」と訓んでいる。『日本書紀』や『延喜式』にも多くの加工品が出てくる。殻は「石決明《せきけつめい》」といっていた。

ミミガイ科の大型の3種、マダカアワビ（学名：Haliotis madaka; マダカともいう）、メガイアワビ（学名：Haliotis gigantea）、クロアワビ（学名：Haliotis discus discus; オガイともいう）、およびエゾアワビ（学名：Haliotis discus hannai クロアワビの亜種）の総称である。

北海道南部から九州、朝鮮半島南部まで分布している。潮間帯下から水深20mくらいまでの岩礁に生息する。カジメ、アラメなどの褐藻類を食べて育つ。人工孵化・放流も行われる。メガイアワビは、貝殻の形が円形に近く、水孔が低いのが特徴である。北海道南部西岸から九州、朝鮮半島南部に分布する。クロアワビは、貝殻の形が卵形に近く水孔の盛り上がりはマダカアワビとメガイアワビの中間的な形状で、北海道南部西岸から九州、朝鮮半島南部に分布する。エゾアワビはクロアワビの北方型である。いずれも殻長20〜25㎝ほどになる。なおアワビを小さくしたような〝トコブシ〟は同じミミガイ科であるがアワビとは別種である。吸水孔の数がアワビより多い。

食べる場合、生にはクロアワビやエゾアワビが、蒸しアワビにはマダカアワビとメガイアワビが向くという。生はコリコリとした歯ごたえが身上であり、蒸しアワビの柔らかな食感はすし飯と相性がいい。アワビの旬はトコブシからアワビに扱いが変わる五月から七月頃であり、トコブシは秋から冬である。江戸前ではハマグリの味が夏に落ちることから、夏の煮物ダネの代表的存在である。アワビは生でよし、蒸してよし、焼いてもよし。コリコリした歯ごたえと、淡いほのかな甘さ、日本人好みの旨さのエッセンスがこもっている。

『本朝食鑑《ほんちょうしょくかん》』にも生食、煮食、蒸食、乾食、醃食、糟漬食とある。昔の人はアワビの天然の旨さを大事にして工夫していたことがわかる。また、アワビの身を薄く切り、乾燥させた「熨斗《のし》あわび」は日本の中世以来作られ、慶事や神饌《しんせん》に使われている。室町時代にアワビの身をたたいて、薄くのし、干物にしたのがはじまりである。秦の始皇帝は、日本に部下をさし向け、不老不死の妙薬としてアワビを求めたという。今でも中国料理や薬膳料理に使われている。

伊勢の白水郎《あま》の朝な夕なに潜《かづ》くとふ鰒《あはび》の貝の獨念《かたもひ》にして　（万葉集・二七九八）

初花《はつはな》に伊勢の鮑のとれそめて　（芭蕉）

■トコブシ　床伏・常節

[学名：Sulculus diversicolor supertexta;　英名：Japanese abalone]

軟体動物門腹足綱原始腹足目・ミミガイ科・トコブシ属

古くはアワビの小さいものと考えていたらしく、一寸（３・０３㎝）ばかりのものを「止古布志《とこぶし》」と訓んでいる。小型のアワビといえなくもない。実際アワビと同じミミガイ科の仲間であるが、吸水孔の数がアワビより多い（アワビは４〜６、トコブシは６〜８）。

岩にぴったり張り付いている姿から〝床伏《とこぶし》〟という名が、また驚かせると流れるような動きを見せることから〝ナガレコ〟の別名がある。北海道南部から南へ九州まで日本各地および台湾にかけて分布する。アワビ同様、生息地によって形態に多少の違いがある。殻にある孔のうち、終わりの数個は貫通している。殻表は帯緑赤色、殻内面は真珠のような光沢があり美しい。体長は７㎝くらいである。殻の深い伊豆七島のものは「福床伏」と呼ばれ重宝される。旬は春である。一般にアワビより身が柔らかく、生で食するより、塩蒸しや煮物にされることが多い。すしダネとしても美味しい。

■サザエ　栄螺

[学名：Batillus cornutus;　英名：turban shell, spiny top shell]

軟体動物門腹足綱（巻き貝類）古腹足目・リュウテンサザエ科・サザエ属

古くは「佐左江《さざえ》」と訓んだ。漢名では「拳螺《けんら》」と書いている。北海道より南の日本の各地や朝鮮半島南部沿岸に分布する。沿岸の岩礁地帯の水深数mのところに海藻を食べて生息している。円錐状の貝殻表面にひと巻きにつき10本くらいの太いとげ状のとがった管を有するのが特徴である。一般に殻高は10～15cmくらいである。内臓はほとんど生殖腺で、緑色が卵巣、黄白色が精巣である。旬は春から初夏である。内海の突起の短いものより、外洋の突起の長いものの方が身がしまっていて、美味しいといわれている。刺身や壷焼きが一般的な食べ方であるが、薄切りにしたものを軍艦巻にして食べてもコリコリとして美味しい。

カキ　牡蠣

［学名：Crassostrea gigas;　英名：Oyster］
軟体動物門二枚貝綱・（二枚貝類）・カキ目・イタボガキ科

世界に多数分布しているイタボガキ科に属する二枚貝の総称である。カキといえばマガキのことをいう。先史時代から食用とされ、古くは「加幾《かき》」と訓んだ。また『延喜式』にも伊勢からの貢物として「蠣・磯蠣」の記述がある。『和名抄』では、牡蠣《ぼれい》として出てくる。マガキは北海道から九州の各地に分布するが地方によって形態が多少違うことから亜種・地方品種として区別することもある。カキ類は一般に、貝殻の形が左右非対称で、深くふくらみのある左殻で岩などに付着して成長する。現在、ほとんどは養殖で生産されている。生産地は宮城・岡山・広島の冬ガキである。旬は晩秋から冬で、昔からRのつかない月（五月から八月）は食べない習慣がある。イワガキ（Crassostrea nippona）も各地に分布し、夏ガキとして珍重されている。肉は栄養（グリコーゲン）に富み、美味しい。カキの旨さはなんといっても生食であるが、鮮度が落ちやすく注意を要する。またハーフシェル（片方の貝殻だけ除いた状態）のカキにレモン・ケチャップをかけて味わうのもよい。その他、酢味噌あえやフライにして食べる。

深川や蠣がら山の秋の月　（一茶）

牡蠣の酢の濁るともなき曇りかな　（虚子）

■ハマグリ　蛤

［学名：Meretrix lusoria.　英名：hard clam］

軟体動物門二枚貝綱異歯目・マルスダレガイ科・ハマグリ属

古くは蛤を「波万久理《はまぐり》」と訓み、漢名では「文蛤」と書いている。栗に似ていることから浜の栗だからハマグリと呼んだという。北海道南部から日本各地、朝鮮半島、中国、台湾沿岸に分布する。淡水のまじる内湾の潮間帯から水深10ｍくらいまでの砂泥底に生息している。殻は丸みのある三角形で厚い。殻表の模様は変化に富む。殻長は7～8㎝に達する。

ハマグリは春の季語とされているが、旬は晩秋から冬で産卵の夏場は味が落ちる。結婚の披露宴の料理に、蛤の潮汁が欠かせないのは、ハマグリはどんなに形が似ていても、おたがい本来の貝でなければぴったりかみ合わないことから夫婦の和合の縁起を祈願したためである。一対の殻がピッタリと合うことから、昔はいろいろな遊びに使われた。平安時代の貴族は殻の模様合わせをする「貝覆《かいおお》い」や「貝合わせ」という遊びに使った。室町時代には、殻の内面に華麗な絵を描く遊びもあった。昔から生で食べることはない。身が締まりすぎないようにサッと茹で（店によっては酒蒸しにし）、醤油、酒、砂糖、などで調味した煮汁に漬け込んで味を含ませ、握ってから煮ツメを塗って食す。口の中で煮汁が広がる江戸前の仕事の旨さがある。

蛤《はまぐり》のふたみに別行秋《わかれゆくあき》ぞ　（芭蕉）
蛤《はまぐり》の芥《あくた》を吐かす月夜かな　（一茶）

■アカガイ　赤貝・蚶

［学名：Scapharca broughtoni;　英名：bloody clam, ark shell］

軟体動物門二枚貝綱真多歯目・フネガイ科・アカガイ属

古くは漢名として「魁蛤《かいびら》」と書き、『古事記』では「蚶貝」と書いて、「木佐《きさ》」と訓んでいる。また蚶《あかがい》とも書く。北海道南部から九州、朝鮮半島に分布し、水深3～30㎝の砂泥底にすむ。殻表の特に外縁部は褐色の剛毛で覆われ、殻には42本内外の放射状のすじがある。血液中にヘモグロビンを含むので身は橙赤色を呈する。殻の高さ9㎝、長さ12㎝、幅7・5㎝に達する。

旬は晩秋から冬で、春の産卵期のものは味が落ちる。血液に含まれる成分ヘモグロビンのため、どこか鉄を思わせる青臭さがあり、独自の味わい深さが持ち味である。江戸前では昭和初期まではアカガイを〝ケミガワ〟と称した。千葉の検見川産が最上とされたからであり、〝本場もの〟とも呼ばれた。東京湾の他には陸奥湾、仙台湾、伊勢湾、瀬戸内海、有明海が主な産地だったが、今では中国などからの輸入物が多く、国内産は全体の1～2割に過ぎないという。色が美しく、目で美味しいタネであり、ヒモも重要なすしダネとなる。赤貝は、すし屋の貝ダネの中で一番人気のある貝である。良質なものには生体反応によるしなやかな歯ごたえ、特有の微かな渋みを持つ甘み、加えて磯の香りと鮮やかな朱色、この辺が人気の秘密であろう。

◆バチ玉（場ちがい）

魚市場には、バチ玉と呼ばれるアカガイに似た貝がある。サルボウガイ、サトウガイである。アカガイと異なり、外洋に生息しているので、「場違い」ということから「バチ玉」と呼ばれ、アカガイの代用にされるが、味は落ちる。アカガイを「ホンダマ（本玉）」と呼ぶことがある。

■アオヤギ（バカガイ）青柳（馬鹿貝）

[学名：Mactra chinensis;　英名：Japanese orange clam, hen clam]

軟体動物門二枚貝綱異歯目・バカガイ科・バカガイ属

古くは「馬鹿（馬河）蛤」と書き、「波加加比《ばかがひ》」と訓んでいる。正式名称はバカガイである。いつもだらしなく口をあけて朱色の舌状の足をだらりと出しているところから命名されたという。またアオヤギの俗名はかつて上総国青柳村（千葉県市原市）で多く産したことに由来する。樺太から九州、朝鮮半島、中国沿岸まで広く分布し、内湾の潮間帯から水深20㎝の浅い砂底に生息する。殻は丸みのある三角形で、成貝では薄い黄褐色の殻皮でおおわれる。殻には放射状の帯がみられることが多い。殻長8・5㎝に達する。産卵期は五月から七月である。

旬は晩秋から冬で殻から出たアオヤギは磯の香りが漂う。貝柱は〝小柱〟と呼ばれ、今では軍艦巻に握られるが、かつての江戸前では小柱だけひっつめて握ったという。身（アオヤギ）は庖丁でたたき、湯で霜降りをして、舌（足）をピンとさせて握る。小柱のほうがアオヤギ（身）より値が高いことから親バカといわれている。

トリガイ　鳥貝

[学名：Fulvia mutica;　英名：Japanese cockle]
軟体動物門二枚貝綱異歯目・ザルガイ科・トリガイ属

漢名は判らないが、足の形が鳥の喙《くちばし》に似ているところから、「止利加比《とりがひ》」といっているが、一説には鳥肉と味が似ているからとする説もある。本州の陸奥湾から九州、朝鮮半島、中国沿岸に分布している。殻はほぼ円形で上下に高く膨らむ。淡黄褐色の殻皮に覆われ、殻頂から多数の放射線状の溝が走る。溝には毛が密生する。足は三角形で長く黒紫色を呈し、食用とする。水深10〜30mの砂泥底に生息する。殻長9・5㎝ほどになる。

旬は春から夏であり、夏場に短期間だが殻付きの生が出まわる。殻付きのトリガイは下処理時に黒い足の部分に触れるとはがれてしまうので、気をつかうタネである。黒い艶が鮮度の証しで身の厚いものほど味がいい（オハグロと呼ばれ珍重される）。柔らかさと甘みが特徴で独特の食感と香味がある。とくにしゃきしゃきと心地よい噛み心地と特有の甘みはサラッとした初夏の味覚である。通常、市場で流通するのは産地で湯通しした箱入りが多い。

■ホッキガイ（ウバガイ）北寄貝（姥貝）

［学名：Spisula sachalinensis;　英名：surf clam］

軟体動物門二枚貝綱異歯目・バカガイ科・バカガイ属

正式名はウバガイ・姥貝・雨波貝である。本州、北海道、朝鮮半島、オホーツク海に分布する。殻は卵円形で、成貝では暗褐色のやや厚い殻皮で覆われている。軟体部の足は紫褐色を呈し、外海に面した砂泥底に生息している。殻長10㎝、殻高7〜8㎝に達する。殻の黒い通称クロホッキが上物といわれている。一年中食べられるが、とくに冬から春にかけてが味がよい。斧足、いわゆる〝舌〟の部分が生貝では灰色から紫褐色だが、湯通しするときれいな桃色になり食感をそそる。アカガイの香りに対し、こちらは甘みと旨みが身上である。肉厚でボリューム感があり、貝柱やヒモも美味しい。

■ミルガイ　海松貝

[学名：Tresus keenae;　英名：shell siphon,giant clam, keen's gaper]

軟体動物門二枚貝綱異歯目・マルスダレガイ科・ミルクイ属

古くは「海蛙・海松蛤」と書き、「美留久比《みるくひ》」と訓み、『万葉集』では「海松」、『和名抄』では「水松」と書いて、「美留《みる》」と訓んでいる。北海道から九州までの内湾に分布している。殻は長卵形で灰白色だが暗褐色の殻皮をかぶっている。殻の後端が開いており、そこから太く大きな水管を出している。この水管を食用とする。内湾の潮間帯から水深20mまでの砂泥底に生息し群生しやすい。海松とは海藻のミルのこと。貝殻から突き出した太い水管にミルが付着した様子が、ミルを食べているように見えるのでこの名がある。すしダネとして利用されるのは水管が主で、湯通しして黒い表皮をむいてから握る。旬の到来とともに、次第に肝が肥大してくる。美味の部分として珍重される水管は、見事に身肉が厚く太り、甘みを増してくる。

旬は春と秋の2回であり、アワビのない時季に代わりを提供してくれる。コリコリと、音を立てるような噛み心地と、海の香りを感じさせる強い甘みは、ミル貝独自の旨さである。貝好きにはたまらない風味と食感である。

■ホタテガイ　帆立貝

［学名：Patinopecten yessoensis;　英名：scallop］
軟体動物門二枚貝綱翼形目・イタヤガイ科・ホタテガイ属

古くは「伊多良加比《いたらかひ》」、「板屋貝《いたやがい》」といい、また車渠《しゃきょ》・海扇《かいせん》とも書いた。本州の東北地方、能登半島より北、北海道、オホーツク海、朝鮮半島東岸、沿海州に分布している。殻は丸い扇形で、殻頂の両側が耳状に突出する。殻表は灰褐色から紫褐色を呈し、殻頂を中心として放射状に多数の肋が走る。水深10～30mの砂礫底に棲むが養殖も盛んである。産卵前の冬から早春が旬である。「帆立貝」という漢字は、海底を舟の帆を立てたように殻を立てて移動する姿からあてられたという。二枚の殻のうち、ふくらんでいる殻が舟で、扁平な殻は帆に見立てられている。古書では海扇《かいせん》の漢字をあてて「ほたてがい」と訓《よ》んだという。二枚貝の中で一番甘味があるといわれている。ホタテガイの特徴は、新鮮な産地ものでの鮮烈な甘さと、信じがたい歯ごたえの快さにある。甘さの強さはグリコーゲンの含有率が他の貝より多いことによるという。歯応えの快い強さは貝柱をかたちづくる筋の繊維が太く大きく強いことによる。かつては貝柱といえばタイラギ（平貝）であったが、鮮度のよい冷凍ものが安定供給される時代になってホタテガイの人気が高まった。

■タイラガイ（タイラギ）平貝（玉珧《たいらぎ》）

［学名：Atrina pectinata; 英名：Japanese pen shell］
軟体動物門二枚貝綱翼形目・ハボウキガイ科・クロタイラギ属

古くは蛤と書き「多比羅岐《たひらぎ》」と訓んだ。また俗に「烏帽子貝《えぼしかい》」ともいった。標準和名はタイラギである。房総半島より南、九州から東南アジアに広く分布する。内湾の砂泥底に生息する。殻は暗黄緑色でやや薄く、乾くと壊れやすい。殻の内面中央部に大きな後閉殻筋（貝柱）がある。殻の長さ22㎝、高さ11㎝、幅4・5㎝になる大型の貝で、長さ25〜30㎝に達するものもある。旬は冬場から春までである。大ぶりな貝柱が旨い。甘みはホタテガイに一歩譲るが、歯ごたえ、うま味は一枚上手であるといわれる。かつては東京湾でもとれたが、現在は地方産や韓国産のものが主流である。

その他

■マアナゴ　真穴子

[学名：Conger myriaster; 英名：conger sea eel, Japanese conger]
脊椎動物門硬骨魚綱・ウナギ目・アナゴ科・クロアナゴ属

正字は不詳であるが『和漢三才図会』（1713）では、「阿名吾《あなご》」と訓んでいる。アナゴの稚魚をノレソレと呼び20㎝前後の若魚をメソッコ（メソ）と呼ぶ。夜行性で昼の間は海底の岩礁の穴や、泥に穴をあけてすんでいるのでアナゴ（穴子）という。北海道以南の日本各地と朝鮮半島、東シナ海に分布している。体形はウナギ型で体は円筒状で細長い。腹ビレがなく背ビレ・尾ビレ・尻ビレがひと続きになっている。体色は暗褐色で、側線状に白点がならぶ。内湾の海藻の茂った砂泥底に住み、冬季は深所に移動する。体長は80～90㎝程になる。旬は初夏から夏であるが通年食される。昔から「梅雨時のアナゴは旨い」とよくいわれてきた。今でも良質のアナゴの産地は東京湾が筆頭である。関西では赤穂や明石、瀬戸内の広島あたりである。江戸前の伝統では焼くのではなく、煮るのが基本である。握ってから、アナゴの煮汁に醤油・砂糖・酒を加え

アナゴ

煮つめたツメを塗って出すのが一般的であるが、塩と柚子をのせて供されることもある。すしダネのなかで代表的な煮物ダネである。メソ（メソッコ）と呼ばれる生後2～3ヵ月の小ぶりなものの人気が高いが、天ぷらにはよいが淡白である。アナゴは一年中とれるがなんといっても夏のアナゴは味がよく最高である。

江戸前のアナゴの旨さは、しっとりとほどよい脂の甘さと、潮の香りのする煮上がりのいい匂いにあり、その身肉は口中で見事にとけてゆく。旬を外した時季でもこの脂の甘さと柔らかさは十分に楽しめる。アナゴは育った海の香気を身肉に蓄えることから、環境しだいで味が変わる繊細なすしダネであることを忘れてはならない。

■ハモ　鱧

[学名：Muraenesox cinereus;　英名：conger pike, pike eel]

ウナギ目・アナゴ科・ハモ属

古くは「海鰻」と書いて「波無《はむ》」「波毛《はも》」と訓み、ウナギは「淡鰻」と書いている。やたらと噛みつく魚で「食《は》む」がなまって、ハモになったという説がある。本州中部より南へ東シナ海・インド洋まで広く分布する。ウナギのように体形が円筒形で、背ビレ・尾ビレ・尻ビレが一つに連続している。アナゴ類に似ているが、口が大きくとがり、歯が鋭い。この鋭い歯で貪欲にほかの魚を食べるため、古語の「食む」に由来して〝ハモ〟の名がついたという。体長２mにもなるが、60～70㎝のものがうまいとされている。旬は初夏で関西とくに京都・大阪では夏祭りには欠かせない食材である。この時期、脂がのり、やわらかく美味である。「ハモを食べなきゃ夏が来ない」というほど関西人に好まれている。「骨切り」をして湯あらい、酢の物、刺身、照り焼、かば焼、ハモずしなどにして供される。

■ウナギ　鰻

[学名：Anguilla japonica;　英名：Japanese eel]
ウナギ目・ウナギ科・ウナギ属

古くは「鱣魚《てんぎょ》・鰻鱺《まんれい》・白鱓・蛇魚・淡鰻」と書き、「無奈木《むなぎ》」「宇奈岐《うなぎ》」と訓んでいる。『万葉集』では「牟奈岐《むなぎ》」という字が使われている。体は棒状で細長く、淡水魚である。体長は40～50㎝になる。赤道近くの海域で産卵し、孵化するとレプトセファルスという稚魚となり、東北より南から太平洋岸、朝鮮半島の陸地に近づき、シラスとなる。このシラスが捕獲され、養殖池で大きくなる。天然ものはそのまま川を登り、七～八年間淡水で生活し、再び海へ下る。

旬は夏から秋である。目打ちして固定し、背開き（関東）か腹開き（関西）にし、白焼、蒲焼にするのが一般的である。とくに土用の丑の日に賞味する。また白焼や蒲焼を使ってうなぎ巻（う巻）にしても美味しい。

石麻呂《いしまろ》に吾物申す夏痩《やせ》に良しといふ物ぞ鰻漁り食《め》せ　（万葉集・三八五三）

包丁で鰻よりつつ夕すずみ　（一茶）

宇治丸と人はいうなり鰻鮓　（柳多留）

◉ウニ　海胆・海丹　[学名：Echinoidea;　英名：sea urchin]

古く『延喜式』では、「甲羅《かうら》」、『和名抄』に「霊螺子《れいらし》」と出ている。俗に「雲丹《うに》」の字を用い、「宇《う》仁《に》」と訓んでいる。ウニは漢字では海胆・海栗・雲丹・海丹などと書くが、生のウニは海胆・海栗であり、塩漬けウニの雲丹・海丹と区別する。江戸時代には越前（福井県東部）の塩ウニが、肥前《ひぜん》（佐賀県と長崎県の一部）のカラスミや三河のコノワタとともに三大珍味とされた。主な食用種はエゾバフンウニ・バフンウニ・ムラサキウニ・キタムラサキウニの４種類である。

■エゾバフンウニ　蝦夷馬糞海胆

[学名：Strongylocentrotus intermedius]

棘皮動物門ウニ綱エキヌス目・オオバフンウニ科

北海道から東北に分布する。殻高は高く半球状。殻表全体に5～8㎜の短いとげがある。体色は個体変異に富む。北日本で最も普通に食用とされる大型種で、水深35ｍくらいまでの岩礁・転石地帯に生息する。殻径は4～6㎝に達する。産卵期は夏から秋でこの時期の直前まで雌雄生殖腺を珍重する。エゾバフンウニはバフンウニ［学名：Hemicentrotus pulcherrimus］よりひと回り大きい。旬はバフンウニは早春であり、エゾバフンウニは秋～春である。すなわち、寒流系のウニ（道東）は秋から春、暖流系のウニ（利尻・礼分）では夏がよいとされている。

■ムラサキウニ　紫海胆

[学名：Anthocidaris crassispina]

棘皮動物門ウニ綱エキヌス目・ナガウニ科

関東から九州さらに、香港、台湾に分布し、低潮線から水深20ｍまでの浅海の岩礁の間や石の下にすむ。殻の直径4～7㎝、高さ3㎝内外で、やや扁平な半球形をしている。キタムラサキウニ［学名：Strongylocentrotus nudus］はムラサキウニより大きい。

旬はキタムラサキウニ、ムラサキウニともに秋から春である。しかし、産地により解禁時期にずれがある。黄色みを帯びた色合いには微妙なちがいがあり、味わいも微妙にちがう。ムラサキウニ系を白、バフンウニ系を赤と呼びならわすが、一般的ではない。粒子が立っているのが新鮮なものである。最も味がよいのはエゾバフンウニとよくいわれているが、好みもある。

■イクラ

［ 英名：ikra, salmon roe ］

イクラとはもともとはロシア語で〝魚卵〟の意味だが、卵巣膜を取ってばらばらにしたサケ類の熟卵を指すようになった。卵粒が塊になっているのを〝筋子〟といい、呼び分けている。イクラは、産卵期の近いサケ（サケ目・サケ科）から、人工的に卵巣をとり、卵をバラバラにして飽和食塩水にひたし、塩が適度にまわったらとり出して水気を切って製品にする。その赤いきれいな色は、サルメン酸というサケ特有の水溶性色素と、アスタキサンチンという脂溶性色素によるもので、鮮やかな色が食欲をそそるのにふさわしい。色が美しく、軍艦巻で楽しむタネの中でも人気が高い。意外と歴史は浅く、ウニ同様戦後に登場したすしダネである。すしダネとして塩漬けと醤油漬けが使われ、生のものは秋に限られる。弾ける食感と口の中で飛び散る独特の香りが楽しい。

■カズノコ　数の子

［英名：herring roe］

「鯑」や、「青魚子」と書いて、「加豆乃古《かずのこ》」と訓んだ。〝鰊〟の古語「かど」「かどの子」が訛って「数の子」といわれ、通称「数の子」は当て字である。カズノコはニシン（ニシン目・ニシン科）の成熟した卵を乾燥させたり、塩漬けにしたものである。一腹の卵の数が多いことから子孫繁栄の縁起をかついで、おめでたい食品として正月料理に昔から使われている。ニシンは北太平洋でオホーツク海を回遊して生活し、北海道沿岸には三～五月産卵群が来遊する。新物の〝春カズノコ〟の握りは北海道ならではの味で、長期間塩蔵したカズノコとちがい、色、風味ともに新鮮である。カズノコはプリプリと歯ごたえがよく、薄い塩味はすし飯とよく合う。

数の子の出世二親が嬉しがり　（柳多留）

数の子に老の歯茎を鳴らしけり　（虚子）

■マスノスケ（キングサーモン）鱒之介

[学名：Oncorhynchus tschawytscha; 英名：king salmon, chinook salmon]

サケ目・サケ科・サケ属

サケ・マス類の中で最も大きく、キングサーモンと呼ばれ、北海道ではオオスケとも呼ばれる。「スケ」とは巨大という意味で、大きな鱒、マスの王者の意から鱒之介と呼ばれている。サケの字は古くは「鮏」を用いたが、俗に「鮭」を用いるようになった。

アジア側では日本海以北からオホーツク海へ、アメリカ大陸側ではアラスカから南カリフォルニアまで、北太平洋一帯に広く分布する。日本近海に来遊するものは少ない。サケは九月頃から卵を生むため、群れをなし故郷の川をさかのぼってくる。サケはこの頃がいちばん美味しいので、別名「アキアジ」とも呼ばれる。これはアイヌ語のアキアチャップの転訛であるとか、秋の魚であることから、秋味として美味しいことから、そう称したのであろう。この魚は流れにさからい、ある時は浅瀬に乗り上げ、皮を破り、うろこをはがし、岩をとび、草むらをかき分けながらのぼる。苦難の溯上は夫婦一緒、そして産卵後、親魚は体力を使い果たしてぼろぼろになって死んでいくことを考えると、サケの一生は一つの悲しいドラマである。『北越雪譜』（1836）の「鮭《さけ》の始終《はじめをわり》」の条に、次の一説がある。

鮏の河に溯《さかのぼ》るは子を産《う》まんとて也。その女魚《めな》に男魚《をな》随《したが》ふてのぼるは子の為《ため》に女魚《めな》を助《たす》くるならん、これも又人の心にことならず。

雌は六〜七年、雄は二〜三年で成熟し、サケ科の中で最も大きくなり、全長2ｍに達するものもある。体は背面は青緑色、腹面は銀白色で、頭部から尾部にかけて多くの小黒斑が散在する。時代とともに嗜好は変化するが、近年握られるようになったすしダネの代表格である。すなわち肉質が脂肪分に富み、生食するとマグロのトロのような食感があるからである。したがって「紅トロ」と呼ばれ人気がある。旬は秋である。

乾鮭や琴《こと》に斧《おの》うつひびきあり　（蕪村）
鮭鱒の孵化のさかりや寒の入　（碧梧桐）

■シロサケ　白鮭・白鮭

[学名：Oncorhynchus keta;　英名：chum salmon, keta salmon]
サケ目・サケ科・サケ属

古くは鮭の字を用い、「佐介《さけ》」と訓んだ。アキアジの別名がある。日本の沿海・カムチャッカ・アラスカ・北米西海岸に分布する。体形は紡錘形でやや長く、側扁し、体色は背部は青灰色、腹は銀白色である。

体長70～90㎝になる。産卵のため、川に戻るところを北海道、東北の沿岸で主として定置網でとる。孵化一年で海に下った稚魚が北洋で大きく成長し、三～五年で元の川に産卵のため帰ってくる(母川回帰)ところをとるのである。これらは秋に帰ってくるので「アキアジ(秋味)」ともいわれ、旬は秋～冬である。またロシア側を回帰するサケが春や夏に日本で捕獲されるものを「トキシラズ」と呼び、珍重される。サケの肉色は赤身魚とちがい、加熱しても褐色にならない。これは筋肉中にアスタキサンチンという赤色のカロチノイド色素を含むからである。シロサケは肉色が薄い紅色である。〝新巻〟をはじめ種々な料理に利用される。また〝筋子〟〝イクラ〟、氷頭(軟骨の酢漬け)は有名な加工品であり、とくにイクラはすしダネには欠かせない。

■ベニザケ(ベニマス)紅鮭(紅鱒)

[学名：Oncorhynchus nerka; 英名：sockeye salmon, red salmon]

サケ目・サケ科・サケ属

北海道・北太平洋からカムチャッカ・アラスカ～米国北西海岸に分布している。

約二年間、湖の淡水で生活し、海へ下る。湖で一生過ごすもの（陸封型）がヒメマスである。体背は青黒色で腹部は銀白色である。体長は50～70㎝になる。生殖時期（秋）に雌雄とも鮮かな紅色の婚姻色となる。上流に湖のある川をさかのぼって産卵する。肉色が鮮紅色であるのが特徴であり、旬は秋～冬である。脂肪分が多く、一般にステーキや照り焼、マリネ、鍋物、新巻き、塩ザケの焼物にされる。

■アユ　鮎・年魚・香魚

［学名：Plecoglossus altivelis;　英名：sweetfish, ayu］

サケ目・アユ科・アユ属

遺跡などから、縄文時代から食べられていたといわれている。古くは「細鱗魚・年魚」と書き、「阿由《あゆ》」「安由《あゆ》」と訓んだ。『和名抄』では「春生じ、夏長じ、秋衰え、冬死す。故に年魚と名づく」とあり、「鮎」の字も出ている。姿・味・香のよいことから川魚の王様といわれ、日本の淡水魚の代表である。

日本の河川や湖に広く分布し、河口近くで孵化した稚魚はすぐ海に下り、冬を過ごすと春再び川をのぼり、その年の秋までに成長し、産卵のため川を下り（落ちアユ）、一年の寿命を終える（このことから年魚という)。海へ下らず一生を湖で過ごす(陸封型)アユもある。親魚になっても、10〜15㎝前後である。また藻類を食べるため独自の香りから〝香魚〟とも呼ばれる。現在は飼育技術が進み、人工的に採卵、孵化されたアユが多量に出まわっている。

旬は六〜八月である。独自の香りを楽しむのであれば、塩焼きにして蓼《たで》酢をつけて食べるのが伝統的な食べ方である。アユ飯やアユずしも古くから楽しまれている。また釣りたては〝背ごし〟(刺身)にして食す。

松浦河《まつらがは》の瀬光り年魚《あゆ》釣《つ》ると立たせる妹が裳《も》の裾《すそ》ぬれぬ　(万葉集・八五五)

又《また》やたぐひ長良《ながら》の川《かは》の鮎《あゆ》なます　(芭蕉)

鮎《あゆ》くれてよらで過《す》ぎ行く夜半《よわ》の門　(蕪村)

■ニシン　鰊・鯡

[学名:Clupea pallasii;　英名:pacific herring]

ニシン目・ニシン科・ニシン属

古くは「鯡」とも書き、「加登《かど》」と訓んだ。別名カドイワシともいう。寒帯性の回遊魚で分布域は広く、北海道・サハリンから北米西岸にかけて、北極海・バレンツ海に及ぶ、また汽水湖にも来遊することがある。マイワシに似て、うろこははがしやすい円鱗で、背部は暗青色、腹部は銀白色である。体側に黒点がないのでマイワシとは識別できる。体長は35㎝になる。「春告魚《はるつげうお》」ともいわれ、旬は春である。すしダネとしては数の子だが、春の沖どりのニシンは脂がのり、非常に旨く、通の味である。そのほかマリネにしたり、開き干し、身欠きニシン、燻製にされる。

■タマゴ　玉子・鶏卵

[学名：Gallus gallus var. domesticus;　英名：hen's egg]
キジ目・キジ科（ニワトリ）

古代の食料採集時代から鳥類は食されてきたが、天武天皇の時代（675）、牛・馬・犬・猿とともに鳥は食用を禁止された。その後中世まで野禽は食べたが、鶏は家禽として食用とされなかった。『古事記』にいう「庭つ鳥 鶏《かけ》は鳴く」として時告鳥（時を告げる鳥）と称され、重宝がられてきたのである。

庭つ鳥鶏《かけ》の垂尾《たりを》の亂尾《みだれを》の長き心も思ほえぬかも　（万葉集・一四一三）

鶏卵は天武天皇四年（675）に牛・馬・犬・猿とともに食用を禁止されてきた。鶏卵を食材として使うようになったのは室町～江戸時代からである。また「たまご」は洋の東西を問わず愛好者は多いが、生玉子を食べるのは日本の独自の風習という。

鶏卵は低価でありながら、良質のタンパク質を含む完全食品で、ビタミンC以外のあらゆる成分が含まれている。大豆のタンパクには望めないアミノ酸も含まれ、動物性タンパク質に乏しい日本の土壌に鶏卵は重要な食材である。鶏卵は、卵殻、卵白、卵黄から成っている。卵殻の内側には「卵殻膜」と呼ばれる薄い皮がある。

殻の色は鶏種の遺伝によるもので栄養や味に差はないが、どちらかというと、褐色のものは白色のものにくらべて形が整っていて、殻も丈夫である。また、中の黄身の色が濃いと栄養価が高いと思われがちだが飼料の色の違いによるものである。また地玉子といわれるものがある。これはその土地で採れた卵のことをいう。農家の庭先などで飼われているもので、長距離輸送をしないで消費者に渡るため新鮮で味もよい。市場の卵は輸送による鮮度の劣化や相場によっては冷蔵貯蔵も行われているため、保存に日数がかかることがある。しかし、最近では技術の発達により冷蔵設備が行き届き、品質の安全管理がなされ、劣化を防いでいる。

すしダネとしての玉子焼は芝エビや白身のすり身が加えられたり、そのまま味付けされて焼かれ、供される。

鶏卵（白玉）

白色レグホン系の卵。重量でＳＳからＬＬまで６段階に分けられる。大きいほど日齢の進んだ鶏の卵となる。

鶏卵（赤玉）

白以外の殻の卵を有色卵といい、赤以外に鶏の種類によりピンクや青もあるが栄養面ではあまり差はない。味は白玉よりよいという人もある。

鶏卵（有精卵）

雄の鶏と交尾させた雌の卵で、条件が整えばヒナがかえる卵である。栄養面では差はないが、ふつうの卵よりコクがあると好む人が多い。

◉すし食材

■コメ　米（すし飯）

［学名：Oryza sativa;　英名：rice］
イネ科・イネ属・一年生草本

古くは稲は「伊禰《いね》」と訓み、米は穀実であり、和名を「与禰《よね》」といった。粒は米子《よねのこ》であり和名を「伊奈豆不《いなつぶ》」。糠は米皮であり和名を「沼賀《ぬか》」といっていた。また飯は「伊比《いひ》」、粥を「加由《かゆ》」といった。

家にあれば笥《け》に盛《も》る飯《いひ》を草まくら旅にしあれば椎《しひ》の葉に盛《も》る　（万葉集・一四二）

現在は、稲は学名 Oryza sativa で米はその種実であり、種子の中の胚乳のことである。昔は粳をウルシといい、稲をシネと呼び、粳米をウルシネと称した。米の語源は梵語の Vruhi（ヴルヒ）から出たらしい。日本でも粳米をウルチというが、ヴルヒから出た語と思われる。インド・中国雲南地方が米の原産地とされている。

米の種類はジャポニカ種、インディカ種、ジャバニカ種に大別される。日本の米、ジャポニカ種は「うるち米」と「もち米」に分けられ、うるち米を主食とするため、栽培品種も多く、味も品種によって決まる。小泉迂外『家庭鮓のつけかた』ではどういうすしを作るにしても、まず第一に肝要なのは米を選ぶことだと記している。現在コシヒカリやササニシキはとくに有名であり、すし米としても最高の優良種とされている。握りずしのすし飯は柔らかくてはだめでさらに粘ってしまっては最悪である。そのため、これらの両者は一般的に硬めでべとつかず良質のすし飯として評価されてきた。しかし単にコシヒカリとかササニシキとか品種だけで選ぶのは危険である。同じ品種でも土質がちがえばまったく異なる質になるからである。

またすし屋では一般に新米は使わない。早くても翌年の春頃からといわれている。新米は水分が多く、どうしてもやわらかめで粘ってしまうため、古米のほうがすし酢をよく吸収するという。すし飯の作り方の手順としては、①熱々の炊き立てのすし飯を飯切りにとる。②酢を合わせて、しゃもじで手早く切る。③すし飯を斜めに切るようにして酢を合わせる。④団扇で手早く人肌より少し熱めに冷ます。⑤御櫃《おひつ》かジャーに取る。

この手順ですしを握るとほどよい人肌の温度になる。

新米もまだ草の実の匂ひ哉《かな》　（蕪村）

新米の膳に居《すわ》るや先祖並《なみ》　（一茶）

◆シャリ（舎利）

舎利はもともとは梵語で、釈迦の火葬の霊骨を意味し、火葬すると白く細かい米粒状になることからすし用語になり、すし飯をこう呼ぶようになった。釈迦の骨片は仏教国に分与され、日本にも舎利堂がある。この骨粒がちょうど米粒によく似ているので、すし屋で米粒または飯のことを「しゃり」というようになったという。

ノリ　海苔　紫菜

[学名：Porphyra spp;　英名：laver, nori]

ウシケノリ科・アマノリ属

『出雲国風土記』（713頃）や『延喜式』には「紫菜」「神仙菜」「甘海苔」などの文字で記されている。『万葉集』の中でも、「紫菜」の字を用い、「無良佐木乃利《むらさきのり》」といっている。一般的には、アサクサノリ（浅草海苔）とも呼ばれるが、これは商品名ではなく海苔の種名を指したものである。品川の海でとれたものを、浅草で仕上げ、製したことからこう呼ばれた。いわゆる干し海苔（乾海苔）である。

四面を海で囲まれているわが国では、神代の昔から、海藻類は日本人の食生活に欠かせない食品であり、産物であった。大宝律令（大宝元年・701）の中の「調（みつぎ）」といわれる年貢の項に海苔の呼び名として「紫菜」の記録がある。海苔を、人工的に木の枝や竹の枝を立てて養殖するようになったのは、江戸時代に入ってからである。同じくその頃に、採取した海苔を紙状に抄く技術が開発されて、海苔の商品化が急速に発展した。明治に入って、海苔は広く普及するようになり、庶民の食卓に伝統の味として現在に至っている。現在原料のノリは天然ものはごくわずかで、ほとんどが養殖である。またアサクサノリは美味だが弱い種で病気にかかりやすく、品質保持が大変である。このため近縁のスサビノリが香りもよく作られている。

干し海苔を作るには摘みとったノリを洗浄後細断し、ワクを張った簀の子に流し込み、天日干し、または人工的に熱風乾燥させる。天日干しにしたものは、香り、甘味、うま味を失うことなく貴重なものであるが、ノリ生産の変遷のなかにあって現在ではむずかしい。現在ノリの機械化が進み、製品の規格化が行われている。海苔評価の基準は色・艶・香り・味・噛みきりの具合などで総合的に判断されている。晩秋から初冬にかけての海苔は品質がよく「カラスの濡れ羽色」という形容がぴったりの黒い光沢を放っている。佐賀県有明産や東京湾産・伊勢湾産が有名である。江戸前の巻ずしは、海苔を焼いて香りを立たせてから使う。海苔の香りを重視する職人は客の注文を受けてから海苔を焼くものである（本章「海苔の歴史」の項参照）。

海苔掬《すく》う水の一重や宵の雨　（蕪村）

■コンブ　昆布

［学名：Laminaria；　英名：sea weed, sea vegetable］
褐藻類・コンブ科・コンブ属

中国の『爾雅』（紀元前五〜三世紀）には「綸布《くわんぶ》」とあり、アイヌ語で「コムプ」という。わが国の古名は「夷布《えびすめ》」（エビスがもたらした）、「広布《ひろめ》」（葉体が海藻類で最も広い）といわれ、「比呂女《ひろめ》」と訓《よ》み、『平城京木簡』では「広米《ひろめ》」と書かれている。「昆布《こんぶ》」は奈良時代から使われており、平安朝中期以降は昆布に統一されている。北海道を中心に三陸沿岸までの寒流水域に十数種類が生育している。コンブがとれない大阪や京都に、いろいろなコンブの利用法が発展したのは、江戸期に、日本海輸送路が北前船によって開かれ、大量のコンブが函館や日高地方から、若狭の港を経て運ばれたからである。コンブでだし汁をとる調理方法は、関西地方で考案され、精進料理をはじめ各種の料理に用いられ、広まっていった。コンブは食物繊維が豊富で、ビタミンやミネラルも多く含み、血管強化、新陳代謝に関係して成人病予防にとくによいとされている。

①マコンブ（松前コンブ）［学名：Laminaria japonica］
函館を中心とした渡島半島でとれる。質がやわらかく、幅も広く糖分が多く特有の甘味がある。出し汁・煮物・加工用に最高級品とされている。

②**利尻コンブ（クロコンブ）**［学名：Laminaria ochotensis］

利尻・礼文一帯でとれる。マコンブではあるが松前コンブよりやや小型で幅も狭い。だし汁コンブとして全国的に広く普及している。すなわち、ほどよい甘味と適度の塩味がある。

③三石コンブ（日高コンブ）［学名：Laminaria angustata］

日高地方でとれる。細工コンブからおでんの具まで用途が広く、だし汁よりも煮物や昆布巻などに向くという。

■ワサビ　山葵

［学名：Eutrema wasabi;　英名：wasabi, Japanese horseradish］

アブラナ科・ワサビ属・多年生草本（水生）

古くは「山薑」と書き、「和佐比《わさび》」と訓んでいる。「山葵」は葵に葉が似ているからである。『播磨国風土記』（710頃）に「山薑《わさび》」が記されている。また『和名抄』（931〜937）に山葵と書いていることから食用にしていたことはわかる。しかしこれらの命名から根よりも葉や茎を主に食用にしていたとも考えられる。日本原産の数少ない野菜の一つであり、自生品から一六世紀頃栽培されるようになったといわれ、日本原産のアブラナ科の多年生植物である。アブラナ科は四つの花びらが、ちょうど十字状についた花をもつことからジュウジカ（十字花）科ともいう。ワサビは地下茎を食用としている。

江戸中期の安永年間（1772～80）に初めて伊豆天城の山中で栽培されたのが、今日の静岡ワサビである。したがって伊豆（静岡）ものを「本場の品」、それ以外を「場違《ばちが》い」といっていた。ワサビの栽培は、平地式と渓流式があり、生育の条件がなかなかむずかしい。その条件には①直射日光を避ける。②清澄な水で、定量の水流を確保し、水温は年間を通じて12～13度Cに保つ、などがある。静岡・長野・奈良・山口・島根では、これらの生育条件に適合させるために、多くの努力が費やされている。三月から四月末に白い花が次々に咲くと、良質の地下茎を育てるために摘みとられる。一年中出荷される。伊豆の天城ワサビ・長野の穂高ワサビ・島根の三瓶ワサビが有名である。ワサビは大別すると「真妻（まずま・赤茎）」と「実生（みしょう・青茎）」に分類できるが、最近ではバイオ技術により改良された真妻も出てきた。

①**真妻（赤茎）**

茎は濃い緑色をし、葉の付け根の部分は赤っぽいえんじ色である。成長は実生に比べ遅い。身質は硬い。表面のぶつぶつは小さく、びっしりとラセン状に並んでいる。辛みの中に、ほんのりと甘みと爽やかな香りがある。ワサビの中の最高品種である。

②**実生（青茎）**

茎は青白い。真妻に比べ成長が早い。表面のぶつぶつが大きく、間隔も広い。身質がやわらかく、辛みは強いが、甘みと香りは真妻より落ちる。

③バイオによる真妻

真妻種の採算性の向上を目的としたバイオによる栽培法の開発から生まれたものである。バイオでの苗は病原菌にまったく汚染されていないため成長も早い。近年、この栽培による製品は多くなってきている。品質の評価はまちまちである。

ワサビは、初秋より身質が締まり、旨みが増してくる。旬は晩秋から冬にかけてで、辛み、甘み、香りともに強くなり、粘りも出て最盛期となる。ワサビの正しいおろし方は、茎の方から輪を描くように擂りおろしていくとよいという。昔からワサビは「の」の字に、ゆっくりおろせ、といわれている。おろした後、庖丁の背で軽く叩くと、粘りが出て風味が増す。江戸期以降に、すし・刺身が普及した大きな理由の一つに、魚介類のうま味を引き出したワサビの存在があった。

ワサビの辛味は、揮発性が高く時間がたつと失われ、加熱するとさらに失われる。ワサビの存在があってこそのすしや刺身であり、日本人の食習慣になくてはならないものである。またワサビには殺菌効果や菌の増殖抑制効果があり、ビタミンCが豊富で、食欲増進・消化吸収を促進させるなど、健康食としての役割も担っている。さらに、生臭さを消したり、食材のもつ味を引き立てるための、薬味として多彩な料理に工夫され、使われている。ここで注意したいことは、ワサビを使う時は醤油と混ぜないことである。ワサビは醤油に溶くと、香りも、甘み、辛みも消えてしまう。したがって刺身を食べる時は、身の片側にワサビを少しのせ、醤油をつけて食べる。この点、すしダネの内側にワサビをしのばせた握りずしは、この理にかなっているともいえる。

一方、大正（1912〜26）の頃から、ワサビダイコン（ホースラディッシュ）を使った粉ワサビが登場した。辛みはあるが風味も異なり、安価ではあるがまろやかさに欠ける。しかし、その便利さから急激に普及し、握りずしの辛みはこれが主流を占めるくらいである。辛みの中にある甘み・風味では、本ワサビにかなうものではないという感がある。

■ショウガ　生姜　生薑

［学名：Zingiber officinale;　英名：ginger］
ショウガ科・ショウガ属・多年生草本

古名を薑と書き、「波士加美《はじかみ》」と訓んだ。インドシナ原産ショウガ科の多年草である。世界各国で香辛料として栽培されている。太った塊茎を利用する大ショウガ（根ショウガ、近江ショウガ）、軟化栽培して若どりする葉ショウガ、これよりさらに若い筆ショウガ（矢ショウガ）などがある。大ショウガを夏に早掘りした肌の白い新ショウガは甘みが少なくやわらかい。日本では古くから渡来し平安時代の末期ぐらいから食用されている。最初は薬用として利用されていたといわれる。

ショウガには強い殺菌力があり、食中毒の予防にもなる。また、健胃や、おろし汁にして風邪の薬としても用いられる。すしにおいてショウガは、梅酢に漬けた薄紅色をしたものを薄切りにして使う（いわゆるガリ）。これは、香りがよく口に含むと魚の香りを消す作用がある。いろいろな種類のタネを味わうすしでは前に食べた魚や貝の味や臭みを消すには欠かせない役目をする。

朝川の薑を洗ふ匂かな　（子規）

■カンピョウ（ユウガオ）　干瓢（夕顔）

[学名：Lagenaria siceraria;　英名：kanpyo, dried gourd shavings]
ウリ科・ユウガオ属・一年生草本（蔓性）

乾瓢と書き、俗に干瓢と書く。カンピョウの原料となるユウガオ（ウリの変種）はウリ科の植物で原産は熱帯アフリカである。カンピョウはユウガオの果実（肉）をひも状にむき、乾燥させたものである。源氏物語の登場人物に夕顔がおり、ユウガオは日本でも古くから栽培されている。ユウガオの花は夕方から咲き始めるので、アサガオにたいして名づけられた。花はアサガオとは異なる。直径は6㎝にもなり、大きな花冠は白色で、花は咲くとき芳香を放つので、観賞用のために栽培されてきた。

ユウガオには丸ユウガオと長ユウガオがあり、さまざまな調理法や用途がある。とくに果実のかたちの変異は実にさまざまな形がある。フクベは丸ユウガオともいい、巨大な果実になり、この果実から作られるのがカンピョウである。一方、小さな果実の方は瓢箪《ひょうたん》と呼ばれ、昔から軽くて便利な容器として珍重されてきた。熟したフクベの果肉を早朝に長細く紐状に剥《む》いて日干しにして、一日で乾燥させる。こうして作られたのがカンピョウ（干瓢）である。現在栃木県が全国でも有数の産地である。

夕顔《ゆうがほ》に干瓢《かんぺう》むいて遊《あそ》びけり　（芭蕉）

塩　［英名：salt］

古くは記紀神話にも登場し、和名を「阿和之保《あわしほ》」といっている。白塩と書いているが黒塩とも書き、黒塩は「堅塩《かたしお》」といっている。塩は生命維持のため必須の食材であり、代替物がない。日本列島原住の日本人は海水から塩をとることを発見した。神社に塩釜という名があったり、国文学に藻塩草《もしおぐさ》とか藻塩焼く煙ということが出てきたり、舞踊に塩汲《しおくみ》の舞があったりすることによって日本の製塩法がわかる。あらゆる味は塩加減で決まるといってもよい。すしはタネそのものの旨みが命。塩は素材の持ち味を引き立てる重要な役割をになっている。「塩梅《あんばい》がいい悪い」といった時の塩梅《あんばい》とは塩加減のことであり、塩加減は味つけの基本である。つまり、日本人の味覚文化の基本は塩であるといえる。魚介類や野菜・果物を洗う時はもちろんのこと、貝の砂出しやぬめりをとったり、色を出したり、変色を防いだりと塩の多くの使い方がある。

また、塩は醤油や味噌などほかの調味料の生みの親であり、すし文化・漬もの文化の育ての親である。塩なしには日本の味覚文化は考えられない。すし文化では発酵ずしの時代からすしの味を左右する最大の調味料であった。とくに馴れずしでは塩だけが唯一の調味料であり、同時に腐敗防止剤でもあった。塩分が少ないと腐りやすく、発酵が進み過ぎて酸っぱくなってしまい、逆に塩分が多いと発酵が緩やかではあるが、発酵が抑えられ、食べ頃までの期間が長くなり、本来の味が充分出せなかった。

一方、日本では塩は昔から神聖視され、清めの儀式には今でも塩が使われている。わが国は岩塩がないため、弥生時代以降、海水から塩を採る方法として、次の四つの方法が行われてきた。

1　**直煮《じかに》時代**（海水を直接火力で煮つめて塩を作った時代）

2　**藻塩焼き時代**（海藻類を、焼き、灰を海水で固め灰塩にしたり、または、煮つめた時代）

3　**揚浜時代**（自然浜から、海水を高台の揚浜に汲み上げ、砂のなかの水分を蒸発させて濃縮海水を得て煮つめる初期の塩田時代）

4　入浜時代（堤防と樋門の築造技術により、塩田を遠浅海浜に突き出して入浜を造り、潮の干満を利用して大規模化と技術的合理化を進めた時代）

これらの四つの段階は、系列的に必ずしも一貫した発展をみたわけではないが、わが国の古来からの伝統的製塩法である。江戸後期の『守貞謾稿』には、

今世、諸国ノ海濱製レ之ト雖ドモ、播ノ赤穂ヲ上品トス。又、江戸ニ漕ス物ハ、阿州多シ。斎田塩ト云。阿ノ斎田専ラ作之也。

と書かれている。

１９９７年塩専売法が廃止となり、日本における塩の製造販売が自由になった。そして従来の〝専売塩〟は「センター塩」と名称が変わった。塩の製造が自由化になったことを受けて好みの味や種々なブランドが出まわるようになり、センター塩の他〝特殊製法塩〟や岩塩を加工したものもある。しかし「塩事業法」により、塩化ナトリウムの含有量が40％以上のものが塩と定義され、製造販売には財務省理財局への届け出が定められている。塩は自然海塩と岩塩があり、世界の六割は岩塩であるが、日本の塩はすべて海の塩（自然海塩）である。人工熱による乾燥と天日塩がある。

①センター塩

●食塩

いろいろな料理の調味料として使用されている塩である。海水をイオン交換膜法で濃縮して作る。

●クッキングソルト

㈶塩事業センターの塩である。原塩（外国から輸入した天日製塩）を溶かして再加工したもので料理の味つけに最適である。

●つけもの塩

漬物や魚の塩焼が美味しく仕上がるように、リンゴ酸やクエン酸が加えられている。

●精製塩

原塩を溶解し再精製したものである。食塩やクッキングソルトより粒が細かく、水分が少ないため、さらさらした塩である。

②特殊製法塩

昔ながらの製法で海水を使って作り、天日塩ともいわれている。ミネラル分が豊富で、風味とコクがある。

③加工塩

●アジシオ

㈶塩事業センターの塩に、うまみの調味料（グルタミン酸ナトリウム）をプラスしたものである。

●クリスタルソルト

日本の海水を再結晶させ、結晶を大きくさせて外国の岩塩風に作ったものである。

●伯方の塩

輸入天日海塩を地下水で溶かし加熱して再結晶させたものである。にがりを含ませ、風味を出している。

④香味調味料塩

●香味調味料・ごま塩

イオン交換膜法で作られた塩にゴマと昆布を加え、さらにカルシウムを添加したものである。

●香味調味料・ハーブソルト

輸入岩塩を砕き、ガーリックなどの粉末と混ぜ合わせたものである。

⑤輸入塩・ライトソルト

岩塩が原料で、50％近く塩化カリウムを添加したものである。塩からさはそのままにして、塩分は控えめの健康塩である。

砂糖（蔗糖）［英名：sugar］

インドが原産地で、梵語サンスクリット（古代インドの言語）ではsakrkara（砂）を、中国語では「蔗」と音訳し、甘い意で糖を添えて蔗糖《しょとう》とした。英名のsugarもsakrkaraに由来しているという。砂糖は形状を示したもので、インドから十字軍によってヨーロッパに送られた砂糖は「印度の塩」「白い塩」と呼ばれたという。

蔗糖の初見は『正倉院文書』―天平勝宝八年（756）の東大寺献薬帳（寧樂遺文）に「奉　盧舎那仏種々薬蔗糖二斤十二両三分并碗」と記されているという。当時、砂糖は薬として献上されていたことがわかる。日本における砂糖の歴史は、一七世紀にはじまり、一八世紀には享保一三年（1728）将軍吉宗が長崎奉行三周防守に製法の抄録を献上させている。明和五年（1768）には、深川に製糖所を設けて白糖の製法を諸国に伝えている。当時の舶来糖は、中国・南方諸島から輸入されて、長崎奉行の元で諸藩に分配されている。そして、白糖は高級な和菓子、黒糖は駄菓子の原料として配給されていたという。ここから徴収された税金が藩の財政を築いたのである。

現在では多くを輸入に頼っているが、上等な和菓子の材料として欠かせない「和三盆糖」は、当時の技術を伝承し、今でも香川と徳島の特産として残っている。

原料によって分類すると、

①**サトウキビ**

イネ科の宿根性植物でインドまたはニューギニア原産である。一三世紀にはアラビア人によって東は中国、西はペルシャに伝わり、サトウキビの栽培がさかんになり、コロンブスの新大陸発見後は、西インド諸島、南米に持ち込まれ、プランテーションにより大量に生産されるようになった。

②**テンサイ**

アカザ科に属する。地中海沿岸から中央アジアが原産である。一八世紀なか頃に飼料用のビートから砂糖を分離生産することに成功し、温帯から亜熱帯の国々で栽培されるようになった。

③**サトウカエデ**

カエデ科の幹から流出する樹液からメープルシロップや砂糖を作る。独特の風味があり、菓子づくりに利用される。

④**サトウヤシ**

マレー半島が原産である。熱帯のヤシ類の花軸から作られる。種類も8種ほどある。

◆お茶の歴史

『和名抄』（931〜937）には、「茶」と「茗」と区別しているが、現在は「茶」だけを用いる。ツバキ科の常緑低木で、中国南西部雲南地方の温・熱帯を原産とする。その起源は、古い中国の伝説にある。太古、神農が百の草をなめて七〇の毒に遭った時、お茶を飲んで解毒したという。この話は中国の食経のなかに出ており、以来、お茶は解毒のための飲料として用いられた。唐の時代（618〜907）になると、陸羽という人が『茶経』という本を書いて、お茶の効用を宣伝し、喫茶の習慣を広めることになった。

『茶経』には、觕《そ》茶（番茶）・散茶（煎茶）・末茶（粉末茶）・団茶（固形茶）といった茶の種類がみえる。のち、この書は、日本の茶道の宝典となり、陸羽は茶祖として敬われるようになった。本格的に栽培されるようになるのは禅宗の僧栄西が中国から種を持ち帰った鎌倉時代の初めである。栄西は『喫茶養生記』に茶の栽培法、飲用法、薬効を記して、喫茶を大いに勧めた。栄西は、お茶は不老長寿の秘薬であるとして、「茶は養生の仙薬、延命の妙術なり」と記している。

鎌倉幕府の記録の『吾妻鏡』によると、三代将軍の源実朝が二日酔いで頭痛に苦しんでいた。栄西がお茶をすすめたところ、将軍の頭痛がすぐに治り、気分もよくなって、大変よろこばれたことが記されているという。

室町時代になるとお茶を飲む風習が広がり、それに伴ってお茶を飲む時の礼儀作法ができて、さらに禅の奥義が加わって茶道ができてきた。日本茶道の開祖といわれるのは、村田珠光という僧で、東山の銀閣寺を代表とする格式の高いわびの茶道を起こした。そののち茶道を大成させたのは、千利休である。茶道の心得を説いた『和敬清寂』は後世まで茶の湯の基礎となった。煎茶の歴史は浅く、一七世紀のなか頃、江戸時代、宇治の黄檗山万福寺の祖・隠元が来朝して、煎茶の法を伝えたことからはじまるといわれている。また、手もみの緑茶が宇治で誕生し、天保期（1830〜1843）には「玉露」の製法が発明され、こうしてお茶を飲む風習が、ますます一般の人にまで広まっていった。ちなみに英語のteaも、茶がシルクロードを通ってヨーロッパに伝わったもので、福建省あたりの音teが変化したものという。一般的には四月頃若葉を採取し蒸し、これを冷却し、さらに焙《い》って製する。採取の時期の早いか遅いかによって一番茶・二番茶・三番茶の別がある。

すし店では茶葉でなく、粉茶を用いる。粉茶は煎茶、玉露などの「本茶」と呼ばれる商品を作るときに、切れ端となって取り除かれた緑茶である。これは低価格であり、香りも少なく、すしダネの香りや旨味を邪魔しない。煎茶のよいものや玉露になると、テアニンという甘味のある成分が味覚をマヒさせ、すしの味をまずく感じさせてしまう。だから、粉茶のようなタンニンの渋味だけのほうがよいのである。本来すし店でのお茶の目的はすしを食べた時に口の中に残る魚の味をお茶で洗って、次のすしをまた、あらたに味わわせるという目的をもっている。

またすし屋では最初に出す茶は「出花」といい、終わりに出す茶を「上がり」という。したがって、「あがり」にはお茶の意味と終わりだよという二つの意味がある。

方丈に今届きたる新茶かな　（虚子）

◆旬（しゅん）の知識

「旬のもの」とは魚介類や野菜・果物など、季節の出盛りで最も味のよい食べ頃の時期をいう。旬は「一〇日」を意味する言葉で、もともと古代では朝廷で行われた年中行事の一つで、一〇日ごとの初日すなわち一日・一一日・二一日（上旬・中旬・下旬）と、月の後半の初め一六日に天皇が紫宸殿に出御、臣下に祝宴を賜い、政を聞く儀式を旬と呼び、旬政・旬儀・旬宴とも呼ばれた。平安中期以後になると四月と一〇月の一日だけとなって、四月を孟夏の旬、一〇月を孟冬の旬と称して、合わせて「二孟の旬」といった。孟夏の旬は白扇、孟冬には氷魚《ひお》を賜わるのが例で、そこから、最盛の時季のものをあらわすようになり、食べ物の最も旨い季節、出盛りの季節の意味に使われるようになったといわれている。

旬を尊ぶ心は、日本人独特の心情といってよいであろう。奈良から室町時代にかけての人々は、春が近づくと、野山に出て山菜を摘み、旬の味と春を楽しむ野見を楽しんだという。江戸時代に入ると、野見は花見に姿を変えて、旬を味わう心は少しずつ忘れられ、花より団子となって現代に引き継がれた。季節を感じ自然と共存しながら、太陽の光・雨・風に吹かれてたっぷり栄養を含んだ旬の食べ物を味わうという生活は、われわれに心豊かな生活を約束してくれることだろう。

すしダネの鮮度の見分け方

日本人ほど魚介類を好んで生で食べる民族はいない。そして日本料理の代表といえば刺身である。日本は北海道から九州まで南北に細長い地形で、しかも四方が海に囲まれている。新鮮な生の魚介類がいつでも取れるこの恵まれた漁場環境が、日本民族発祥の頃から現代に至るまで魚の生食文化を発展させていった。すしと刺身の嫌いな日本人がほとんどいないのは、このような豊富な漁場環境の賜物であろう。美味しいすしはシャリとタネから生まれる。したがってそのどちらかが満足のいかないものであれば、美味しいすしはできない。とくに握りずしではタネの良さ（鮮度）が大変重要となってくる。「あの店はタネがいいから」という言葉は鮮度のよさを意味しているといってもよい。このような店に対する信用の言葉ほどありがたいものもない。

魚の鮮度とは

魚の鮮度は、漁獲後から船に上げられ、消費者に渡されるまでの作業時間で決まってくる。魚は漁獲され、呼吸停止になるとやがて身はピンと硬くなってくる。魚の大小や、外気の温度によるが、通常30分くらいから三時間前後で硬くなる。これを〝死後硬直〟という。この死後硬直の後、やがてもう一度筋肉が軟らかくなって、〝解硬〟へ進む。そして、解硬から〝軟化〟の過程で自己消化されることによって、〝腐敗〟へと続く。したがって、鮮度のいい魚というのは、この死後硬直から解硬初期までの「締まった」状態までのことをいう。では、鮮度と密接な関係にある死後硬直からふれてみよう。

死後硬直

魚は呼吸停止によって、魚体組織内の酸素が減少すると、グリコーゲンの分解の過程で変化が起こり、最終的に乳酸を生ずるようになる。死後硬直は筋肉中に含まれているアデノシン―3―リン酸（ＡＴＰ）の変化によって起こる。このＡＴＰはタンパク質のミオシンと結びついている。死後、乳酸が生成され、筋肉中の酸化が増してくると、ミオシンに含まれている酵素が作用しはじめ、ＡＴＰがアデノシン―2―リン酸（ＡＤＰ）へと変化していく。他方では、ミオシンが筋肉中のタンパク質のアクチンという物質と結合し、アクトミオシンという物質に変化をする。このアクトミオシンの作用により、筋肉に収縮（硬直）が起こる。生きている時は、ＡＤＰはリン酸と結合して再びＡＴＰとなり、ミオシンと結合し回復するが、死後ではＡＴＰがどんどん減少し、このアクトミオシンが作られつづけるので、死後硬直が進むのである。鮮度の度合いを示す「Ｋ値」（３１４ページ参照）はこのＡＴＰの程度を表わす。

死後硬直の始まる時期と、その時間の幅は、魚種、魚体の大きさ、漁獲方法（魚の疲労の程度）、致死条件、野じめ・活けじめなど、いろいろな要因によって異なる。しかし、貯蔵温度を低温に下げて保存すると、死後硬直のはじまりを遅らせ、さらに硬直時間を長くすることができるなど工夫もされている。

解硬

死後硬直状態が続いた後、筋肉がもとの状態に戻り、再び軟らかくなることを解硬という。これは魚介類自身がもともと持っている自己消化酵素によってタンパク質やATPなどを分解する現象である。やがて分解生成物を栄養とする微生物が増殖しつづけ、腐敗へと向かうのである。腐敗が進むと腐敗成分であるアミン類やアンモニアができ、臭みが出てくる。サバやイワシ等の青魚が早くいたみやすいのは、死後硬直が早くはじまり、早く終るからである。また酵素の働きも強く、自己消化の速度が早いのも基因である。しかし自己消化による軟化の時期は、イノシン酸という旨み成分が増し、魚の旨味を増すこともある。

つまり、マグロなどの大型魚は、漁獲直後より二〜三日たったものの方が旨いというのは、イノシン酸がピークに達した時期が旨いということを意味している。大型魚、小型魚にかかわらず、消化酵素を含む内臓を手早く取って下処理をしたり、貯蔵温度を低温にするのは、微生物の増殖を抑え、死後硬直の時間を長くさせ、自己消化を遅らせ、鮮度を保つためである。

外見による鮮度の見分け方

私たちが魚を美味しいと感じる時は、鮮度のよい魚を口にした時である。その鮮度のよい魚を市場で選ぶには、人間の経験による五感によるしかない。つまり、魚の状態から内部の状態を判断し、鮮度を見きわめる〝目利き〟をするのである。外観とは、目、うろこの状態、色艶、魚体の張りなどの総合的な魚の表情である。

魚の鮮度の見分け方

①魚体の硬さと弾力

魚体が張って硬直しているものは新鮮である。魚の変化は硬直から、軟化へと進んでいくが、この軟化の程度を知るには、魚体の頭部から半分を水平に手で持った時の魚の垂れ下がる度合いや、指で押した時の体の弾力の張りなどからわかる。魚を獲った直後で死後硬直のはじまる前のものは軟らかいが、新鮮である。

②皮膚の光沢と色彩

それぞれの魚の持つ本来の色彩が鮮やかで、みずみずしい光沢があるのは新鮮である。鮮度が落ちてくると本来の魚の色が変色したり、脱色してくすんでくる。背が青いものは鮮度が落ちると、灰白色をおび、赤色魚では色がうすくなっていく。イカの場合は、生きている時は透き通るような透明感があるが、死後は白くなる。またうろこがはげやすくなっていたり、皮膚に張りがなくなり、粘性があるものは、鮮度が落ちていると判断をする。

③眼のはり

眼は最もいい目安となる。新鮮な魚は、眼に血液の浸出や混濁がなく、透き通っていて、外部に張り出した弾力感があるが、鮮度が落ちてくると、眼が混濁して、血で赤色になり落ち込んでくる。

④エラの鮮紅色

鮮度の落ちが最も早く現われる場所がエラである。鮮度のよいものはきれいな血液の鮮紅色であるが、鮮度が落ちると黒っぽい暗緑色となる。粘性、悪臭にも注意をする。

⑤腹の弾力性（内臓の締まり）

内臓は自己消化しやすいので、傷みやすい。腹の部分を指で押してみて、硬さがあるものは内臓も傷んでいない。

⑥魚肉の透明感

新鮮な魚肉は毛細管がはっきりしているが、鮮度が落ちると不明瞭となる。硬直期か、それ以前の新鮮な時期の魚を切り身にすると、皮の部分が弓状に収縮して、肉が張り出したようになっている。また新鮮な魚の肉は骨に密着していて、除きにくい。またパック詰めの切り身の場合、トレイに血が流れ出ているものは鮮度が落ちている。

⑦臭気

新鮮な魚でも、磯の臭いは多少残っているが、鮮度が落ちてくると、生臭さが出て、最後には腐敗臭が出るようになる。海水魚の生臭さは主として、魚の味の一成分であるトリメチルアミンオキサイドが、魚の死後、細菌の作用によって生成されたトリメチルアミンという物質によるとされている。

貝類の鮮度の見分け方

貝類は腐敗しやすいので、必ず生きているものを使用することが原則である。したがってむき身になっているものでは鮮度にとくに注意が必要である。

以下に一般的な鮮度の見分け方を記しておく。

①口があきっ放しのものは死んでいる。（口が開いていても、生きているものは叩くと、すぐ口を閉じるのでわかる）

②よい音がするものは一般に新鮮である。（死んでいるものや身がやせているものは音がにぶい）

③反応の早いものは新鮮である。（生きているものは、手をふれると殼を閉じる）

鮮度測定とK値

魚のうま味の最も重要な要素は鮮度である。魚の鮮度が落ちると、急速に自己消化によって生成されたアミノ酸はアンモニアへ、トリメチルアミンオキサイドはトリメチルアミンへと変化し、異臭を発する。またこれらの窒素成分の増加は、筋肉中のｐＨを高くしてしまう。つまり、魚は死後、筋肉中のグリコーゲンが分解して乳酸を生成する。鮮度のよい時は弱酸性であるが、鮮度が落ちるとアンモニアやトリメチルアミンなどの窒素成分が増え、ややアルカリ性になる。これらの変化はアンモニアやトリメチルアミンの異臭が強いので、ｐＨを求めなくとも、においで鮮度低下がわかる。

そこでもっと早い時期の鮮度の判定として、感覚ではなく、客観的、かつ定量的な判定法として考え出されたのが組織を取ってＫ値を測る方法である。Ｋ値以外にも判定法はあったが、多くはかなり鮮度が低下してからでないと判定しにくいなどの問題があった。そのため現在ではＫ値が一般的に用いられている。最近では魚を傷つけず、酵素を利用し、色で鮮度を判断する〝バイオ・サーモメーター〟も開発されている。

Ｋ値は魚の筋肉中のアデノシン―３―リン酸（ＡＴＰ）が死後分解して、時間とともにアデノシン―２―リン酸（ＡＤＰ）、アデノシン―１―リン酸（アデニル酸＝ＡＭＰ）を経てイノシン酸（ＩＭＰ）になり、さらにイノシン（ＨｘＲ）、ヒポキサンチン（Ｈｘ）へと分解される過程で、これら分解物の発生の程度を鮮度の判定に利用したものである。したがって「ＡＴＰ」から「Ｈｘ」までのすべての核酸関連物質の中で

「HxR」と「Hx」の占める割合（%）を示したものである。

K値（%）＝（HxR＋Hx/ATP＋ADP＋AMP＋IMP＋HxR＋Hx）×100

「IMP」（イノシン酸）の分解が進むと「HxR」（イノシン）と「Hx」（ヒポキサンチン）が生成されることから、これらが多くなると、K値が高くなり、鮮度が悪くなるということになる。

一般にK値が20%以下なら刺身用だが、20%〜60%の間は調理加工用、そして60%以上だと腐っているとされている。しかし、K値はあくまでも一つの判定の指標であり、魚種や魚肉の部位によっても大きく異なるなど、まったく問題点がないとはいいきれない。したがってK値の指標の意味と限界を知り、参考程度にとどめ、総合的な判断が必要である。うま味は鮮度が最も大切ではあるが、鮮度だけでなく総合的なものである。鮮度は魚の大きさ・種類・漁獲法・保存方法にも大きく左右される。これらのことを充分熟知したプロの技が美味しさを演出してくれるということになる。

うま味とは

うま味とは、私たちが口にしている甘味、酸味、塩味、苦味とともに五つの基本味の一つである。刺身をひとひら取って口に入れて噛むだけで、旨いと感じさせる魚の物質は何であるのか。それはグルタミン酸

（ＧＩｕ）とイノシン酸（ＩＭＰ）という物質である。グルタミン酸（ＧＩｕ）は昆布の中から発見された物質であり、イノシン酸（ＩＭＰ）は鰹節から抽出された物質である。しかし魚肉にはグルタミン酸（ＧＩｕ）は単独でうま味を感じさせない。そこにイノシン酸（ＩＭＰ）が加わると、相乗的に一層うま味が増強される。旨い刺身は、このイノシン酸（ＩＭＰ）を充分持っていることが大切である。イノシン酸（ＩＭＰ）は通常、魚が生きている時は少なく、死んでしばらくすると増えてくる。前項でも述べたように、魚が死ぬと筋肉中のアデノシン―3―リン酸（ＡＴＰ）が急速に減少し、アデノシン―2―リン酸（ＡＤＰ）、アデノシン―1―リン酸（アデニル酸＝ＡＭＰ）を経てイノシン酸（ＩＭＰ）へと分解される。イノシン酸（ＩＭＰ）はさらにイノシン（ＨｘＲ）、ヒポキサンチン（Ｈｘ）へと分解される。「ＡＴＰ」から「ＩＭＰ」までの反応は急速に進むのに対し、「ＩＭＰ」から「ＨｘＲ」へはゆっくりと進むという。この「ＩＭＰ」の量が増加する間に私たちは、旨い刺身を賞味できるということである。

「ＡＴＰ」からはじまるこれら核酸関連物質の分解の速度は、魚の種類だけでなく魚肉の部位、漁獲法、貯蔵温度などの条件にも影響される。旨い刺身はイノシン酸（ＩＭＰ）が充分に生成・蓄積した頃である。たとえば、マアジで六〜八時間、タイで一〇〜一二時間、ヒラメでは一六〜一八時間ほど経過した頃がイノシン酸（ＩＭＰ）が最大値に達するといわれ、料理人が経験から判断した食べ頃とほぼ一致しているという。プロは活けじめした魚をおろした後、和紙や布にくるんで冷蔵庫で寝かせ、あえてしばらくしてから刺身にするのは、死後直後はうまみ成分のイノシン酸（ＩＭＰ）はほとんど生成していないからである。

しかしイノシン酸（ＩＭＰ）が充分生成しても、それだけがうま味の指標とはいえない。死後直後のコリコリした歯ごたえなどの食感や、光沢、色調などの見た目の美しさもうま味の大事な要素となる。したがって多量のイノシン酸（ＩＭＰ）が生成しながら、他のうま味の要素も加わって、最高の食べ頃という醍醐味を満足することになる。

人々はまず目（視覚）で、魚の色や透明度・光沢などをとらえ、美味しさや旨さを感じている。そして魚身の硬さや歯ごたえを触覚としてとらえ、舌の味覚を通して脳に伝え、うま味を総合的に判断しているのである。しかし魚のうま味の第一歩は新鮮であることに変わりない。

◆マグロの鮮度の見分け方

鮮度の決め手は艶のある鮮やかな赤い色である。赤みの香りととろける脂は刺身の王様ともいえる。マグロの肉は色が変わりやすく、鮮度が落ちると鮮やかな赤みが薄青色から灰白色へと変色する。筋肉中のオキシミオグロビンという赤色の色素が酸素と結合することにより酸化され、しだいにメトミオグロビンという黒い赤色に変化するからである。この変化は低い温度では遅く、高い温度では早いが、凍結をしてしまうと逆に変化が大きくなる。冷凍ものは、死後硬直前に冷凍してしまっているので、解凍中に死後硬直と熟成が起こるからである。したがって、近海で獲れたマグロは氷詰めにされて運ばれる。遠洋漁業による冷凍マグロは、漁獲後すぐに内臓を取り除いて処理をし、急速冷凍の技術によってマイナス50度Ｃ以下にしてこの変色を防ぎ、マグロのうま味を守っている。

第三章

形態からみたすし学

発酵ずしから早ずしへ

調理法や貯蔵法から見て、すしを大きく分けると、〝発酵ずし〟と〝早ずし〟の二種類に分けられる。〝発酵ずし〟とは自然発酵によって酸味を出したもので、〝早ずし〟とは酢を加えることによって酸味を出したものである。すしダネの特徴によって種々の形態（外観）があり、明確な区別や定義はできないが、その土地の自然環境とそこに住む人々によって、時代とともに順次改良されていったものである。

発酵ずしの日本での発展

◇馴れずし・熟れずし（ホンナレ）

ホンナレとは、魚・塩・飯のみを自然発酵させて酸味を出し、飯を取り除いて、魚だけを食べるものをいう。すなわち、用いた米飯の自然発酵（主として乳酸発酵）によって生じた乳酸に、その酸味をゆだねるのが馴れずし（ホンナレ）である。この形態を古代日本のすしとすると、現在の滋賀県（近江）のフナずしが

[すしの歴史図]

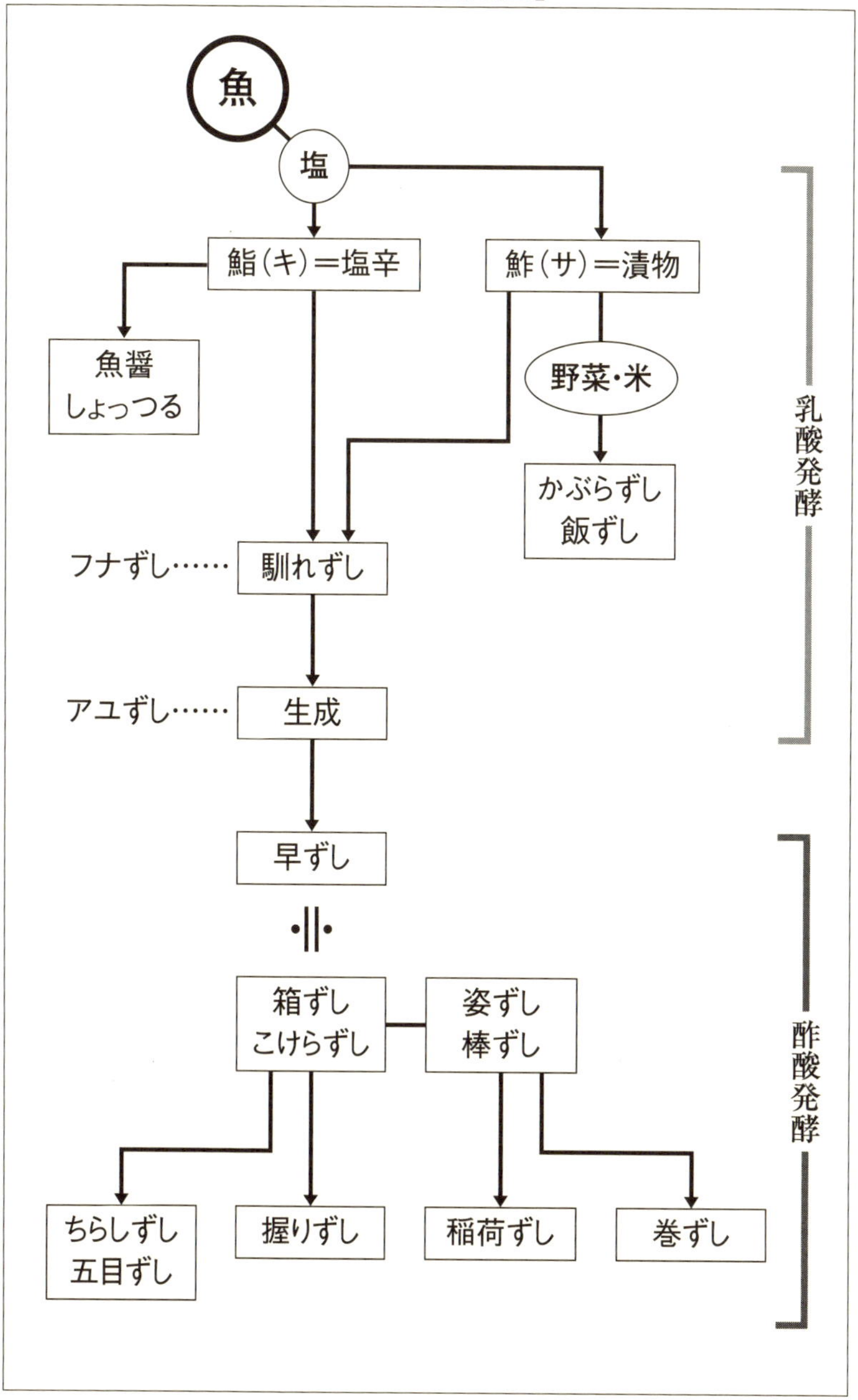
魚
塩
鮨(キ)＝塩辛
鮓(サ)＝漬物
魚醤
しょっつる
野菜・米
かぶらずし
飯ずし
フナずし……
馴れずし
アユずし……
生成
早ずし
箱ずし
こけらずし
姿ずし
棒ずし
ちらしずし
五目ずし
握りずし
稲荷ずし
巻ずし
乳酸発酵
酢酸発酵

該当するといわれている。フナと飯を発酵させ、食べるまでは一年がかりという。しかし、近江のフナずしは、古代日本のすしの作り方や食べ方によく似ているとはいうものの、古代のままを伝えているかどうかはわからない。つまり、基本的な条件の他に、漬ける魚の処理法、季節、期間にはさまざまな方法、工夫、改善が後にあったであろうと推測できるからである。しかし、日本の古い時代のすしは馴れずし（ホンナレ）であったことは確定できる。

平安時代中期の律令施行細目の古代法典『延喜式』（905〜930）によると、日本の各地域よりさまざまな産物やすしの材料が都に献上されていたことがわかる。しかし、当時のすしの製法については記載がない。六世紀半ば頃に中国北魏で刊行された最古の農書『斉民要術《せいみんようじゅつ》』には、魚の発酵ずしの製法が書かれている。このなかでは、夏にすしを漬けることを厳禁し、「夏に漬けるすしは塩がきつくなり、塩辛くなるし、ウジもわきやすい」と書いている。しかも発酵の均等化のために魚は切身にすることをよしとしている。ところが、今日のわが国のフナずしは、古代中国の製法では禁じられている夏の土用の頃に漬け込み、切り身にもしない正反対の方法をとっている。さらにわが国の文献をたどってみると、江戸時代の料理書『合類日《ごうるい》用料理指南抄』（1689）のなかに、近江のフナずしは、真冬に漬けるという注釈があるという。時代が進んで明治になると、小泉迂外が『家庭鮓のつけかた』（1910）のなかで、フナずしの製法を今日と同じように記している。このように文献から推察すると、今日と同じ製法になったのは江戸時代後期と推定することができそうである。

◇生成（ナマナレ）

生成＝ナマナレ（ナマナリともいう）とは、発酵によって酸味を出す発酵ずしのことである。馴れずし＝ホンナレが長期間しっかりと発酵させて、飯はこそげ落として食べないのに対し、生成《なまなれ》は発酵を浅い段階で止め、しかも飯も一緒に食べる。これは、生成《なまなれ》は飯を一緒に食すことから、酸味を保ちながらも、発酵を進めすぎると飯がのり状になり食しづらいからである。

生成《なまなれ》の時代になると、ホンナレのような保存食の目的の意味はなくなり、賞味期間が重要となっていった。現在食されているわが国の発酵ずし（サバずし・アユずしなど）はだいたいがこれに該当する。飯を捨ててしまうホンナレの時代はあまりにももったいない食べ方であったが、生成《なまなれ》の時代に入るとすしも一般化され、米を大切にする意識が生まれていたのであろう。また、馴れるまで一年もかかるようでは人々の食生活に不都合も生じてきたとも思われる。そして生成《なまなれ》の形態に具を加えたり、あるいは酒や糀で発酵を促進してみたりとさらに工夫をこらしていった。生成は、関西地方に多くみられ、ホンナレではないが、通称〝馴れずし〟と呼ばれ、場所によっては〝くされずし〟と呼ぶ。馴れずしに用いられる魚は淡水魚のアユ・サケ、そして海水魚ではサバ、コノシロ、アジ、イワシ、サンマなどである。

◇飯ずし（イズシ）

飯ずし（イズシ）は生成《なまなれ》ではあるが、材料が、魚・塩・ご飯にさらに糀《こうじ》と野菜を加えたものである。イズシという呼び名はもともと北海道、東北地方で使われていた。北海道全域、東北地方、北陸地方と日本海沿岸側に至り、寒い地方の人々が考え出した糀を使って魚を漬ける食文化といえる。糀を混ぜることによって酸っぱさが促進される。〝ハタハタずし〟〝ねずし〟〝大根ずし〟〝かぶらずし〟などである。そして、日本海を渡った対岸の朝鮮半島にも寒い地域に共通した食文化が存在する。これは、魚・塩・飯・野菜とトウガラシ粉・さらに糀ではなく麦芽を発酵促進剤として混ぜて入れたシッケ（シッヘ）という発酵食品である。その材料構成といい日本の飯ずし（イズシ）に酷似している。

早ずし系の多様な展開

発酵ずしは基本的には魚・塩・米飯を材料とし、これに野菜や酒粕・糀などを混ぜて「漬ける」ことによる自然発酵を利用したものであった。一七世紀の終わりから一八世紀にかけて酢が使われるようになり、早ずしがすしの主流となった。早ずしは最初は魚だけ、または米飯だけに酢を加えたと考えられるが、後にはそれらの両方に加えることにより、より早く食したと考えられている。いずれにしても厳密なことは分からないが、「一夜ずし」「当座ずし」などの名が残っている。形態からみると一つは頭と尾のついた〝姿漬け〟のすしであり、いま一つは魚の〝切り身〟を用い、箱や桶に入れて作られた。これらがそれぞれ後のすしの形を生み出していったのである。

夢さめてあはやとひらく一夜《いちや》ずし　（蕪村）

◇姿ずし・棒ずし

姿ずしは頭と尾がそのまま付いた一尾の魚にすし飯を抱かせ〝魚の姿〟になっているものをいう。早ずしとしての姿ずしは基本的に発酵期間をもたないため、魚身から骨をはずす下処理作業が必要である。〝姿ずし〟と呼ぶからには頭と尾がついたものが原則であるが、現在、大きさや形から頭だけを取ってしまうことが多く、これも姿ずしと呼んでいる。また姿ずしの変形として、姿ずしに切り目を入れ、食べやすくしたものや、さらにすし飯を棒状に固め、上にすしダネをのせて成形した〝棒ずし〟もある。つまり、バッテラはこれにあたる。たいていは、成形をするときに布巾や巻き簀を使うが、時に箱ずしのように、すし箱に入れて押しをかける場合もある。〝箱ずし〟との区別は魚が切り身ではなく、身にすし飯を抱かせて、箱に入れることである。また、小ダイや小アジ・イワシなど小魚の姿ずしはひと口で食べられる大きさであり、こちらは〝握りずし〟との区別が必要となる。一般的には、頭を除いていても、ヒレや尾を残していれば、姿ずしと呼んでもよい。地方によっては、〝丸ずし〟〝魚ずし〟などと呼ぶ所もある。西日本で多く作られている。姿ずしの海魚は、中型魚ではサバ、アジ、小型魚では小ダイとイワシが多く、淡水魚ではアユがほとんどである。

◇箱ずし

箱にすし飯を入れ、その上に具をのせて詰め、中蓋《ぶた》をはめて、押しをかける。すし飯と具を、箱に入れる前にあらかじめ混ぜておく場合もある。混ぜない場合はすし飯の上に椎茸・干瓢などの具、飯、魚介・錦糸卵・キクラゲ等を置き、順に何段か重ねていく。箱は上蓋と底板がついていて、底板は取り外しができるようになっているのが普通であるが、はずれないものでは木ヘラなどですしをすくい起こし、皿に盛る（起しずし・すくいずし）こともある。北陸と中部（濃尾）・近畿以西でよく見られる。「箱ずし」「押しずし」「切りずし」とも呼ばれる。江戸時代、上方（大阪）ずしの代表であった。

◇押しずし・押し抜きずし

箱ずしの一種である。すなわち、すし飯と具を型枠に詰めて押し、抜き出す方法である。したがって、型枠の底板がないのが特徴である。つまり、押し抜く（押し出す）のである。大きさは箱ずしより小さく、抜き出した後は切り分けないで、その形を楽しむ。型枠の形は、扇形・菱形・梅花形などいろいろある。箱ずしと同じように、やはり西日本でよく作られており、一般には〝押しずし〟という名称で呼ばれている。また〝抜きずし〟〝型ずし〟などと呼んでいる地方もある。

◇ちらしずし・五目ずし・混ぜずし

これは単にすし飯と具を混ぜ合わせたり、具を上にのせたりして作る方法である。したがって、〝押す（圧する）〟ことをしないのが特徴である。もともとは具をすし飯に混ぜるのが〝五目〟、上にちらすのが〝ちらし〟だったようである。具は、細切りしたニンジン・椎茸・油揚げなどの旬の食材を甘く煮つけ、インゲンやサヤエンドウを青味に使う。

ほぼ日本全域に分布し、〝五目ずし〟〝ちらしずし〟の名が一般的であるが、西日本では〝ばらずし〟〝混ぜずし〟の名称で呼ばれることが多い。関西では、高野豆腐やチリメンジャコを、瀬戸内では焼きアナゴ、関東では干瓢を、そして海辺の地方では魚介類も一緒に混ぜ込むこともある。

◆ちらしずし、混ぜずし、起しずしの起源説

ちらしずしについては、嘉永二年（1849）の『守貞謾稿』28編食類に、「散しごもく鮓、三都ともこれあり。起し鮓ともいう。飯に酢、塩を加うことは勿論にて、椎茸、木耳、玉子焼、紫海苔（浅草海苔のこと）、芽紫蘇《めじそ》、蓮根、竹の子、あわび、海老、魚肉は生《なま》を酢に漬けたるなど皆細かに刻《きざ》み、飯に交へ、丼鉢に入れ、表に金糸玉子焼などをおきたり……」とある。

寛延四年（1751）刊『新増再訂江戸総鹿子大全』に「御膳箱鮓　本石町2丁目南側　伊せや八兵衛　交鮓、切漬、早漬、其外色々望次第有レ之」と「交鮓（まぜずし）」を宣伝している。江戸ではちらし（ごもく）ずしを「まぜずし」と呼ぶことも多かったようだ。

この起しずしや混ぜずしは、もともと押しずしの形態に近かったらしく、すしと具を起こしながら食べたことからこの名が付いたようである。そしてこの「起しずし」は関西のまぜずしの呼び名だということで、西沢一鳳の『皇都午睡《こうとごすい》』2編上の巻に、「……上方の起し鮓を江戸ではごもく又ちらし共いう……」と書かれている。

当時、大坂堂島周辺の相場師が「ちらし」という言葉を忌み嫌って「起しずし」「掬《すく》いずし」にしたのではないかという説もあるが、最近では、押しずしの簡略化した形態のすしとして、起しずしが生まれ、それが混ぜずし、ちらしずしへと進化していったのではないかという説も指摘されている。

◇巻ずし・海苔巻

巻き簀の上に海苔等を広げ、その上にすし飯を薄く敷き、中央に具を載せ、巻き簀ごと丸めていき、筒状に成形したものをいう。巻きつける食材は浅草海苔が一般的で、薄焼玉子や、昆布、高菜漬け、湯葉などで巻くものもある。巻ずしのはじまりについて安永五年（1776）の『献立部類集』に、海苔・フグの皮または和紙を簀の子の上に広げ、飯と魚身を置いて簀の子を巻き締める製法が載っており、和紙で巻いた時はそれをはがして食べると註釈しているという。そして、明治（1868〜1912）には切り口の美しい文銭巻が発案され、作る人の技術によって切り口が銭や花を思わせる鮮やかな文様の太巻が工夫された。地方の行事の際に作られることが多い。現在でもさらに彩りを添えて、細工ずしとして千葉県で作られている

（第四章「全国各地の郷土ずし」の項参照）。

巻ずしの呼び名の使い分けは、「海苔巻」「玉子巻」「昆布巻」「干瓢巻」「キュウリ巻」「鉄火巻」「太巻」「中巻」「細巻」と、巻きつける材料、芯にする材料、大きさによって呼び名を変えている。

江戸（東京）の「海苔巻」と上方（大阪）の「巻ずし」のちがいを、『守貞謾稿』（1849）が書いている。江戸で海苔巻といえば干瓢を芯にした細巻を指し、大阪で巻ずしといえば椎茸の太巻であったという。江戸前ずしは海苔の香りが立つように海苔を焼いてから巻き、すぐに食べるのに対し、大阪ずしは海苔を焼かず巻いてから少し時間をおいて味をなじませる。一般に東京では海苔半枚で作る細巻、大阪では海苔1枚で作る中巻や1枚半を使う太巻が伝統的である。

四分の一くらいの海苔で手でくるりと簡単に巻いて作れる手巻ずしは、現在でも家庭やすし屋で広く楽しまれている。

◆鉄火巻の語源

鉄火巻の芯はマグロだが、これは江戸末期か明治の初めに東京のすし屋で考案された海苔巻の一種だという。鉄火場（バクチ場）でバクチをしていた連中たちが、なにか変わったすしを希望して、すし屋が、干瓢の芯をマグロに代えてワサビを添えて食べやすく切って出したものとされる。文字通り鉄火場で食べる巻ずしだから鉄火巻。さらに、海苔で巻くのは、サイコロや花札をいじるのに、指先に飯粒が付着しにくいためだというのが主要な要因とされ、これが語源ともされている。しかし、それなら海苔巻なら芯は何でもいいわけで、マグロ巻の必要十分条件ではない。

西沢一鳳（1801〜1852）の『皇都午睡《こうとごすい》』に、「芝鰕《しばえび》の身を煮て細末にし、鮨の上に乗せたる鉄火鮨というは身を崩しと云う謎なるべし」とあることから、芝エビの代わりにマグロを細かく切り崩す、鉄火ずしのシャレを踏襲して、マグロの身を持ち崩したヤクザ巻、すなわち鉄火巻であるという説もある。

◇印籠ずし・いなりずし・茶巾ずし

印籠ずしは、食材の空洞の中にすし飯を詰め込むもので、油揚げを使った〝いなりずし〟がその代表である。その他、タケノコの節を抜いてすし飯を詰めたり（タケノコずし）、魚介ではイカを用いたりする（イカ印籠ずし）。薄焼玉子でつつんだ〝茶巾ずし〟も、印籠ずしに含まれるであろう。

いなりずしはほぼ全国に分布する。そのでき上がった形からおおむね東西に二分される。西（関西）は、油揚げの形が三角で、中に具を混ぜたすし飯を用いる。これに対し東（関東）は、油揚げの形は四角で、中のすし飯には具を混ぜない。東西は、岐阜県と滋賀県のあたりが境界である。さらに、このいなりずしの東西のちがいの分布と、雑煮餅の形、つまり西の丸餅・東の角餅の分布がほぼ一致しているという。

西ではいなり（稲荷）の使いはキツネであり、キツネの耳が三角形であることから、油揚げを三角にする。東ではいなり（稲荷）とは稲の荷物、つまり俵の形が四角く丸いことから、油揚げを四角にする。とくに西日本では地域により「キツネずし」「アゲずし」「しのだずし」とも呼ばれる。

「茶巾」とは、もともと茶の湯で茶器を拭く時に使う麻布のことである。茶巾ずしは、大正時代（1912

～1926）なか頃、赤坂の「有職」というすし屋が、当時の宮家の茶の湯の催しの際に出した茶巾ずしが色鮮やかで好評であったことから、一般に売り出したのがはじまりであるという。また、江戸時代の料理書ですしの作り方を詳しく記載している『名飯部類』（1802）のなかには、茶巾ずしという名称がすでに存在し、その作り方まで記されていることは注目に値する。次の記述部分である。

○○茶巾すし＝鶏卵の殻を去り、黄子《きみ》と白子《しろみ》をわかち、磁器に貯《いれ》、よく攪《かきまぜ》、とき、黄《きみ》　白《しろみ》別々に常のごと薄焼きにし、飯《めし》　肉《ぐ》を置包む事茶巾もちのごとくす

現在の茶巾ずしの作り方は、江戸時代から連綿と受け継いだものであることがわかる。

◇握りずし

握りずしはすし飯とすしダネをひと口サイズに手で握って成形したものである。その代表は「江戸前握りずし」である。主に新鮮な生魚の切り身とすし飯の間に、おろしワサビをのせるかたちで握る。具とすし飯が離れないように、細く切った海苔を帯のように巻くものもある。握りずしは手による成形を調理の最終工程としたものであるが、〝箱ずし〟や〝姿ずし〟から発案され、誕生したものと考えられている。また桶や箱に並べる際にすしとすしをくっつきにくくするために笹の葉で一つ一つを包み、これが〝柿の葉ずし〟や

〝笹ずし〟として形を変えていったという。

握りずしは箱ずしや小魚の姿ずしから生まれたと考えられている。箱ずしは食べやすく、いくつかに庖丁で切れを入れ（切りずし）、これを取り出して食した。やがてこの切りずしの一切れを一口サイズの大きさに手で握るようになり、いわゆる江戸前握りずしとなったと考えられている。握りずしの誕生は文政（１８１８〜１８２９）以前であろうといわれているが、正確な時期は不明である。つまり、確定できる文献は発見されていない。また、考案者も諸説あり、特定されていない。しかし、そのなかで、江戸末期のすし屋「與兵衛ずし」の初代・華屋與兵衛創案説が一般的である。

第四章

多彩に発展した郷土ずし

全国各地の郷土ずし

日本全国にはその地域の特産物を生かしたさまざまな郷土料理がある。それは、海辺の地域ではそこで豊富に採れる海産物類を特色とし、また山地の地域では山菜類を工夫し、あるいは平地の地域では野菜や穀物類を盛り込んだもの、というようにその地域の自然環境から生まれた産物を生かして作り上げられたものである。つまり、地域特有のふるさとの家庭料理である。わが国の郷土料理としてのすし文化を紹介する。掲載にあたっては材料と製法から、ふるさとをできるだけ反映しているものを心がけたが、あくまでも、筆者の独断で選んだことをお許し願いたい。

飯ずし（北海道）

今のものとのちがいはわからないが、『雍州府志《ようしゅうふし》』（１６８６）や『卓袱《しっぽく》会席趣向帳』（１７７１）にも「飯鮓」として出てくる。サケやニシンなどの魚を、塩・ご飯・人参・大根などの野菜とともにサンドイッチ状に何段も重ね、糀《こうじ》で一ヵ月以上押して漬ける冬の発酵ずしである。サケ・ニシンの他、マス・ホッケ・イカなどを使うこともある。東北地方の日本海側でも作られ、その地方特有の魚と野菜をご飯と糀に漬けている。サケの飯ずしは新潟にもみられ、ニシンの飯ずしは青森・福島にもみられる。

シシャモずし（北海道）

胆振《いぶり》の鵡川《むかわ》、日高の佐留《さる》川、十勝の十勝川、釧路の釧路川などで秋にとれるシシャモを押しずしにしたものである。アユともちがう独持の味である。

ハタハタずし（秋田）

正月料理の定番として、また冬の間の保存食として、江戸時代から秋田の名物料理として受け継がれている。冬の一二月から二月にかけて血出しをしたハタハタを、塩・ご飯・野菜・糀で二〜三週間漬け込んだ、いわゆる発酵ずし（飯ずし）である。頭だけを落とし、そのまま漬ける〝全《まる》ずし〟と、切り身を漬ける〝切りずし〟がある。ぷりぷりしたブリコ（卵）の食感が美味しさを一段とひきたてている。このすしの作り方は、ハタハタを数日間塩に漬けた後、水で塩抜きし、ご飯と合わせた中に糀を混ぜ、野菜（ニンジンやカブなど）や海藻とともに桶に詰め込み、三〜四週間、重石をかけて発酵させる。塩抜きしたハタハタを漬け込みの際に酢にくぐらせることもある。

ナスずし（秋田）

冬の保存食として秋田地方の家庭で作られてきた発酵ずしである。小ナスをご飯と糀とともに漬けたもので、ナスだけを漬けるものと、食用菊を加えて入れるものとがある。前者は「ふかしナス」「ふかけ漬け」などと呼ばれ、後者は「ナスの花ずし」「菊花漬け」の別名がある。

塩引きずし（山形県）

米沢市周辺で祝事の際の料理として作られる箱ずし、または押し抜きずし（ぶんぬきずし）である。塩引きザケを使うことから「塩引きずし」という。白いすし飯と赤いサケの色がいかにも紅白の祝いの料理によく合う。すし箱にすし飯を詰め、サケの切り身をのせて押しつけ、抜き出してから切り分ける場合と、はじめからひと口サイズの穴から抜き出す方法がある。

ハヤずし（ウグイずし）（福島県）

南会津地方で正月に向けて作られる。ハヤとはウグイのことでこれを発酵ずしとして漬ける。ハヤを塩で締め、飯・山椒葉とともに段々と桶に重ね、上に重石を置き、漬け込む飯ずしである。また奥会津地方ではニシンを漬け込んだ〝ニシンずし〟も同じ方法で作られている。

アユのくされずし（栃木県）

アユずしは最も古いすしの一つであり、西日本を中心に全国に広く分布している。鬼怒川の中〜上流域に古くから伝わる発酵ずしである。夏に獲っておいたアユを塩漬けにしておき、これを秋の例祭の前にご飯に漬けて食べる。ご飯も食用とするので生成《なまなれ》である。丸ごとを塩漬けにしておいたアユを塩出しにしてから、ご飯・ダイコンを混ぜ合わせて桶に詰め、一週間ほど寝かせてから食べる。

細工ずし（太巻ずし）（千葉県）

上総地方で作られる太巻ずしである。「祭りずし」ともいわれ、ホウレンソウ、ニンジン、漬物類など彩りを加えて、切り口が花柄や幾何学的図柄などになるように細工をして巻くことから「細工ずし」という。この作り方は、ごはんを固めに炊き、合わせ酢をしながら、ご飯の照りを出す。海苔または薄焼玉子で巻く。海苔で巻く時、海苔が一枚では足りない時は、半枚足す。芯は、おぼろ、味つけした干瓢や椎茸などで彩りを考える。細巻きを数本束ね、これを芯にしてさらに太く巻いたり、具で絵柄を工夫して作る。

まぶりずし（千葉県）

冬に九十九里海岸で作られる生成《なまなれ》の一種である。中羽イワシ（12～15㎝のマイワシ）や、ジャミと呼ばれる背黒イワシ（カタクチイワシの幼魚）の内臓をとり、塩と酢で一晩寝かせた後、すし飯を抱かせて一～二週、桶の中で押す。刻みショウガで臭みをとり、シソの実やユズで香りをつける。「まぶりめし」とも呼ばれる。

笹巻き毛抜きずし（東京都）

江戸時代末期の江戸では大変人気のあるすしであった。江戸の握りずしの古いかたちをとどめたすしである。すしダネを乗せた握りずしを笹の葉で巻いたもので、特有の香りで魚の生臭さをおさえたものである。毛抜きずしとは魚のおろし身に残った小骨を毛抜きで抜き取ったからである。魚は塩で締めてから酢にくぐらせて使う。魚はタイ・サワラ・アジ・サヨリ・コハダ・アワビ・貝柱など、旬の魚を用いる。『守貞謾稿』（１８４９）にも現在の毛抜きずしのように、魚身を乗せたすし飯を握り、笹の葉で巻いて、桶に詰めてしばらく押し、十文字で売っていたことが載っている。つまり、江戸前握りずしの原型と考えられている。

島ずし（東京都）

八丈島の名物料理としての握りずしである。一般的には白身魚の切り身をザッと醤油にくぐらせてから握る。辛味もワサビでなく、練トウガラシを使うのが特徴である。トビウオが旬の春が有名である。大東ずし（沖縄）と同系である。

万年ずし（長野県）

木曽地方の王滝村で、糀などの発酵促進剤を使用しないで、米と魚と塩だけで作られる生成《なまなれ》であるが、馴れずしに近く、保存も長くきくことから万年ずしという。かつては、イワナであったが最近はニジマスが多いという。冬場に向けての正月料理である。

田子ずし（静岡県）

西伊豆海岸で獲られるタイやアワビなどを使った〝箱ずし〟である。ご飯の間に椎茸・ニンジン・干瓢など甘く煮たものや、山ミョウガの葉ではさみ、サンドイッチにしたものである。すなわち、すし飯の上に具をのせ、さらにその上にすし飯をのせ、すし飯で具をはさんだものである。

箱ずし（愛知・岐阜・三重県）

東海三県の濃尾平野に広く伝わる祝事や行事の時に作られる箱ずしである。〝すし箱〟にすし飯を詰め、具はニンジン・椎茸・角麩・玉子焼・しぐれ煮（アサリやシジミの甘露煮）と、サバ・イワシ・コノシロなどの魚を入れる。この時、多くは箱の縁に対して、斜めになるように具を筋状に並べる。食べる時、小さく切ってから、具の組み合わせが美しくみえるようにするためである。「切りずし」ともいう。

手こねずし（三重県）

志摩半島の漁民たちが舟上でとりたてのカツオやマグロをさばき、切り身を醤油に漬けて、用意したすし飯と直接手でこねて、混ぜ合わせて食べる豪快な混ぜずしである。すなわち海の男の舟上の料理であったが、それがいつの間にか日常の生活にとけ込み、作られるようになった。

アユずし（岐阜県）

平安時代『延喜式』にも貢納すべき国として美濃が出てくる。古来有名なすしで、鵜匠家でのみ受け継がれている古式の生成《なまなれ》である。アユとご飯と塩だけで作られる。年末に作り、贈答品として用いられる。江戸時代は将軍家への献上の品であった。富山県にも神通川産のアユを使った古くからのアユずしがある。また奈良の吉野産のアユずしも歴史上、有名である。

寝《ね》ずし（岐阜県）

飛騨地方の正月料理である。飛騨は北陸との関係が深い地方であり、北陸では一般に「大根ずし」という。魚＋飯＋塩＋糀＋野菜で作られる飯ずしの典型である。ベニマスやニシンの切り身をダイコン・ニンジンとともに漬け発酵させる。サケ・サバなども用いられる。

ホオ葉（朴葉）ずし（岐阜県）

マスの身やゴマ・野菜などの具をすしご飯に混ぜて握り、ホオ葉で包む（混ぜホオ葉ずし）。また、すしご飯の上にマスやサバ・椎茸・フキ・キヌサヤ・錦糸卵・紅ショウガをのせ、ホオ葉に包む（乗せホオ葉ずし）。いずれも盆に重ねて、上から皿を置く程度の押しをかける。前者は南飛騨、後者は東濃地方で盛んに作られる。初夏の頃、ホオの葉のさわやかな香りが食欲をそそる一品である。

ミョウガずし（岐阜県）

美濃加茂周辺で初夏に作られる握りずしの一種である。すし飯の上にマスやサバの切り身を置いて握り、ミョウガの青葉2枚を十文字にして包む。これを箱に入れ、重石をかけ、半日ほど置くと味がなじみ、これを食する。木枠にミョウガを敷いて圧すこともある。

サケのいずし（新潟県）

日本海地方に伝わる代表的な飯ずしの一つである。『延喜式』にも「越中・鮭ずし」として出てくる。村上地方に伝わる正月料理でダイコン・ニンジンとともにサケとご飯を糀とともに二～三週間漬け、熟成発酵させる。氷頭《ひず》（サケの頭の軟骨）も一緒に漬け込んでいる。ご飯と糀をあらかじめひと晩寝かす方法もある。

マスのすし（富山県）

江戸時代・享保（1716～1735）の頃考案され、藩の名物として重宝がられたという。富山を流れる神通川をのぼってくる川マスで作る押しずしである。すし飯の上に、酢じめのマスをのせ、笹の葉に包み、曲物に入れたもので江戸時代からの伝統的な富山名物である。駅弁としても有名である。

蕪《カブラ》ずし（石川県）

冬の加賀百万石の庶民の味である。大根の浅漬けを輪切りにして、ブリやニシンをはさみ、ご飯と糀をまぜて、桶に入れ、重石を載せて作る飯ずしである。東北の飯ずしより、野菜（大根）の比重が大きく、漬け物に見えるかもしれない。ブリで作ったものだけを〝蕪ずし〟といい、ニシンで作ったものは〝大根ずし〟ともいう。作り方はカブ（蕪《かぶら》）を3㎝ぐらいに輪切りにし、そのまんなかに切り目を入れて塩漬けにする。この切り目に、薄切りにしたブリをはさむ。米と糀を合わせて甘酒をつくり、これをカブに塗りつけ、並べ重ねて押し二週間くらいで発酵させて作る。彩りにニンジンやコンブなどを添える。

柿の葉ずし（石川県）

大和の柿の葉ずしとともに有名で、加賀地方南部の料理である。シイラをはじめ、アジ・サバ・マスなどの切り身を酢でしめて握り、柿の葉の上に乗せる。すなわち、包み込まないで、皿代わりに柿の葉を使う。したがって握りずしと見てよい。上から葉をもう一枚かぶせ、握りを重ねたり、箱の中で押しつけることもある。色粉で染めた海藻を握りの裏側（底）にあしらうこともある。

サバずし（福井県）

サバずしはわが国の郷土ずしの代表の一つで、『料理山海郷』（1749）や、『鮓飯秘伝抄』（1802）にも出てくる。このサバずしは若狭地方の正月料理であり、尾頭のついた立派なサバの姿ずしである。若狭のサバずしに使うサバはヘシコと呼ばれる。ヘシコとは糠《ぬか》漬け魚のことで、この地方ではサバの他、イワシ・アジ・フグなども使う。ヘシコサバは三月~五月に獲り、約一週間の塩漬けの後、糠床に漬けておく。これを一二月頃塩抜きし、ご飯と糀を抱かせて、桶の中で約半月から一ヵ月間、発酵させる。姿ずしのほかに、同じサバでも近海産のサバを使った〝サバの押しずし〟もある。半身を使ったサバの押しずしで、若狭街道（小浜―京都）の名物になっている。サバずしは多少のちがいはあるが、各地にみられる。富山・石川・愛知・岐阜などでも有名である。

フナずし（滋賀県）

わが国のすしのルーツともいわれ、現存する唯一の馴れずし（ホンナレ）である。一緒に漬け込んであるご飯は食べず、フナだけを味わう。

フナずしのフナは子持ちのニゴロブナ（一部ではゲンゴロウブナ）で、琵琶湖畔で獲られる。『雍州府志』（1686）にも「鮒は近江の湖水のが特にその味がよろしい」と書いているという。春にとったフナをうろこをきれいにとり、次におなかを切ると子が出てしまうのでエラのところから抜きとり、洗って水切りをする。次に塩切り（塩漬け）し、七月頃、塩出ししてご飯を腹に入れ、桶に並べて押しをかける（漬け込み）。そして熱い〝土用越し〟を終えて、年末に食べられるようになるが、さらに長く数年間おくこともある。食べる時はご飯を取り、魚だけを薄く筒切りにして皿に盛る。熱湯をかけると吸物にもなる。1200年の伝統を感じる一品である。

サバずし（京都府）

春・夏・秋・冬といずれの京都の祭りにも欠かせないすしである。『皇都午睡』にも祇園会《ぎおんえ》にサバずしを出すことが載っているという。若狭産のサバが近江湖北を経て京へ（サバ街道を経て）運ばれた。夏期は焼津産のものも使われる。

京サバずしの特徴は昆布を巧みに使い、うま味を出すことにある。サバ・すし飯・昆布のバランスのとれた上品な味で、「サバの棒ずし」とも呼ばれる。昔は春の葵祭や氏神さまのお祭りには、それぞれの家庭が競って作り、親類、知人に配ったという。サバは、塩サバにした後、よく洗ってから酢に浸し、身が白くなったら酢から上げ、表皮を取り、身の内側の厚い部分をそぎ取っておく。すし飯をサバの大きさに合わせて棒状にし、サバの身を貼る。尾の方は身が細くなっているため、先にそぎ取った身をここに足す。全体を茶巾で包んで成形した後、竹皮に包んで押しをかける。ひと晩おいて、味がなじんでから食す。

ハモずし（京都府）

ハモは、高級食材として扱われている。夏の関西料理を代表する魚で、京の祇園祭、大阪の天神祭には欠かせない。ハモの強い生命力から、京阪の人々の貴重な夏の栄養源でもあった。すなわち、さっぱりした淡白な味わいではあるが脂肪分が高く、夏の味覚とともに栄養源でもあった。ハモのすしは、骨切りを必要とするため、家庭では難しくできないが、京阪の人気のすしである。「落とし」（ハモの身を開いて熱湯にくぐらせ、すぐに冷水に落とし仕上げたもの）を使って、握りずしや箱ずしにして、上に裏ごしした梅肉を添えたものや、ハモを蒲焼にし、棒ずしにしたり、海苔巻の芯にしたものがある。

蒸しずし（京都府）

京都や大阪では冬場に、ちらしずし（五目ずし）を作り、これを茶わん蒸し風に蒸籠に入れて蒸してから食べる。ぬくい（＝温かい）ので、「ぬくずし」ともいう。湯気で酢がとんでしまわないように後からかける場合もある。具は椎茸・焼きアナゴ・クリ・おぼろ・キヌサヤ・錦糸卵・すだれ麩など旬のものを混ぜている。

釣瓶《つるべ》ずし（アユずし）（奈良県）

吉野のアユずしは古く『延喜式』にも出てくる。熊野川の上流の吉野産のアユを酢で洗い、姿ずしに仕立てたものである。アユは香りが高く、昔から縁起のよい魚とされた。〝釣瓶ずし〟に代表されるアユの馴れずしや生成《なまなれ》の発酵ずしだったが、現在では酢飯を用いた姿ずしとして変化している。アユを腹開きにして、内臓と骨をとり、塩と酢でしめ、腹にすし飯を抱かせたものである。今なお季節感のあるすしとして、親しまれている。すし桶の形が釣瓶に似ているところからこの名が付いたといわれている。仙洞御所や紀州藩の御用品であった。歌舞伎の「義経千本桜」に登場してくるすしとしても歴史上有名である（第一章「古来有名なりしすし屋」の項参照）。

柿の葉ずし（奈良県）

加賀の柿の葉ずし（シイラが主でアジ・サバも使う）とともに有名である。ここでは大和平野の名産でサバの早ずしを初夏の柿の葉で包んだものである。大和の里の夏祭りに欠かせないごちそうである。一般に柿の葉は渋柿の葉で、初夏の葉のやわらかい手頃な大きさのものを使う。塩サバを水で洗って半日干し、水気を切ってから一口大に薄く切る。すし飯を冷まし、サバをのせて柿の葉で包む。箱にきれいに並べて、間に柿の葉をはさみながら何段にも重ねて重石をし、ひと晩寝かせる。サバのうま味と柿の葉の風味がご飯になじんで美味しくなる。

サンマずし（サエラずし）（和歌山県）

熊野灘沿岸から熊野川をのぼって上流にも伝えられ、広く分布し親しまれている。サンマは別名、サエラ・サイラともいわれ、「サエラずし」「サイラずし」とも呼ばれる。秋から冬にかけてサンマのおいしい季節に多く作られる。発酵ずしと、早ずしがあり、いずれもよく食べられている。和歌山の有田・日高地方では、サバずしと同じように作られている。また三重県熊野（早ずし）、志摩（握りずし）でもサンマずしが食されている。塩サンマの頭をとって中骨をとり、酢で洗った後、魚がつかるほどの酢の中に二時間くらい漬けてから引き上げる。サンマの大きさに細長く酢飯を握り、サンマを上にのせて、魚と酢飯がなじむように押さえて、成形する。祝いの時は頭をつけることもある。

縄巻きずし（和歌山県）

ご飯の代わりに、ヤマイモを茹でてつぶし、棒状にして固めておく。塩と酢でしめたサワラ（サゴシ）・タイ・サバなどの魚身を貼り、葉ランで包み、竹の皮で覆い、この上から、縄で縛って圧力をかけ、棒状にする。これを一～二週間涼しい所へつるしてから食す。茶席にも好んで使われたという。ヤマイモを使い、これに酢は用いない方法は、現存では、日本唯一のものである。

めはりずし・高菜ずし（和歌山県）

紀伊山間の猟師の携帯食として、大きく握った酢飯を高菜の漬物で包んだものである。〝目張り〟とは食べる時、大きく口をあけなければならず、そうすると目がぴんと張るからといわれている。豪快にかぶりつく野性味あふれるすしであり、高菜特有の辛さとご飯がよくマッチし庶民に好かれる味である。三重県・奈良県の熊野川流域にもみられるという。

釣瓶《つるべ》ずし（アユずし）（和歌山県）

熊野川で獲れたアユを腹で開き、エラや中骨を除き、塩切りをする。身を水洗いして酢につける。中にすし飯を詰め、笹の葉を敷いた桶の中に仕込むいわゆる発酵ずし（生成《なまなれ》）であったが、現在では早ずしに変わっている。

サバずし・バッテラずし（大阪府）

以前は尾頭をつけた姿ずしであったが、今ではサバを三枚におろし、塩にあてた後、水洗いして酢でしめる。半身を棒ずしにし、これをサバの棒ずしとした。昆布を巻くので、「松前ずし」とも呼ばれる。またサバの身を薄くして、バッテラ型（オランダ語でボートの意味）に入れ、飯をのせ、上から押して下へ抜いて作った。現在では長方形型である。

雀ずし（大阪府・和歌山県）

昔は福島の雀ずしとして有名であった。古くは江ブナ（イナ：ボラの稚魚）を発酵ずしにした姿ずしで、尾を立たせてご飯を詰め、胴体を丸くして雀に似せた。すなわち、『嘉元記』（1347）には初見として江ブナ（イナ）のすしが出てくるという。その後小鯛を用いた早ずし（握りずし）になった。今では、多くは成魚のタイの切身を貼った棒ずしになったが、雀ずしとして親しまれている（第一章「古来有名なりしすし屋」の項参照）。

くされずし（兵庫県）

赤穂地方に伝わるツナシ（コノシロの幼魚）の生成《なまなれ》である。ツナシを背開きにして内臓をとり、塩でしめる。その後、塩出しをして酢でしめた後、すし飯をつめ、桶にタデの葉を敷き、重石をして、約二週間発酵させる。サバでも同じようにして作られている。

あずまずし（おからずし）（岡山県・広島県）

ご飯の代わりにオカラを使ったすしである。オカラを卯の花といい、「卯の花ずし」ともいう。アジ・イワシ・ママカリ・ツナシなどを姿ずしや握りずしに仕立てる。オカラはニンジン・椎茸・油揚げの煮つけを細かく刻んだものを混ぜて魚と合わせる。

ママカリずし（岡山県）

ママカリは瀬戸内海の特産の小魚（サッパ）で、あまりにも美味なのでママ（ご飯）が足らなくなり、隣に借りに行きたくなるという。昔はご飯のかわりに節約し、オカラを使ったという。

祭りずし（ばらずし）（岡山県）

岡山藩城主は、領民の贅沢を戒めるため、副食は、汁の他一種類に限るという「一汁一菜」の令を発した。領民も普段はこれに従っていたが、年に一度の祭りの日くらいはおかずを増やさせてほしいと願いを申し入れたが許されなかった。そこで領民がやむなく考え出したのが、飯の中に具を混ぜ込んでしまうという方法であった。岡山県の郷土料理を代表するばらずしである。その贅沢さは「すし一升、金一両」とまで称されていた。瀬戸内海から揚がる新鮮な魚介類と付近の村々からとれる山野菜、いわゆる山海の旬の味を美味しい備前米に混ぜ込んだ〝ちらしずし〟である。日本一豪華といっても過言ではないという。これほど豪華ではないが広島にも〝ばらずし〟はある。

サバずし（岡山県）

中部の吉備・美作地方の山間部で秋祭りの料理として作られる尾頭つきの豪華な姿ずしである。塩サバを背開きにして塩出しし、背骨・中骨・ヒレ・目玉を取り除いて二日ほど酢に漬けて身をしめる。これにすし飯を詰めこむと、サバはぼってりふくらむため、「はらみずし」とも呼ばれる。このサバずしを竹の皮で包み、桶に並べて軽く押し、すき間にすしが空気に触れないようにするため、ご飯（詰め飯）を詰め、数日置くとできあがる。

シロハタずし（鳥取県）

鳥取市賀露漁港に伝わる春の料理である。シロハタは四月に一番多くとれ、ハタハタの別名である。酢味をつけたオカラに麻の実をふり混ぜておく。これを塩漬け後、塩出しし、甘酢に一夜漬けておいたシロハタの腹に詰め、桶に並べてオカラを散らし、一様になったら落としぶたをして軽く押す。翌日～三日後くらいに食べる。

おまんずし（島根県）

石見地方のご飯の代わりにオカラを使った姿ずしである。イワシやコノシロ・サバなどの魚の腹にゴマ・キクラゲ・麻の実とともに味をつけ、炒ったオカラを詰めたものである。前出のあずまずし（岡山・広島）と似ている。このおまんずしは江戸の「おまん鮓」からきたものと考えられている。『鯛百珍料理秘密箱』（1785）にも小鯛を使ったおまんずしが出てくるという。

岩国ずし（角ずし）（山口県）

地元・岩国では「角ずし」と呼ばれ、江戸時代からはじまったともいわれている。籠城のとき、水の少ない山頂でも作りやすく、保存もきき、持ち運びにも便利であるということから広まったともいわれている。わが国の最も豪華な箱ずしの代表格である。サワラやアジの魚と、名産のレンコン（酢バス）のほか、甘辛く煮つけたニンジン・椎茸・ゴボウなどの野菜、さらに、錦糸卵や青み（シュンギク・サンショウ・青ジソ）などをすし飯の上に飾った豪華な箱ずしである。すし箱は三升入りのものがよく普及しているが、五升入りの大きなものもある。冠婚葬祭のご馳走として作られ、大皿に切り分けて盛り付け、供される。

石切りずし（香川県）

小豆島に伝わる箱ずしで季節を問わず家庭で作られる。具は旬の魚（旬の魚としては春のサワラがよく使われる）を塩でしめた後、切り身にして酢でしめ、エビや椎茸・玉子焼などとすし飯の上にのせる。魚の上には山椒の葉をあしらい生臭さが取れ、彩りを添えている。〝石切り〟とはすし箱の上を石で押して抜き出して切るという意味であろう。またこの地方は石材（石切り）の産地でもあった。

押し抜きずし（香川県）

広く平野部で見られる婚礼・祭り・法事の時の料理で、地元で「春いお（魚）」と呼んでいるサワラを使った押しずしである。椎茸・ニンジン・干瓢・ゴボウ・油揚げなどを甘く煮つけて、すし飯に混ぜたものを押し抜き枠に入れたり、すし飯だけを枠に半分ほど入れて、具を入れ、またすし飯を入れ、この上に玉子焼や、茹でエンドウ・サワラの酢じめ・山椒の葉などを乗せる。押し抜き枠は、梅花型・松葉型・扇型・四角型などがある。

カンカンずし（香川県）

香川県さぬき市志度町鴨部《かべ》地区に伝わる箱ずしである。旬の魚（春はサワラ）を酢でしめ、山椒の葉を添えながら、すし飯に並べる。すし箱の上板をクサビで締め付ける。このとき、木槌で、カンカンと打ちつけることからこの名がある。「ほうらいったぞ」と投げてもくずれないことから、「ほらいたずし」「かたずし」などの別名がある。旬の訪れを感じさせるすしである。

すぼきずし（香川県）

同じくさぬき市長尾町の古い習慣から生まれた混ぜずしである。ニンジンやネジボシ（丸干しダイコン）・タコボシ（割り干しダイコン）などの具を甘く煮つけてすし飯に混ぜ込んだものである。これを柿の葉で包み、さらにワラのツトで包む。「すぼき」とは「フクラハギ」のことで中央が丸くふくらむからである。昔は弁当としても持ち歩いたという。このすしの数え方は「一俵、二俵」である。

ボウゼの姿ずし（徳島県）

阿南海岸で好んで作られる姿ずしである。ボウゼは関西でウボゼ・関東でエボダイと呼ばれ、漁期は夏の終わりから秋である。ご飯に酢を合わせておき、これを塩じめにした後に酢に浸した魚に詰めるように押さえ込み成形する。魚の上に特産のスダチをあしらい、特有の香りを楽しみながら食す。淡白な味わいは絶品である。

すし皿鉢《さわち》（高知県）

高知では、刺身を大皿に豪勢に飾り立てて盛る料理を「皿鉢料理」といい、すしだけを盛り付けたものを「すし皿鉢」という。サバの姿ずしをはじめ、タチウオの押しずしやアジの姿ずしなど海でとれたばかりの新鮮な魚身を使ってすしを盛る。さらにコンブ巻ずしや海苔巻ずしなども盛り込まれ、その姿は豪華である。土佐の郷土料理の代表としてよく知られている。一方、海から離れた内陸部に入ると、海魚の海産物を使わない〝田舎ずし〟（コンニャクずし・ミョウガずし・タケノコずし・椎茸ずし・ナスずし・タカナずしなど）を盛り合せた「すし皿鉢」が作られている。どちらも、旬の材料を見事にとり入れて行事に備えようとした土佐の人々の自慢料理である。

いずみや（愛媛県）

東予・中予地方のオカラずしである。タイ・イワシ・サヨリ・アジ・コノシロのおろし身を酢でしめ、小さく俵型に握ったオカラに貼り付けた、いわゆる握りずしである。姿ずしとして作られることもある。「いずみや」とは元禄の頃、新居浜の別子銅山を開発にきた住友氏の屋号である。このすしも住友氏が大坂から伝えたとかいわれているが定かでない。

柿の葉ずし（福岡県）

筑前・筑後地方の秋の郷土料理である。色づいた柿の葉がひときわ美しく映える頃、氏神さまに感謝して作られる。すし飯に椎茸・ニンジン・ゴボウ・鶏肉など細かく刻んで甘辛く味つけたものを混ぜ、ひと口サイズに握り、上にコノシロ、シイラなどの酢じめの魚の切り身やそぼろ、錦糸卵などをのせて飾る。これを柿の葉に包み、木箱に詰めて軽く押しをかけ、ひと晩おき、味がなじんだ頃食す。これとは別に柿の葉を皿代わりにして混ぜずしをのせて出すこともある。

押しずし（佐賀県・福岡県）

福岡県筑紫野地方では「型ずし」、佐賀県玄界灘海岸では「つきずし」とも呼ばれる。型は四角・花型・扇型などがある。作り方は三通りある。一つは具とすし飯を混ぜてから型に詰めて押し抜く方法。もう一つは、具をすし飯でくるんで握り、型に入れて押し、上に裏ごし卵や、おぼろを飾る方法。残る一つは先にすし飯だけを型に入れ、上に具を置いて押し抜く方法である。具は、ニンジン・椎茸・ゴボウ・コンニャク・油揚げなどを小さく刻んで煮つけたものである。

大村ずし（長崎県）

わが国の箱ずしの中で最も豪華な伝統を感じさせるすしの一つである。文明六年（１４７４）大村純伊が旧領・大村の地を取り戻したことを祝い、領民が兵を箱ずしでねぎらったのがはじまりといわれている。箱のなかに昆布味のすし飯と具を交互に置いて、まとめて押さえつける箱ずしである。作り方は、すし飯を箱の中に敷き、具を散らした後、再びすし飯を敷いて具をのせる。具は甘辛く煮つけたゴボウ・椎茸・干瓢・タケノコ・フキなどの野菜と錦糸卵・おぼろなどである。タイ・ヒラメ・サバ・アジ・エビなど、旬の魚も使われることがある。また山椒の若葉を上に置くこともある。これらの後、落としぶたをしてしばらく重石をかけておく。食べる時は箱の中で切り目をつけとり出すか、底板がはずれるものは、抜き出して小さく切り分けて食べる。

おかべずし（長崎県）

すし飯の代わりにオカラを使った握りずしである。魚はマイワシを使う。「おかべ」とは豆腐の別名である。豆腐が白壁に似ていることから女房ことばの「御壁」のことである。イワシは、頭と内臓と中骨を取り、これを塩でしめ、酢に浸し置きする。オカラは、細かく刻んだネギやニンジンなど旬のものを混ぜ、合わせ酢をあてて炒り煮にしておく。丸く握ったオカラに、しめておいたイワシを水切りして貼りつけ、成形してできあがりである。

魚ずし（宮崎県）

県北の海岸地方で新鮮な魚が入手できる地域の姿ずしである。魚は、イワシ（マイワシ）・アジ・小サバなど近海の小型魚である。イワシは頭を取って腹開きに、アジとサバは背開きにして、内臓と骨を除き、これを塩でしめた後、さらに酢でしめる。すし飯をイワシはご飯に貼りつけ、アジやサバは背中からご飯を詰め込んで成形する。箱に入れ、軽い重石を置いてなじませる。とくに晩秋から冬にはなくてはならないごちそうである。

コノシロずし（熊本県）

天草灘・八代海に面した地方で作られる活きのいいコノシロを使った姿ずしである。コノシロを背開きにし、内臓や骨を除いた後、塩でしめ、さらに酢でしめ、濡れ布巾で成形する。伊賀（伊勢）のコノシロずしも有名である。

サバのちらしずし（熊本県）

天草地方の薄切りにした酢じめのサバをご飯に混ぜ込んだちらしずしである。野菜を入れないサバだけをたっぷり使ったためずらしい〝ちらし〟である。活きのいいサバを三枚におろして、身を塩でしめた後、さらに酢でしめてから小口に切り身にする。これを、酢・砂糖・塩・醤油・ショウガ汁を合わせたつけ汁に浸し、人肌までに冷めたご飯に、つけ汁ごとサバを混ぜるとできあがりである。

ときずし（熊本県）

有明海と不知火海にはさまれた宇土地方の郷土料理である。〝とき〟とは一番美味しい「旬《とき》」のことで、「その時々の旬の魚を使ったすし」という意味である。具となる魚は沿岸で獲れる白身魚のタイやスズキ・カレイ・キス・コノシロ・ボラなどが使われる。魚はおろして小さく切って塩をふり、酢につける。残った頭や骨などのアラや卵は、味醂・醤油で煮て煮汁を作る。この煮汁をすし飯に混ぜるのが、このすしの特徴である。すし飯には煮汁の色と味がつくが、これを皿に盛り、上に酢じめの魚や青ジソ、炒りゴマ、錦糸玉子、紅ショウガなどを散らすとできあがりである。

ねまりずし（熊本県）

球磨川の上流の山間部に伝わる発酵ずしで正月料理として作られる。「ねまる」とは「腐る」の意味で、〝くされずし〟ということになる。魚はアユであったが、とれなくなってからは、コノシロも使われる。魚を背開きにして内臓と中骨を取り、約一ヵ月間、塩で漬けておく。その後、塩出しして、腹に糀と刻み生姜を混ぜたご飯を詰め込み、桶に並べ、すき間にユズを散らしながら重ねていく。重石は最初は軽くし、次第に重くする。二週間から一ヵ月ほどで発酵する。「糀ずし」とも呼ばれる。

酒ずし（鹿児島県）

薩摩藩の士族を中心にした郷土料理であったが、現在では鹿児島を語る代表料理の一つである。しかし家庭では作らなくなっているという。酢を用いないで、甘い地酒を使うのが特徴である。作り方は、桶に固めのご飯と具を交互に重ねながら、酒をふりかけていく。具は、タケノコ、ニンジンや椎茸、干瓢、キクラゲなどである。錦糸玉子や、その上に茹でたエビ・山椒の若葉などの木の芽を乗せて落としぶたをして、軽く押しをする。しばらくしてから、桶からすくい出して皿に盛り食す。また産地特有の、薩摩揚げや、魚のすり身を入れた玉子焼（こが焼）、白身魚なども入れる。酒好きの人は、さらに地酒をふりかけて食べるという。薩摩藩士の深いもてなしの心が伝わる華やかなすしである。

大東ずし（沖縄県）

大東島だけにみられる沖縄唯一の郷土料理としての握りずしである。タネはマグロやサワラなどで、おろして切り身にしてから、江戸前ずしの〝ヅケ〟のように濃い醤油汁に浸ける。浸ける時間はヅケよりもはるかに短く、また、すし飯との間にはさむのはワサビではなく、練りガラシ。南の鳥の香り感じられる名物料理である。明治の頃、砂糖きびの作地開発のためにきた八丈島出身の人が伝えたといわれている。したがって八丈島の〝島ずし〟と同系である。

第五章

すし調理師の仕事と心得

すし職人の心得

すし職人になるには

すし職人とはすしを握り、お客様にすしを提供することを専門とする職人である。多くの料理人の中でもすし職人はすし飯とすしダネを握るということに特化した職人である。扱う食材もそのほとんどが生ものであり、それらの見極めやどのようにして調理するかがとくに大切になってくる。すなわち魚といってもその種類や大きさ、さらに同じ魚でもその魚の部位や調理の方法によってもその味は大きく異なってくるからである。したがってすし職人には良い食材で良い調理をして美味しく食べてもらうという一連の流れの中での感性や判断が求められる。

すし職人になるには二つの方法がある。一つは直接すし屋に弟子入りして働きながら修業を積んでいく方法であり、もう一つは専門学校に通い必要課目を学んでいく方法である。つまり前者は時間をかけて目の前でその技術を習いながら、親方の人間性や社会性を学ぶ方法であり、後者はカリキュラムの中で基礎を学び、実習授業から技術を効率よく学ぶ方法である。両者ともそれぞれ特徴と利点・欠点があるが、いずれにしてもすし職人は効率重視で技術がおろそかになってしまってはどんなに知識があっても後々困ることになる。つまりすし職人は社会で働きながら常にしっかりとした経験（修業）を積み重ね、時間をかけてそのスキル（技術）やセンス（感性）を磨きつづけていかなければならないからである。

すし職人からすし調理師へ

すし職人も今は「すし調理師」である。昭和三三年（1958）にそれまでの板前制度がなくなり、調理師法が制定され「調理師」として都道府県知事から免許が与えられるようになった。さらに昭和五六年（1981）には調理師法の一部が改正になり、専門調理師制度が創設され、厚生大臣（現厚生労働大臣）から「すし料理専門調理師」の称号が与えられるようになった。昭和五八年（1983）からこのすし調理師が誕生している。すし調理師はすし料理に関する知識と技術が要求されるのは当然のことであるが、すし料理が客の前で対面しながらの仕事である以上、すし職人には腕前とともに話術を含めた教養がそなわっていなければならない。この技術と教養の確立に精進することこそ「すし道」であろう。そして料理人は食べてもらう人への愛情＝美味しく・喜んで食べてもらいたいという心、そして人間の犠牲になった生物への感謝の気持ちを忘れてはならない。

すし店を開業するには

すし店を開業する場合には、調理師免許は必要としない。しかし飲食店を開業するには最低限必要な資格として「食品衛生責任者」と「防火管理者」がある。

「食品衛生責任者」は、各地の都道府県が実施している講習会を受講し、開業時保健所に届け出なければならない。調理師免許は「食品衛生責任者」の上位資格なので免許をもっていれば講習会を受けなくても「食品衛生責任者」になれる。今の時代、すし店を開業する場合には少なくとも調理師免許は持っていたいものである。

「防火管理者」は収容人数が30人以上の店舗の場合必要で、これも各地の消防署が実施している講習会を受講する必要がある。収容人数が30人以下でも火を使用する場合は「火を使用する設備等の設置届」が必要となる。

このほか個人で開業する場合「個人事業の開廃業等届出書」(届出先・税務署)、従業員を雇う場合「労災保険の加入手続き」(届出先・労働基準監督署)と「雇用保険の加入手続き」(届出先・公共職業安定所)、さらに深夜12時以降も酒を提供する場合には「深夜酒類提供飲食店営業開始届出書」(届出先・警察署)などを届け出る必要が生じてくることを忘れてはならない。

調理師免許を取るには

調理師免許を取得するための調理師試験は、厚生労働大臣の定める基準により、各都道府県知事が行なっている。以下に述べる受験資格を有する者であれば誰でも、どこでも受験できる。そして合格すればその調理師免許は全国どこでも通用する。つまり調理師免許は調理師法により定められた国家資格である。試験実施日は各都道府県により異なるので受験する場合は、各都道府県庁のホームページで確認するか、担当部署あるいは保健所に問い合わせるとよい。

調理師試験の受験資格には学歴と実務経験が定められている。学歴は高等学校入学資格を有することが、第一条件である。つまり、中学校を卒業、もしくはそれに準ずる学校を卒業しているか、または監督庁の定めるところにより、これと同等の学力があると認められた者である。

実務経験は学歴に加えて、厚生労働省令で定める施設で、調理業務に二年以上の従事経験が必要であり、集団給食施設やパート・アルバイトでの従事に関しては、条件が定められている（食器洗浄や接客業務などは調理業務とは見なされないので注意が必要）。またこのほか調理師法に基づき厚生労働大臣が指定する調理師養成施設で一年以上調理師として必要な知識や技能を習得する方法もある。調理師養成施設には高等学校、専門学校、短期大学、四年制大学などがある。

つまり調理師の免許を取得するには、①都道府県知事の行う調理師試験に合格するか、②厚生労働大臣の指定する調理師養成施設を修了するか、の二つのコースがある。

調理師の免許がなくても調理業務に就くことはできるが、調理師でない（免許のない）者が調理師と称したり、紛《まぎら》わしい名称を用いると、法律により罰せられる。これを「名称独占資格」という。（免許がないと業務ができない医師等は「業務独占資格」という。）

調理師試験の試験科目としては次の7科目が定められている。

①衛生法規　②公衆衛生学　③栄養学　④食品学　⑤食品衛生学　⑥調理理論　⑦食文化概論である。以下、順にその概略を説明する。

①衛生法規

衛生法規は公衆衛生の向上と増進を図るための法規の総称であり、日本国憲法第25条を基盤としている。これを受けて、衛生法規は、一般衛生法規（所管＝厚生労働省）、労働衛生法規（所管＝厚生労働省）、学校衛生法規（所管＝文部科学省）、環境保全（公害）法規（所管＝環境省）の四つに大別されている。また、「調理師法」は昭和三三年（1958）に制定され、①調理師の資格を定める、②調理従事者の資質を向上させる、③調理技術の合理的な発達を図る、④国民の食生活の向上に資する、という四つの目的がある。

「食品衛生法」は、食品の安全を確保することにより飲食に起因する衛生上の危害を防止し、国民の健康の保護を図ることを目的としている。そして食品や添加物などの飲食物、器具や容器包装、それらの表示・広告、検査、営業に至るまで細かく規定している。その他関連する法規としては「健康増進法」「栄養士法」や保健所の機能を規定する「公衆衛生法規」、疾病を予防し、流行を防止するための「予防衛生法規」、生活環境や公衆衛生の向上のための「環境衛生法規」がある。調理師に対してこれらの基本理念・定義・目的・事業等の概略を理解し、把握しておくことを求めている。

②公衆衛生学

日本国憲法第25条に基づく公衆衛生の定義と目的をしっかりと理解をすることが求められている。日本国憲法第25条は「すべて国民は、健康で文化的な最低限度の生活を営む権利を有する」「国は、すべての生活部面について、社会福祉、社会保障及び公衆衛生の向上及び増進に努めなければならない」と定めているからである。公衆衛生の内容としては、①衛生行政、②疾病予防、③環境衛生、④保健衛生、⑤学校衛生、⑥労働衛生、などである。

③栄養学

体の構成要素と成分・代謝と栄養を知り、５大栄養素（タンパク質・炭水化物・脂質・無機質・ビタミン）の働きやホルモンの働きの理解を求めている。

④食品学

食品の成分と働き、量の表し方とともに食材の見分け方、保存方法、食品の分類法とそれらの特徴などを把握することを求めている。

⑤食品衛生学

食品衛生の対象・目的を理解するとともに食品衛生の行政機構を知ることを求めている。また食中毒の定義と発生の特徴を把握してその対策を身につけておくことを強く求めている。

⑥調理理論

調理の目的と方法・調理特性を理解し、調理器具の種類と用途、さらに基本の調理操作を身につけることを求められている。

⑦食文化概論

食文化の意義とその定義の多様性を、伝統的な食文化の変遷とともに理解し、日本の料理人の歴史を知っておくことが求められている。

学問の第一歩は予備知識をきちんと習得することであり、この知識を基に実行し、技術を磨くことである。すし職人が修得すべき〝すし学〟もその例外ではない。

すし職人の修業

日本料理には昔から秘伝とか口伝がたくさん存在した。流儀や技術の習得というものは読んだり、見たり、聞いたりしただけではわからない。茶道や華道でもそうであるように、料理においても修学の第一歩はまず師を選び、その師より、まず心得を学ぶことから始まる。

江戸時代後期、江戸一流の料亭「八百善」の開祖、八百屋善四郎の著した『料理通』（1822）の「料理心得之部」には修業の心得を、「料理、膳部、庖丁三職心得の事」として、次の一説があるという。

一、料理は食医にして、肴核《かく》の薬と毒とを能弁《わきま》へて、献を立る事第一としるべし。
一、膳部人は故実を以て慶賀の祭事を、初献より三献九献、極意の一九献に至る迄、ことごとく修行する事肝要也。
一、庖《ほう》人は箸庖丁の達者を仕習ひて後に、花実の切目正しく、流行に随ひ、家意を出さず其好む所に待つべし。

すし屋の世界では昔から「三年かけ出し、五年片腕、七年（一〇年説もあり）旅立ち」ということばがある。最初の三年は皿洗い、出前にはじまり、材料の仕込み、お茶汲み、ガリの製法、煮方、光り物の酢のつけ方、魚の開き方、巻き方などを習い、五年目にやっと、つけ台の隅で庖丁を使わせてもらえるという。日本料理では、俎板《まないた》の前に立って切る人がいちばん偉い人であり、だから「板前」という呼び名がついているのである。「片腕」とは、主人が忙しい時、「片腕をかしてくれ」といわれ、主人の片腕分の働きが認められるということである。以下に高級すし店での修業の大体の目安を記す。

①1〜2年＝掃除、かたづけ、洗い場、出前の修業をする。
②2〜3年＝①を続けながら、コハダや赤貝などの小ものの開き方を覚える。
③3〜4年＝②をつづけながら、玉子・煮ものなどを作る裏方や賄い食を作る仕事を覚える。
④4〜5年＝カウンター（つけ場）に立つ。出前の巻ものを巻く。穴子、白身魚の仕込みを覚える。
⑤5〜7年＝カウンター（つけ場）で客とのコミュニケーションを勉強する。魚の良し悪しが判るようにする。すしの器やすしに関する教養を身につける。
⑥7〜10年＝教える立場として、職人を指導する。仕入れの仕方をマスターする。経営の勉強を始める。
⑦10年〜＝経営者となるか、職人の道を歩むか分かれてくる。

いずれにしてもすし職人にとって個人のちがいはあるにせよ、終わりのない修業の連続であることに変わりはない。またすし店は他の飲食店とちがって客の前で調理をする。そして、すし調理師は、つけ場に立った時は製造者であると同時に販売者でもある。したがって調理人の言動や接客態度は店の信用・評判に直接影響を与えるものである。調理師は技術ばかりでなく、言葉づかい・応待、そして身なりまでも気をつけなければならない。すし調理師として、心得るべき点を挙げると次のようになる。

①仕込み、握り、巻き具合、切りつけ、盛り方などの技術力が優秀なこと。
②身なりが清潔で、態度、動作がきちんとしていること。（とくに頭髪に注意）
③手を洗い、爪を切り、自分の衛生管理と環境の衛生管理を身につけること。
④職人同士はもちろん、お客さまに対しての言葉づかいに気をつけること。
⑤常識をわきまえ、すし食材の知識を身につけておくこと。
⑥人間としての誠実さ、勤勉さ、責任感、教養を身につける（努力をする）こと。
⑦指輪や時計ははずし、つけ場では絶対タバコは吸わないこと。

つねに向上心をもって技術を磨き、教養を身につけ、「人格者たらんとする心構え」こそ、すし職人の心得の最も大切なことである。

すし職人の仕事

すし職人に限らず料理人にとっての最終目標は客に美味しく食べていただくことである。料理の旨いまずいは、十中八九材料の質の選択にあるという。すし料理はすしダネとくに米と魚の吟味からはじまる。魚はどのくらい時を経てしまっているか、新鮮かを見分けることができなければ一人前とはいわない。北大路魯山人は「目で見るだけでなく、心の目で見分けるのである。数多い経験の目である」と述べている（『魯山人の料理王国』・文化出版局　1980)。まさしく職人の心得と修学・鍛錬の重大さを感じる言葉である。

江戸前すし職人にとって漬ける・締める・炙《あぶ》る・煮るなどの〝ひと手間〟が大切な仕事である。そしてこのひと手間の習得がすし道の技術の修業にとって重要なことはいうまでもない。すし職人が仕事をするときは体の五感を働かせ全身で行うのであるが、とくに職人の手の自己管理はすべての工程において大切である。つまり、すし職人の仕事はすべてが客への見せ物であり、とくに手はきれいに握り、そしてすしといっしょに〝差し出す〟ものである。仕込み前に念入りに手を洗って消毒することはもちろんであるが、魚の匂いをつけないことや手に傷をつけないこと、爪をきちんと毎日切ることなどはあたりまえのことである。

●庖丁

昔から庖丁を見れば職人の腕がわかるといわれ、庖丁は料理人の魂であり、庖丁一本に心意気をみせることが練達の職人の極みであった。それは今も変わらない。中国では古くから料理のことを「庖《ほう》」といい、料理人の「丁《てい》」さんの刀さばきのあまりにもすばらしい話が『荘子《そうじ》』に出てくる。この〝料理人の丁さん〟を意味する。「庖丁《ほうてい》」から、やがて調理器具としての「庖丁《ほうちょう》」の語が生まれたといわれている。

すし屋で使われる庖丁は原則として出刃庖丁と刺身庖丁であり、たいていはこの2本で事が足りるという。出刃は主として魚の身を切る・骨を折る・兜(頭)を割る・魚体を割くときに活躍する。魚の大きさによって、本出刃《ほんでば》・小出刃《こでば》など使い分けることもある。刺身庖丁には二つあり、一つは先の鋭くとがった〝柳刃庖丁〟であり、もう一つは先の四角い〝タコ引き庖丁〟である。関西では白身魚が主に好まれたことから柳刃が多く使われ、関東では赤身魚が好まれることでタコ引きが多く使われてきたというが、今では区別はほとんどない。いずれにしても「切る」という作業のなかにも、きざむ・むく・割る・そぐ・へぐ・押し切る・引き切りする等いろいろな技術が存在する。すしは手技とキレのよさが身上であり、見事な庖丁捌きは握り方・盛り方とともに〃すし屋の華〃である。そして切るという単純な作業の習得は熟練以外の何ものでもない。すしダネの切りつけ方は、握りずしの美味しさに大きく関わってくる。タネとすし飯が一体となった味を作るには、すし飯の量とタネの大きさのバランスが大切である。タネは大きければよいというものではない。刺身を食べるのではないからである。魚の大きさや性質を理解し、材料の大きさを考えた切りつけ方の基本を身につけなければならない。いくら高いよい庖丁を買っても、切れ味がともなわなければなんにもならない。庖丁は料理職人にとって、最も大切な道具で、手入れが行き届いて切れ味がよいと、刺身やすし種の切り口も美しくなり、すしの仕上がり具合いもよくなり、美味しさにも影響する。

したがって、職人は庖丁を大切に扱い、仕事が終わったら毎日、汚れや錆《さび》、水あかを落とすことが大切である。毎日の手入れが悪いと酢で庖丁の鋼《はがね》が腐食してしまう。道具には使う人の姿勢がはっきりと現われるものである。したがって、砥石（荒砥・中砥・仕上砥）を使って上手に研ぐことも、俎板の手入れとともに職人にとって重要な仕事である。

●俎板《まないた》

俎板《まないた》は庖丁で食材を切るときに下に置く板のことであるが、〃まな〃は魚のことで、その〃まな〃を切るときに使う板なので「まないた」となったといわれている。そしてのちに野菜用のものも一括して俎板《まな》と呼ばれるようになった。俎板材《まな》にはヒノキ、カシ、ホオ、イチョウなどがある。料理屋ではよく堅木《かたぎ》の俎板《まな》は庖丁が負けるといって敬遠され、カシなどはあまり使われないという。よく使われるのがホオとイチョウである。なかでもイチョウは堅さや香り、木目《もくめ》などの点で俎板材《まな》としては最もふさわしいといわれている。すし店ではヒノキもよく使われている。使いやすい俎板《まな》とは、庖丁の刃を無理なく受け止めてくれ、堅からず、柔らかすぎずというものがよいとされてきた。

この他、すしを作る道具としては大きな貝の殻を剥《む》くための貝剥き、穴子《あなご》を割くときに使う目打ち、玉子焼き鍋、笊《ざる》、桶《おけ》、酢飯を入れる櫃《ひつ》、巻物を作る巻簀《まきす》、うろこの硬い魚に用いるうろこ取り、小骨の硬い魚に使う骨抜き、魚の血合いや櫃の汚れも落とす細かい竹を束ねたささら、わさびをする卸し金などがある。これらの手入れも忘れてはならない。

最後に道具ではないが、すしを作るうえで庖丁や俎板とともに重要な備品が〝布巾〟である。布巾はすし職人が常に仕事をする時、ある時は右手に、ある時は左手に持ちかえられながら、さまざまな用途に使用される。一般に布巾は晒《さらし》を用いることが多く、晒を一反買って、40〜50㎝くらいに裁断して使われる。職人の手のひらに入るくらいの大きすぎず、小さすぎずの大きさがよい。布巾はあくまでも清潔にして純白のものを常に使うよう心がけることが大切である。一つ一つの仕事の終わりには必ずよく洗い、きれいにしておくことが求められる。

以上述べたこれらの道具や備品は長い日本料理の歴史の中で、職人が工夫を重ねて生み出したものである。伝統の技を守るためには、いずれもなくてはならない大切なものばかりである。

すしの握り方

●すしと米

握りずしの味は「タネ四分にシャリ六分」とか、「すしは米に六分の味がある」と昔からいわれる。つまり、すし飯の善し悪しがにぎりずしの美味しさに大きく関わってくるとなれば、米の選択にもタネと同じくらい注意を払いたいものである。すなわち、少しでも品質のよい米を見きわめることが大切である。米は同じ品種のものでも土質が違えば、品質も異なってくるので、毎年発表される農林水産省の「産地品種銘柄」という産地指定銘柄の米の食味試験の結果を参考にするのも一考に値する。

精米の段階での見分け方は、糠《ぬか》の適度な除去と、粒の形のそろい具合いである。粒に丸みがありツヤもよく、いわゆる糠切れがよいものを選ぶことである。また、精米してから一ヵ月ほどは変化は少ないといわれているが、できるだけ炊飯の直前に精米するのがよいとされている。次に米を美味しく炊き上げるには、米の主成分であるデンプンを十分に糊化《こか》させることが大切なため、米をといでから炊飯まで、季節と温度に応じて吸水させておくことが大切である。そしてすし飯がよければ次はすし飯の温度（人肌）と握りの技巧ということになる。

すしを口に入れた時のすし飯の握り加減で、すしが旨いかまずいかがすぐわかる。すし職人が習う握り加減は「箸で摘んでくずれず、口に入れて散るように」とか、昔の歌舞伎見物では箸でなく楊枝で刺して食べたことから少し固めではあったと思われるが「握ったすしを楊枝で刺して口まで持っていって、口に入れたらパラリとほぐれるように」といわれた。これが昔からのすしの理想的な握り方の加減とされてきた。外側がしっかりと握られ、中がふんわりとしたすしを握るのが、技術の見せどころである。口で散らず、ほぐれず、グサリときたら、すしではなく「おむすび」である。作家池波正太郎は「うまいすしは口のなかで花が咲く」と表現した。

握りずしの工程におけるタネとすし飯の密着こそが、握りずし一個一個のうま味の出所の第一段階である。銀座の名店「すきやばし次郎」の小野二郎氏はすしダネに合わせて握りを加減するという。たとえば、穴子のような身の柔らかいものは口に入れたらほろっとほどけるように柔かく握り、車海老や新いかのゲソなどは少し硬くする。また白身やイカ・コハダのようなさっぱりした脂の少ないタネはワサビも少なくしているという。吉野昇雄氏は、握りの工程における留意点を次のように列記している。

(イ)握る両手の掌の温度（高温）に気を配ること。
(ロ)すしの艶（光沢）を出す技巧を身につけること。
(ハ)タネとすし飯の密着により出てくる旨さに気を配ること。
(ニ)タネとすし飯の握り具合・握るときの締め加減（押し）を習得すること。
(ホ)手酢の使い方加減に気をつけること。

(へ)すしの旨さは食べた後のあと味にあることを肝に銘じてすし飯を作ること。

握りずしの握り方には、「手返し」「たて返し」「小手返し」などの方法がある。その店の伝統によって、それぞれにちがうものの、握るときの姿勢、タネにできるだけ手を触れないようにするといった点は共通するところである。握りずしの成形にも、伝統的な「舟型」と「地紙型」(末広型ともいう)というのがある。

いずれにしても握りの大きさも高さも、一様でなくてはならない。また煮物を握った手、庖丁の柄をもった手でそのまま握るなどはあってはならない。あたりまえのことを手抜きせず、いつも同じリズムで握り続けるよう、体に覚えさせる習得こそが大切である。

すしの盛り方(盛り込み)

日本料理は中国の陰陽《いんよう》五行説《ごぎょうせつ》の古い思想とともに築かれてきた。食材の切り方や盛り方も、この陰陽の考え方に基づいている。日本料理で用いる片刃の庖丁は右手に握った時に、右になる面を陽(しのぎがある面)といい、左側つまり、しのぎのない面を陰と呼んでいる。また、刺身にも陰陽があり、上身にして柵取《さくど》りした魚肉を右から切っていくのを〝陽の刺身〟といい、左から切っていくのを〝陰の刺身〟という。一般に柵取りしたマグロを切る場合は〝陽〟が多く、白身魚を薄くへぎ造りにするような場合は〝陰〟が多い。

盛りつける器にも陰陽があり、角張った器は陰、円形の器は陽である。日本料理では、陰の器か陽の器かの違いによって、盛り付ける範囲(=味込)がきまってくる。つまり、円形の器の場合は、円形の輪郭の中で接する正方形に内接する円形が味込となり、長方形の器では、その長方形の中に接する楕円に内接する長方形が味込となる。こうして職人は味込を目測して、盛り付けの範囲の目安としているのである。しかし、これはあくまでも目安であり、職人の感性と趣向で、いかようにも演出すればよいのである。

また盛り付けでは〝陰陽和合〟といって、陰の器に陽のものを盛るのがバランスがよいとの考えもあり、日本では七・五・三に見るように奇数を吉として料理の献立や盛り付けにも奇数を原則としていることが多いという。

昔は皿に盛るすしは「杉形《すぎなり》」といって米俵のように積み上げていたという。今は平面的に並べる〝流し積み〟が一般的である。これは煮切りや煮ツメですしが互いに汚れないようにし、すしの形が崩れないようにしたためである。出前にはこれが一番である。積む（並べる）順序は昔は鉄火巻（海苔巻）は器の一番上（奥）において、カスゴ・エビ・サヨリ・キス…といった上魚（高級とされた魚）は上座の方に置き、マグロ・コハダ・トリ貝・ハマグリ…などは下魚だから前の方に並べたという。また赤身の魚は水引と同じく右の方に置くのが普通であった。しかし最近ではマグロは上魚だし、必ずしもとらわれなくなってきている。

また笹もすしの積み込みには昔から彩りを添え、大きな役割を果たしている。すなわち、出刃庖丁の先ひとつで剣型、海老型、花型、石菖型、桜型、などさまざまな型に切られ、店ごとの好みによってすしを飾ったのである。積み込みは、単純そうに見えても意外にむずかしく、高度な技術と感性が求められた。昔から、すしの積み込みには、画家が山水の絵を描くように、美しく盛るよう心がけられたという。

すしに限らず日本料理は色どりの調和とその配色によって、いっそう引き立つ。すし職人は絵心をつねに持ち、鍛錬し、料理と器の調和を考えて美しく積むよう心がけることが大切である。すしダネをじっくり見極めて、器の余白をいかに作るか、料理と器の調和をよく考えて盛り付けることも職人の技の一つである。

接客応対

すし屋は常連の客がつきやすい業種である。これは対面商売ならではの特徴である。しかし一線を越えて友達のような接し方をしてはいけない。そして清潔に服装を整え、教養のある話術を身につけ、誠意ある対応がすし職人には要求される。ただ握るだけでなく、仕込みから手をぬかずに取り組み、自信をもって仕事をすることである。そのためには、「修業」の項でも述べたように、技術の習得と教養を身につけることを怠ってはならない。とくに言葉づかいや、如才のない気遣いは大切である。たとえば注文に対しては必ず「はい、かしこまりました」と返事をすることや客の好みを早く覚えて、小さな心づかいをすることなどは、客をひきつけるコツであろう。

環境整備と衛生管理

食材として生の物を扱う仕事であるかぎり、衛生管理は基本中の基本である。何か問題が起こってからでは手遅れである。一度事故が起きてからでは客はもちろんのこと、店にとっても命取りである。すし職人自身の自己衛生管理とともに環境整備と衛生管理は定期的に充分に行う必要がある。

●自己の衛生管理

日頃より清潔で衛生的観念を身につけることが大切である。とくに手に傷をつけないように努力し、万一化膿したような場合には魚を扱う仕事は避けるべきである。また白衣はいつも清潔に保ち、定期的（週3回以上）は交換することを義務づけるべきである。不潔な白衣は不衛生だけでなく客に不快感を与えてしまうことになる。今は白衣に帽子とズボンになったが昔は丸坊主か角刈りでこれに鉢巻をしていた。これは江戸前の〝粋といなせ〟を売りものにしたと同時に汗止めのためでもあったという。

●店舗の衛生管理の習慣づけ

まず定期的な大掃除を習慣づけることである。定休日に徹底的に大掃除をし、煮方の厨房や水まわり、エアコンフィルター、照明器具の手入れ等を行うとともに、椅子やひき戸などすべての備品を外に出し、水流しをして床掃除をすべきである。このときカウンターまわり、つけ台やタネケースはとくに念入りにする。この習慣を身につけることがすし職人の第一歩である。俎板《まないた》の取り扱いは使用頻度も高く、庖丁の手入れとともに大切である。小魚用仕込み俎板、野菜用俎板、カウンター用俎板は区別し、常に清潔なタワシを使って、洗剤で洗い、さらに塩で磨いて、熱湯をかけ殺菌に努め、乾燥させる。昔の職人は「俎板にもお茶をやる」とか「外の空気に当たらせる」などといったという。保健所では合成樹脂製俎板の使用を指導していると聞くが、木製とは感覚が違うため、多くの職人に木製が好まれて使われている。木製は傷がつきやすく、この傷が細菌の温床となるため定期的に表面を削ることも必要である。

すし屋の印象を決める大きな要素の一つにカウンターがある。カウンターの大掃除も大切である。とくに木製檜の場合、大事なことはタワシとクレンザーできっちりと磨いて水洗いしたあとの乾燥である。これが不完全だと水腐れを起こす原因となる。

冷蔵庫のない時代は害虫やネズミなどその駆除が大変であった。現在は冷蔵庫設備の導入で疫病発生の原因を減少させてはいるが、まったくないわけではない。目下の一番身近な問題はゴキブリ対策であろう。営業時間に出没されては客に不快感を与えてしまう。すしダネは生の物がほとんどであり、とくに日本は湿気が多く梅雨から夏場にかけては食中毒が多発するため充分な注意が必要である。食中毒の原因菌としては黄色ブドウ球菌・腸炎ビブリオ・サルモネラ・病原性大腸菌・ボツリヌス菌が主なものであるが、原因菌不明の場合も多い。

いずれにしても衛生に関する知識と、衛生的でなくてはならないという使命感をもつことが大切である。とくに貝類は食中毒の原因になりやすく、多くの貝類の産卵時期の夏には卵に毒があるため注意して仕込みをすることが要求される。たとえば、卵の処理をきちんとし、短時間でも冷蔵庫に保管する努力や、生のまま使わず、さっと酢をくぐらせたり、熱湯をくぐらせる工夫もタネによっては必要である。またすしダネの冷蔵庫への保管にあたってはペーパータオルやサラシで包み、ラップフィルムでおおって乾燥を防ぐなど、美味しさの保持も忘れてはならない。

すしと器選び

日本人は料理と器は一体のものと考え、料理と同じ程度に食器に心を配ってきた。美味を探り、美術をこよなく愛する日本人ならではの心である。〝食器は料理のきもの〟といわれる。食器に食べ物を盛ることを〝よそう〟というが、これは料理が器という着物を「装う」ことによって、一層美しくなることをたとえているのだろう。〝料理は器で食わせるもの〟〝料理はまず目で食べる〟などと昔からいわれ、どんな器を使うか、その器の形・大きさ・色彩を考えた〝盛り付け〟の良し悪しが、料理人の腕の一つといわれている。料理の技術に加え、器の吟味もそれだけ重視されている。つまり、料理・器・盛り付けの三つの要素が一つになって初めて料理は完成するものである。

器の種類

やきものは粘土、珪石、長石などを混ぜて焼いたもので、材質や焼く温度、釉薬《ゆうやく》の有無によってさまざまなものができる。磁器と陶器に分けられ、磁器は〝石もの〟、陶器は〝土もの〟と呼ばれている。磁器は、粘土と長石、石英などを陶器よりも高温で焼いたもので、堅くて色あいは純白で透明感がある。たたくと金属音のような澄んだ高い音がする。有田焼、九谷焼、清水焼などが代表である。陶器は、粘土が原料で産地の土により、性質が異なるため、産地による、その土地独特の趣がある。焼きは柔らかく、質が粗い。たたくとにぶい音がする。陶器には釉薬を使った〝施釉〟と、釉薬を使わない〝焼締め〟がある。前者は瀬戸・美濃・唐津に代表され、後者は備前・伊賀・信楽に代表される。

大皿

尺皿（直径30㎝）以上のものをいう。形は丸皿・角皿・変形皿などさまざまである。木の葉・笹形・舟形などの変形皿や長方形の大皿に脚の付いた俎板皿などもある。いくつかの食材をバランスよく盛ったり、余白を生かして、中央にこんもり盛り付けたりする。職人の感性が生かされる華やかな使い方が楽しめる皿である。

中皿

いちばんよく使われる器で五寸皿・六寸皿・七寸皿・八寸皿などがあり、15㎝から24㎝ぐらいの大きさである。一人前の食材を盛るのに適している。すし皿としては簡素で使いやすいものを選びたいものである。

小皿

三寸皿・四寸皿といわれるもので、10㎝前後のものである。取り皿としても、醤油や薬味入れの小皿としても使われ、重宝なものである。小皿の中でも5～7㎝のさらに小さいものを〝豆皿〟と呼んでいる。基本的には豆皿や取り皿は磁器の染付などが使われやすい。いつも使われる皿であり飽きのこないものを選ぶ事が大切である。

角皿

皿というと丸型が馴染みやすいが、刺身では正方形の〝四角皿〟や長方形の〝長皿〟などが盛り付けに適しているし、また料理も引き立つ。角皿はあまり絵柄があるものよりも、すし皿としては無地か簡素な絵柄のもののほうが使いやすい。目的を考えて選ぶことが大切である。

鉢

一口に鉢といっても大鉢・中鉢・小鉢と大きさで分類されるものと、深鉢・平鉢・浅鉢と形で区別される場合がある。大鉢はすし屋ではあまり使われないが、煮物や炊き合わせに使われる。中鉢や小鉢はあえ物・酢の物・香の物・お浸し・サラダなど何にでも使えて便利なものである。小鉢のなかでとくに小さいものを〝小付〟と呼び、珍味などを少しだけ盛る。

向付

向付《むこうづけ》とは先付《さきづけ》ともいい、懐石料理のときに、折敷《おしき》（お膳）の手前に飯椀《めしわん》、汁椀《しるわん》を置くのに対し、向こう正面におかれる器である。主に生魚を盛る。懐石料理では、いちばん最初に出てきて、季節感を演出し、最後まで置かれている器なので、料理との調和を考えた形や絵柄の洒落たものを選びたい。すし屋では、この向付を、酢の物、和え物、ぬたなどちょっと上等の小鉢として使ってみるのもよい。

蓋物《ふたもの》

蒸した温かい料理を冷めないようにと使われる筒形で、一般的には受け皿がついている。茶碗蒸し用なら丈夫な筒形がおすすめである。選ぶ時は形や大きさから蒸し器の大きさに合わせて求めたい。

湯呑み

湯呑みは、飯椀と同じくほとんど毎日使われる器である。手に持ったときの重さ、大きさ、手ざわりと口につけたときの口当たりが大切である。煎茶、番茶、ほうじ茶、粉茶、玉露などお茶の種類に合わせて、湯呑みも使い分けて楽しみたいものである。煎茶には、磁器もので内側が白いもののほうが、煎茶の色が美しく映える。番茶やほうじ茶では、熱湯をたっぷりと注ぐので、深みのある筒形のもので陶器がよいが、磁器なら厚めのものを選ぶほうがよい。すし屋では、一般的に〝粉茶〟を用いるため番茶やほうじ茶と同様、陶器でも磁器でもよいが厚めの筒形がよい。

徳利

酒器を見ると、その人のやきものの趣味がわかるといわれるほど、好みが強く反映される器である。料理を盛って、その組み合わせの調和を楽しむ皿や鉢などと違って、徳利は器そのものを楽しむものである。季節によっても大きく変わるが、形・大きさ・材質を考え趣味に合ったものを杯《さかずき》との相性で選びたい。

ぐい呑み・猪口《ちょこ》

日本酒を飲む器を杯《さかずき》というが、そのなかで、グイと飲む少し大きく深めのものをぐい呑みといい、猪口はぐい飲みより一般的には小さく、上が広がって下がすぼまった形のものをいう。また、猪口は向付の別名で料理用に使われていたが、江戸時代からはそば切りや酒用にも使われるようになった。徳利と同様に、季節によって変えて楽しんだり、飲む人に好きなものを選んでもらい、器と酒の味を楽しんでもらうのも、もてなしの一つである。

醤油差し

まず注ぎ口の汁切れがよく醤油がたれないものを選ぶのが一番大切である。できれば受け皿がついているほうがテーブルを汚す心配がなくてよい。安定のよいものを買い求める。醤油は入れっぱなしで何日も置いておかず、できれば毎日注ぐのが空気に触れる時間が少なく、味が落ちない。そのためには小さめを選んだようがよい。これもすし屋のセンスが表われる一品である。

箸置き

箸置きは磁器もの、陶器ものと多彩で、色や形はもちろんのこと、テーブルに季節感を添える役目をしている。すし店にも季節に応じたものを備えたいものである。

器選び

食の器は見て、触れて、持って、使って楽しむものである。すなわち、見た目の美しさだけでなく、それぞれの暮らしの中で用と美の役目をもった器を見立てて自分たちにとって、よいものを選ぶことが大切である。食事をする人だけでなく、運ぶ、洗う、片付け、収納とそれぞれにとって使いやすいものがよい器である。昔から〝手ばかり〟という言葉がある。人間の体（とくに手）をものさしにして寸法や大きさ、形、重さを測ることである。実際この手ばかりで選んだ食器はとても使いやすく、飽きがこないものである。そしていつまでも心あたたまるようなものである。一般的な器選びの心得を列記してみると、次のようになる。

①産地にこだわらず、目的にあったものを選ぶ。
②料理が盛られた時のことを考えて選ぶ。
③多目的に使えるものを選ぶ。
④丈夫で重ねやすく、収納に便利なものを選ぶ。
⑤長く使えて飽きないものを選ぶ。

⑥季節感を考えて選ぶ。
⑦他の食器との調和のよいものを選ぶ。

要するに器選びのポイントは料理が主役であることを忘れず、料理を引き立たせる器であり、それでいて存在感のある器を選ぶことである。

◆四季の器

日本には四季がある。四季の変化や旬の食材に合わせて器も変えてみると楽しいものである。たとえば、春は織部のような緑釉の器、夏には涼しげな薄手の磁器の染付やガラス器、秋から冬にかけては赤絵の器やぬくもりのある厚手の備前・唐津・志野といった土ものなどを使い、季節感を演出する。しかし器はあくまでも料理との調和である。すしダネの素材を生かして料理し、その料理が映える器を選び、それに盛る。これこそがすし料理のもてなしの演出である。

箸文化

箸文化を持つ国は、中国、朝鮮半島、ベトナム等東南アジアの一部と日本である。このうち、匙などを使用しないで、箸だけを使用するのは日本だけである。日本の箸は他国のものより短く、先がとがっている。これはお膳で一人分ずつ料理が出るので、他国のように取り分ける習慣もなく、食生活も魚介類中心のため、つまむ、はさむ、ほぐすなど、細かい作業に適しているからである。このように日本は独自の箸文化を確立してきたのである。箸が日本に入ってきた時代がいつなのかは定かではない。さまざまな説がある。三世紀の『魏志倭人伝《ぎしわじんでん》』には、「日本人は手を使って食べる」とあるという。しかし、身分の高い人たちの間では、箸は既に使われていたのではないだろうか。また、『古事記』（712）の須佐之男命《すさのおのみこと》伝説の「川のそばで箸が流れるのを見て、川上に人が生活をしていることがわかった」という記録から、箸は古代からあったとする説がある。

その後、天皇の即位式に使われたという竹を折り曲げたピンセットのような鳥の嘴《くちばし》状の道具〝折箸〟を日本の箸の起源とする説もある。また、小野妹子が隋より帰国（609）後、箸と匙を使う中国の食事法を紹介し、これが宮中に取り入れられ、平安期（794〜1192）頃まで、宮中では、木製の匙と箸を用いたといわれている。したがって、二本の箸の使用は奈良時代（710〜794）の初めに〝唐箸〟が中国から渡ってからとされている。日本独自の使い捨ての〝割り箸〟が、一般的に広く使われるようになったのは江戸（1603〜1867）中期以後といわれている。江戸の飲食店に割り箸が現われ、江戸っ子が器を片手に持ち、割り箸を木の目にそって口で割るところから「割り箸」と呼ばれたという。

日本の箸は用途・素材・形などから次のような種類がある。

①食事用には材質から象牙箸《ぞうげはし》・割り箸・塗り箸・木箸・竹箸・プラスチック箸
②調理用に菜箸《さいばし》、真魚箸《まなばし》（真名箸）
③形状では、両口箸・片口箸・利休箸

などがある。すし店での食事では一般に杉などで作った割箸を用いる。また利休箸を用いることもある。

欧米はナイフとフォークの世界であり、食器は皿ばかりである。これに対し、日本には、〝箸〟があるおかげで、皿だけでなく、鉢物、椀など、さまざまな器が豊富に揃っている。美しい器を手に持って食べるという行為は、箸を使う日本の食文化だからこそ生まれたのである。この箸文化のおかげで、箸でつまみやすい繊細な日本料理も次々と生まれ、さらに食する際には周りの人に不快を与えない美しい箸の持ち方の作法も考えられた。そして、昔から食事を始めることを「箸を取る」「箸をつける」という。箸は日本独自の食文化のはじまりである。

第六章

すしの上手な食べ方と健康

すし屋で上手に楽しく食べる

日本料理は食空間だけでなく、日本の生活文化を包括して長い歴史の中で洗練されてきた料理であり、すしもその例外ではない。中国の『四書』の一つとしてよく知られる『中庸《ちゅうよう》』という書には、孔子の言として、「人間は飲んだり食べたりしない者はいないが、よく味を知っている人は少ない」と書かれている。この味を極めることこそ、料理を上手に楽しく食べるコツである。いかに美味しく食べるか、いかに風味を楽しむかは食べ物に対する作法であり、調理人への礼儀である。

すし屋は開店前にはすでに清掃から、すしダネの仕込みまで終わっていて、客と料理人が対峙《たいじ》しての飲食の準備が完了している。対峙しての食事には他の料理店やレストランとは異なる独特の雰囲気が客と職人の間に生じる。それゆえ、緊張せず、上手にすしを楽しむことが大切である。そのためにはすし屋での振る舞いを正しく理解し、感謝のマナーに気をつけたいものである。

予約を入れる

まず店選びで大切なことは、握りずし主体の「すしを食べる店」なのか、それとも、「おつまみと酒をじつくり愉しみ、その後すしを食べることのできる店」なのか、店の個性を知った上で使い分け、予約することである。

人気のすし屋ほど席は取りにくいものである。また入店に際し、客同士は同じ頃の時間帯になることが多い。待たされることを避けるためにも予約は必要である。さらに予約の電話の時点で、だいたいの予算を提示し、伝えておけば店側も心得て対応してくれるものである。加えて、すしダネは季節により、値にかなりの幅がある。接待客などとの同伴ではその場では話しにくいことなど、予約の時点であらかじめ店側と確認しておくと安心して楽しくいただける。予約を入れる電話をする時は営業時間中はできるだけ避けること。つまり営業前の五時少し前あたりがよい。午後三〜四時は休憩に入っている場合が多いからである。食事のマナーは食べるときだけでなく、店を予約する時からはじまっているのである。

どこに座るか

まず予約時刻に遅れずに店に行くことである。迎える店側も時刻に合わせてしっかり準備をしているからである。店に入ったら、コートなどを脱ぐ場合は入口近くで脱ぐこと。すし屋は店内が狭い場合が多いからである。すし屋では職人の立つカウンターの内側を「つけ場」と呼び、客が座る場所を「つけ前」と呼ぶ。店によって異なるが、一般的にはつけ前に座ってもテーブルに座っても、値段は変わらない。初めて「お好み」や「おまかせ」を注文するならば、つけ前のどこに座るかは、主人の誘導に任せるのが無難である。つけ前の席では、すしダネを見ながら、すし職人と会話を楽しむことができる。そして店を利用し慣れてきたら、できれば主人の前に座りたい。ただし、主人はカウンターの中央に立つとはかぎらない。店全体がよく見わたせる場所に立つものである。しかし、「お決まり」で一人前の盛り込みを食べる時はテーブル席で充分である。

次に、席に着くと、手拭きとおしぼりが用意される。手拭きは手ですしを食べることを想定し、用意されているものである。まずおしぼりで手を清める。手拭きを出さず、おしぼりを食事中何回か取り替える店もある。次に「お飲みものはいかがいたしますか?」と聞かれる。お茶でもお酒でも好きなものを頼めばよい。

おまかせか、お好みか、お決まりか

いよいよ「何からにいたしましょう」となる。「おまかせ」はすし職人にすしダネの選択や順序を委ね、とくにその日のおすすめのタネを握ってもらうことであり、「お好み」は客の側が選び注文することである。「お決まり」は松・竹・梅や特上・上・並といった価格と内容が設定された「盛り込み」から選ぶことをいう。

またお決まりと同じタネでもお好みでは魚身の部位や肉を切る厚みなどで差をつけるものである。したがって初めて行く店ではまず「お決まり」を食べてみるのがよい。「お品書き」がある時は席に着いたら遠慮せず見せてもらい、値段の見当をつけておくことも大切である。また「お決まり」で握ってもらい、その後、好きなタネを1～2品追加し、握ってもらう方法もある。いずれにしても苦手なタネやワサビの入れ方など注文がある時は握る前にきちんと伝えておくことが大切である。

醤油をつけるタネとつけないタネ

本来江戸前握りずしに、客は醤油をつけなくてもよかった。それは、職人がすしダネを酢でしめていたり、〝煮切《にき》り〟や〝煮《に》ツメ〟を塗って調理し、〝仕事〟をして出してくれていたからである。

客がすしを醤油につけるようになったのは、生の刺身をタネに使うようになった頃からだといわれている。煮切りや煮ツメを塗ったすしには、基本的には醤油をつけない。少々味の薄い仕上がりの時などに、醤油を少しつけて味を加減する程度である。しかし酢でしめたり、煮ツメを塗るなどの仕事をしていない生の刺身を多く握る現代のすしは、つけ醤油を使う必要がある。また、刺身に醤油を使う場合、醤油にワサビを溶かさない。醤油に溶いてしまっては、せっかくのワサビの香りが台無しになってしまう。本ワサビの香りを楽しむためには、刺身の上にワサビを乗せて、醤油を少しつけるか、ワサビを刺身ではさんでから醤油をつけるとよい。また刺身が器に盛り合わせてある場合は、右手で箸を持っていると想定して、左、右、奥の順に食べ進めるとよい。昔から料理人はこの順に食べると、美味しいと感じるように盛りつけているという。

しかし、現在ではあまりこだわる必要もないが、一応知っておくとよい。

次にすしを〝つけ醤油〟につける場合のやり方であるが、基本的にタネに醤油をつけ、すし飯にはつけない。すしを指三本、すなわち右手親指と、中指・人差し指でつかむが、親指をタネの上に軽く添えて、横(内側)に傾け、三本の指で支える。手を少しひねるようにして、すしダネに醤油をつける。また、あらかじめ、すしを内側に90度倒してから、そっと手でつかんでもやりやすい。そしてタネとすし飯が同時に舌に直接ふれるようにして、すっと口の中に入れる。食べ方に変な能書きはないが、こうすると自然で食べやすいということである。箸で食べる場合も同様にすればよい。握りは必ずひと口で食べること。大きい時は二つに切って欲しいと頼めばよい。あらかじめ小振りに握って欲しいと頼んでおくのもおすすめである。またすし屋で職人言葉(符牒《ふちょう》)は使わないほうがよい。知ったかぶりは周りからみても見苦しいものである。

すしを食べる順序

すし屋の席に座り、迷うのが、さて何から握ってもらおうかという順序である。一般的には淡白な白身から順次、濃い味のタネに進む食べ方がよいとされる。また職人の技をみるのに玉子焼からだという人もいる。しかし最近の多様性のあるすしダネでは好きなものから食べればよいというのが結論である。好きなものを好きな順序で好きなだけ食べればよい。すし談義でこの話ほど意見の分かれるものもない。ちなみに筆者は、旬にもよるが一般的には、白身↓イカ・タコ↓ヒカリ物↓(貝類)↓マグロづけ↓中トロ↓煮ツメ物↓(玉子)↓巻物(必ず干瓢)と昔から決めている。(貝類や玉子はその日の状態により省略することあり)。

大切なことは、すしは「風味を楽しむ」食べ物であるということを忘れてはいけない。また握りずしは〝粋《いき》〟と〝間〟で食べるものである。握る方と食べる方の〝息〟が合えば、これほど楽しい食べ物はない。職人と客が一緒に心地よいリズム・テンポの空間を作り出していくことである。すしは握った瞬間から風化していくものであり、握りずしが出たら「三秒くらいで食べろ」と昔の職人からよくいわれたものである。煮切りがつけてある時や温かいタネを食べる時はとくに気をつけることが求められる。

握りずしは〝粋な味〟を楽しむものでもある。たとえば、木の芽や柚《ゆず》・山椒《さんしょう》・ワサビといった微妙な香りやすしダネのもつ本来の香りと味を楽しむものである。また「食いかじり」といってふた口以上に分けて食べることもよくない。見た目にも汚いものである。昔から「そばは食べるもの」「すしはほおばるもの」である。そして箸を使う時、ついついやってしまいがちなのが、お皿の縁に箸をのせてしまう〝流し箸〟である。和食の作法としては好ましくないことである。平素から箸置きに置く習慣が大切であろう。

お茶と生姜(ガリ)の効用

すし屋ではまず、大きな厚みのある湯飲みに入れられた熱いお茶が運ばれてくる。熱い茶は食べた魚の口の中に残った脂を洗い流し、同時に魚の臭《にお》いを消す効果がある。だから味の濃いすしダネを食べた後でもお茶を飲んでおけば、味覚が鈍るということはない。すし屋では〝粉茶《こなちゃ》〟を使うことが多い。粉茶は、煎茶や玉露を加工する段階で出る粉になった茶葉を集めたもので、すし屋にはうってつけのお茶である。高級茶葉のように香りが立たず、旨味も少ないが、価格も安いし、すしの持ち味を殺さない。次に〝生姜〟であるが、生姜は外側の皮を剥《む》いて薄くおろしたものに60〜70度Cのお湯をかけ、冷水にくぐらせ、アクを抜く。酢2対砂糖1の割合で塩少々を加え漬けるといわゆる〝ガリ〟ができる。このガリがまた舌の上に残った脂をとってくれる。ショウガにも口中の臭いを消す効果がある。しかし、これらの効果は濃いお茶にはかなわない。ショウガとお茶を適度にはさみながら美味しくいただくのがコツである。

酒の飲み方

すし屋もそば屋も江戸時代に発展し庶民に親しまれてきた。当初はどちらも屋台であった。そば屋には酒が置いてあったが、すし屋にはなかった。「酒ならそば屋へ行ってくれ」といわれたという。この理由について北大路《きたおおじ》魯山人《ろさんじん》（１８８３〜１９５９）は、著書『魯山人の料理王国』のなかで次のように記している。「酒の飲める寿司ができたのは戦後である。戦前はお茶で寿司を食っていた。何がそうさせたかと言えば、それは寿司屋が椅子に変わったせいである」。つまり、立ち食いのすし屋に椅子を置くと、つい酒が欲しくなる、というのである。

すし屋で酒を楽しむには〝粋〟を大切にすることが大切である。長居と深酒を慎むことである。酔い過ぎるとすしの味（風味）がわからなくなる。刺身などを肴《さかな》に少し飲んで適度なところで握ってもらい摘《つま》んで帰る。つまりバランスを考えて「上手に楽しく飲んで食べる」ということである。煙草は吸わないほうが美味しく食べられることはいうまでもない。灰皿が置かれていても一応となりの客や主人に許可をとる礼儀は必要である。古くからの馴染み客がいる店では簡単に全席禁煙に踏み切れない事情も察するべきである。すしを上手に食べ、〝粋〟に楽しむには、出されたすしを時間をおかずにすぐに食べ、長居と深酒を避けることにつきるであろう。また、謙虚な振る舞いを忘れてはならない。

支払いをする

基本的には食したすしダネの種類と数であるが、店ごとに仕入れる魚やその仕込みから仕事までいろいろであり、料金の算出方法もまちまちである。酒を注文したり、つまみを取ると料金は割高になるのは当然である。酒代の他、つまみには握りずし数個分の刺身が使われるからである。また、席にいる時間も値段に考慮されることもある。いずれにしても予約時に電話などであらかじめ確認しておき、上手に楽しく気軽に食べたいものである。最後に忘れてならないことは「ごちそうさまでした」という礼をいうことである。そして「お勘定を」となる。ここで注意したいことは客の側が「お勘定」の意味で「お愛想」といってはいけない。これは職人が客に「おあいそがなくて申しわけありませんが」と謙そんして用いる言葉である。また支払いは席で料金を聞き、レジで支払うのが基本である。つけ前のカウンターでの支払いはしてはいけない。他の客の目のある所で、現金は見せないのが原則である。とくに接待の時などは注意が必要であり、店の誘導にまかせてスマートに済ませることが大切である。

◆野暮な客、駄目な客にならないために

すしは客と主人とが〝対峙〟して、互いを認め合いながら礼と作法で食べるものである。ほんとうの〝すし通〟になるために以下のことに注意したいものである。

◇女性は香水をぷんぷんさせて入店しない。男性は葉巻を吸わない。（すしは風味が大切）
◇カウンターは自分だけの空間ではない。（隣り合わせた人のことも考えよう）
◇知ったかぶりをしない。
◇「今日のオススメは？」と聞かない。（店にとってはすべてオススメである）
◇「白身のオススメは？」など店の対応がしやすい聞き方をしよう。
◇シャリ・ネタ・ギョク・アガリ・お愛想など職人用語を使わない。
◇すし飯を醤油につけるようなことはしない。
◇すしダネをすし飯からはがして醤油につけない。
◇煮切りや煮ツメがついているのに醤油をつけない。
◇酒と刺身だけで握りずしを食べないようなことをしない。
◇すしは季節（旬）を楽しむもの。同じすしダネばかり食べない。
◇トロばかり注文するようなことはしない。
◇食いかじり（すしをふた口以上に分けて食べる）をしない。

◇握ってもらってからすぐに食べないでしばらく放置するようなことはしない（握ってもらったら、三秒以内に食べるのが旨いとされる食べ方）
◇最後にごちそうさまも、なにもいわないで帰るようなことはしない。

◆いいすし屋の選び方

いいすし屋といわれる店は〝粋〟と〝活き〟のよさで勝負してきた。よい店の条件を、筆者の経験を通した独断と偏見で列挙してみた。

◇予約時の電話の対応がいい店。とくに予算・内容をきちんと説明してくれる店。
◇入口まわりがきれいな店。
◇入店した瞬間に酢や魚の臭いのしない店。
◇カウンター（つけ前）の椅子と椅子の間隔がゆったりしている店。
◇すしダネのケースに乾燥防止の工夫をしている店。
◇小上がりやテーブルがきちんと整頓されている店。
◇すし飯が旨く、すしダネが新鮮な店。
◇客のテンポに合わせて握りが出てくる店。
◇本ワサビを使っている店。さらに握る直前におろす店。
◇前に注いだお茶を捨てずにその上に新しいお茶を注ぎ足すようなことをしない店（しかし、ぬる目が好きな客には注ぎ足すことがある）。
◇手に握りずしを持った時、固さのバランスがよく、口の中で溶けるような握り方の店。
◇しめたものがコハダ以外にもある店。

◇玉子焼が自家製の店。
◇職人の服装がきれいで清潔な店。
◇あまり能書きをいわず客本位で握る店。
◇職人がやたら大声を出さない店。
◇主人・職人が客の前で若い衆を怒鳴りつけない店。
◇職人が直接お札や小銭を触らない店。

◆すしといき（粋）

『「いき」の構造』の著者・九鬼周造氏は、その著のなかで、意識現象の形において示される「いき」の会得の第一として、内包的構造（ある概念に属するものすべてに共通の性質ないし属性）を識別してこの意味を判明しなければならないとし、三つの徴表を挙げている。

抜粋し、要約してみると、第一は、「異性に対する『媚態』である。つまり、『いきな話』でなければならぬ」としたのである。第二の徴表は、『意気』すなわち、『意気地』である」。江戸文化の道徳的理想が鮮やかに反映され、「野暮《やぼ》と化物《ばけもの》とは箱根より東に住まぬことを『生粋《きっすい》』の江戸児は誇りとした」のである。「いき」には、「江戸の意気張《いきは》り」「辰巳《たつみ》の侠骨《きょうこつ》」がなければならなかったのである。そして、「いき」の第三の徴表は『諦め』である。運命に対する知見に基づいて執着を離脱した無関心である」として、「いき」は垢抜《あかぬけ》が大切で、あっさり、すっきりの心がけを持たなければならないとした。

次に九鬼氏は「いき」の外延的構造（ある概念の拡がり、つまり、それに属する個体の集まりであり、人間という概念でいえば、すべての人間がその外延となる）の中で、「味」は「甘味と意気と渋味とのつくる三角形を指していう」としている。

さて、食べ物についてはどうであろうか。氏は「いき」の自然的表現の中で「いきな味」とは「味覚が味覚だけで独立したような単純なものではない。……味覚の上に、例えば「きのめ」や柚《ゆず》の嗅覚や、山椒《さんしょ》や山葵《わさび》の触覚のようなものの加わった、刺激《しげき》の強い、複雑なものである。」また、「……『いき』な味は、濃厚なものではない。淡白なものである。……」と述べている。つまり、『いき』な味とは、味覚のほかに嗅覚や触覚も共に働いて有機体に強い刺激を与えるもの、しかも、あっさりした淡白なものである。しかしながら、味覚、嗅覚、触覚などは身体的発表として『いき』の表現となるのではない」としている。つまり、すしは甘味と渋味の中間にあたるまろやかな酸味があり、職人と客との「握る」と「食べる」という「間」において、作り出される粋な料理なのである。したがって、「いきな料理」を「いきに食べる」ことが大切である。

筆者は一年中を通して、コハダの酢じめを食べる時、この「いき（粋）」を思い出している。

すし好きと健康

●健康と味覚と好みの関係

健康という言葉はおそらく人類の歴史上、最も大切なキーワードの一つである。貧困の時代も裕福な時代も、それはそれで健康は幸福の第一条件であった。近年、先進国に住む人達は生活が豊かになり、食べたいものをいつでもどこでもたくさん食べることができるようになった。この食生活と運動習慣の不足を続けた結果〝栄養過多〟を招き、〝肥満〟を増大させた。現在、これらの反省からくる贅沢であるがゆえの〝健康ブーム〟を巻き起こしている。先進国では1960年代から医療費は増加しつづけ、深刻な社会問題となっていった。生活習慣の〝ゆがみ〟からくる動脈硬化による心臓病や脳卒中・糖尿病が多発したのである。これらのことは、わが国においても例外ではなく、メタボリック症候群（内臓脂肪型肥満）が重大となり、新しい健診システムが最近策定されたばかりである。人間にとって食は毎日のことであり、小さな幸せを味わう〝生活のうるおい〟として、人生を楽しむことに使いたいものである。

食べ物の嗜好、つまり好みとは人の味覚に負っているといえる。妊娠すると嗜好が変わり、酸っぱいものを美味しいと感じるように、体のどこかに通常の時とは異なる異変があると味覚が変わる。病気の際は急な味覚の変化が起こり、病気の診断の一つの手がかりとなっているほどである。つまり、好み（嗜好）というのは、味覚と深い関係がある。

また、好み（嗜好）は遺伝とは無関係であるが、経験と関係があるといわれる。子供時代に食べ慣れていないものは拒否をしたり、親が食べないものは食べないというような好き嫌いの現象も経験によるものである。しかし後に、美味しいと感じ、好きになることもある。味覚とは味覚器官と化学物質の接触によって生ずる感覚である。もっと具体的にいうと、味覚は味覚細胞の感じる刺激だけではなく、口腔内の粘膜や、嗅覚、触覚、温度感覚などにも関係している。舌の上の味覚細胞が感じ取り、脳に伝達し、感知する。そして、味には通常四原味といわれる四種の味、「塩味」「甘味」「酸味」「苦味」があるとされている。しかし、うま味の発見により、最近ではこの「うま味」を加えて五つの味が基本とされている。

舌による味覚細胞の役割部分は、甘味が舌の先、塩味は舌の中央部、酸味は舌の両側の部分、苦味は舌の比較的奥のところである。いわゆる味は四つの基本味を味覚細胞の働きにより、それぞれが結合され、さらに、嗅覚、触覚、温度感覚を統合して総合的に構成されたものということになろう。嗜好もこれらを総合的に感じた味により支配されるといえる。また、前述したように食べ物の嗜好が、健康と深い関係があるが、食べ物の嗜好がその人の性格まで左右するともいわれている。すし好きははたして健康でよい性格であろうか。

すしの栄養知識

すしは味覚を楽しむもの、栄養や健康まで考えるものではない、といってしまえばそれまでのことである。しかし、やはりそこは食べ物である以上、すし好きにとっても栄養と健康は大切であろう。まず酢の効用であるが、酢の酸味は酸味成分である酢酸が主体であり、ほかにグルコン酸やクエン酸などの有機酸も含まれている。また酸味は酢の原料がもともと持っている甘味・うま味・コク・香りなどの成分も有している。米酢や穀物酢ではタンパク質が分解されたアミノ酸も多く含まれ、中でもグルタミン酸・アルギニン酸・アスパラギン酸など10数種のアミノ酸が主体をなしている。グルタミン酸はうま味の成分をつくっているだけでなく、その他の食材と相乗的に働いて料理の美味しさを作る作用をしている。また酢の働きで代表的なものとして、防腐・静菌作用があることは古くから知られている。ローマ帝国の軍隊が、現在のフランスのゴールへ進軍したとき、ローマ軍は、ブドウ酒で造った酢と、ハチミツを混ぜたものを水で薄めて飲み、元気をつけていたという。生の水を飲むより、この方がずっと安全だったであろう。遠征で、各地を征服していったローマ軍は、安全に水を飲むための手段を経験的に知っていたのであろう。これは酢がタンパク質を変性させる力を有しており、微生物はタンパク質でできていることから、酢が微生物のタンパク質を変性させ、細菌の殺菌や増殖を抑えることができるからである。

また酢は褐色変化の防止作用がある。レンコンやごぼうなどの根菜はアクが強く、庖丁などの切り口がアクで褐色に変化してしまうが、これらを切った後、すぐに酢水につけておくと褐色変化を防ぐことができる。さらに魚を酢でしめる場合、あらかじめ食塩を加えておくと食塩と酢の相互作用で魚の臭みがなくなり味もよくなる。このことも古くから経験的によく知られている。これは魚のタンパク質の凝固が促進されるからである。

次に酢のヘルシー効果であるが、まず酢の中のクエン酸には疲労回復効果がある。運動後は少なくなったグリコーゲンを補給する必要があり、この時、酢と一緒に糖分を摂ると、より早く疲れが回復するという。酢の中に含まれるクエン酸が疲労の原因となる乳酸を早く分解してくれるからである。また酢は肉や野菜などに含まれるカルシウムを引き出す力があり、このカルシウムは血液をアルカリ性に保ち、神経の興奮を鎮める作用をもち、イライラやストレスを少なくしてくれる。また酢はカルシウムを引き出すだけでなく、吸収もよくする働きがある。

一方、酢の酸味は味覚や嗅覚を刺激して食欲をそそり、唾液の分泌をうながし、消化吸収もよくする。酢をとることで胃の中のペプシンが活性化され、タンパク質の消化がよくなったり、胃酸分泌を高めることによると考えられている。さらに酢のさっぱり感はいっそう食べ物を美味しくしてくれている。

●すしは群を抜くヘルシー料理、長寿食

近年すしは人気が高まり、世界各国で食べられている。その一つの理由が、すしダネの魚が健康によいということが科学的に証明されてきたからである。とくにイワシ・アジ・サバ・マグロなど背の青い魚は身体によいといわれてきた。これらの魚にはＥＰＡ（エイコサペンタエン酸）やＤＨＡ（ドコサヘキサエン酸）

が多く含まれ、健康によいという根拠になっている。たとえばＥＰＡ・ＤＨＡを多く含む背青魚の代表であるイワシの栄養成分とその効用をあげてみると

(ア)バランスよく必須アミノ酸を備えた高タンパク食品である。
(イ)ビタミンＤを多く含み、カルシウムの吸収をよくし、骨に沈着させる作用がある。
(ウ)ビタミンＡや、ビタミンB_2も多く含む。
(エ)脂肪のほとんどは不飽和脂肪酸（ＥＰＡなど）であるから、血液の流れをよくして、血管の詰まる病気を予防する。
(オ)鉄分の含有量も多い。
(カ)核酸を多く含み、記憶に関係の深いＲＮＡ（リボ核酸）の合成を促進する。また、イワシに含まれるビタミンＢ群と一緒に作用して、脳細胞の働きをよくする。

などである。すなわち、ＥＰＡは血液の流れをよくし、心筋梗塞や脳血栓を防ぎ、さらにコレステロールを減らして動脈硬化を予防することにより、痴呆症にも効果があることが判ってきている。またＤＨＡは脳の成長に役立ち、老人の脳の退化を防ぎ、ボケ予防に効果があるとされている。これらの研究はイヌイットの人々には脳梗塞や心筋梗塞で死亡する人が極端に少ないことから見出された科学的研究によるものである。

一方、海苔はワカメなどの海草に含まれるセレンが発ガン予防に効果があることがいわれているし、イカ

やタコに多く含まれているタウリンは肝臓の働きを助けて、疲労回復やコレステロールを減らす作用があるといわれている。さて、すし一人前は何カロリーくらいであろうか。すし飯の大きさにもよるが、大体の平均で４５０〜６５０ｋｃａｌと考えられている。他の料理では、スパゲッティ・ナポリタン＝６５０〜７５０ｋｃａｌ、ラーメン＝６５０〜８５０ｋｃａｌ、うな重＝７５０〜８５０ｋｃａｌ、サンドイッチ４００〜５００ｋｃａｌくらいである。いかにすしが思ったよりエネルギーの低い高栄養の食品であるかがわかる。

　また、米も炭水化物を主成分とし、良質のタンパク質、脂肪、ビタミン、

握りずしの栄養価　（1カン分・すし飯20g＝30.5Kcalを含む）

	カロリー数 (kcal)	食塩相当量 (mg)	コレステロール (mg)		カロリー数 (kcal)	食塩相当量 (mg)	コレステロール (mg)
マグロ（赤身）	53	0.2	7.5	エビ（ボイル）	47	0.2	24
中トロ	82	0.2	7.7	甘エビ	43	0.3	13
カツオ	59	0.2	8.7	シャコ	49	0.3	22.5
サーモン	63	0.2	8.6	カ　ニ	42	0.3	7.3
タ　イ	51	0.2	7.8	ウ　ニ	51	0.3	40.6
ヒラメ	45	0.2	5.5	イクラ	75	0.5	7.7
カンパチ	50	0.2	7.4	カズノコ	48	0.4	36.8
スズキ	48	0.2	7.4	子持ちコンブ	43	0.3	23
ハマチ	65	0.2	8.6	赤　貝	45	0.3	6.9
コハダ	52	0.2	8.1	アワビ	42	0.3	9.7
ア　ジ	51	0.2	10.8	ホタテ	47	0.3	5.9
サヨリ	48	0.3	15	トリ貝	43	0.2	2.2
シメサバ	82	0.4	9.1	ホッキ貝	47	0.3	5.1
イワシ	65	0.2	9.1	タ　コ	46	0.2	18
サンマ	81	0.2	9.9	イ　カ	45	0.3	32.4
玉子焼	76	0.5	88.2	穴　子	69	0.3	32.4

資料：全国すし商生活衛生同業組合連合会「すしの栄養価一覧」（管理栄養士／佐藤京子・後藤礼子）より

ミネラルなどを含んだとても優れた健康食品である。さらに米のタンパク質は消化吸収がよい植物性で、コレステロールを気にする必要がない。このことは意外と知られていない。つまり、タンパク価は卵を100とした場合、米は78もあるという。そして、パンの原料である小麦粉のタンパク価は47であるという。日本人は昔から米を主食としてきて、一日に必要なタンパク質の量を米から三分の一も摂取してきた。米に含まれるタンパク質は体をつくり、でんぷん質はエネルギー源となるのである。さらに、タンパク質を他の食材から摂るよりも、米から摂取するほうが、価格的にも経済的であるともいえる。

これらのことから、米は素晴らしい食物であることがわかる。日本人が世界で長寿を誇っているのには米食と魚介類を豊富に食べてきた食生活に一因がある。すしは日本の食文化が生み出した「健康食の傑作品」といっても過言ではない。

資料編

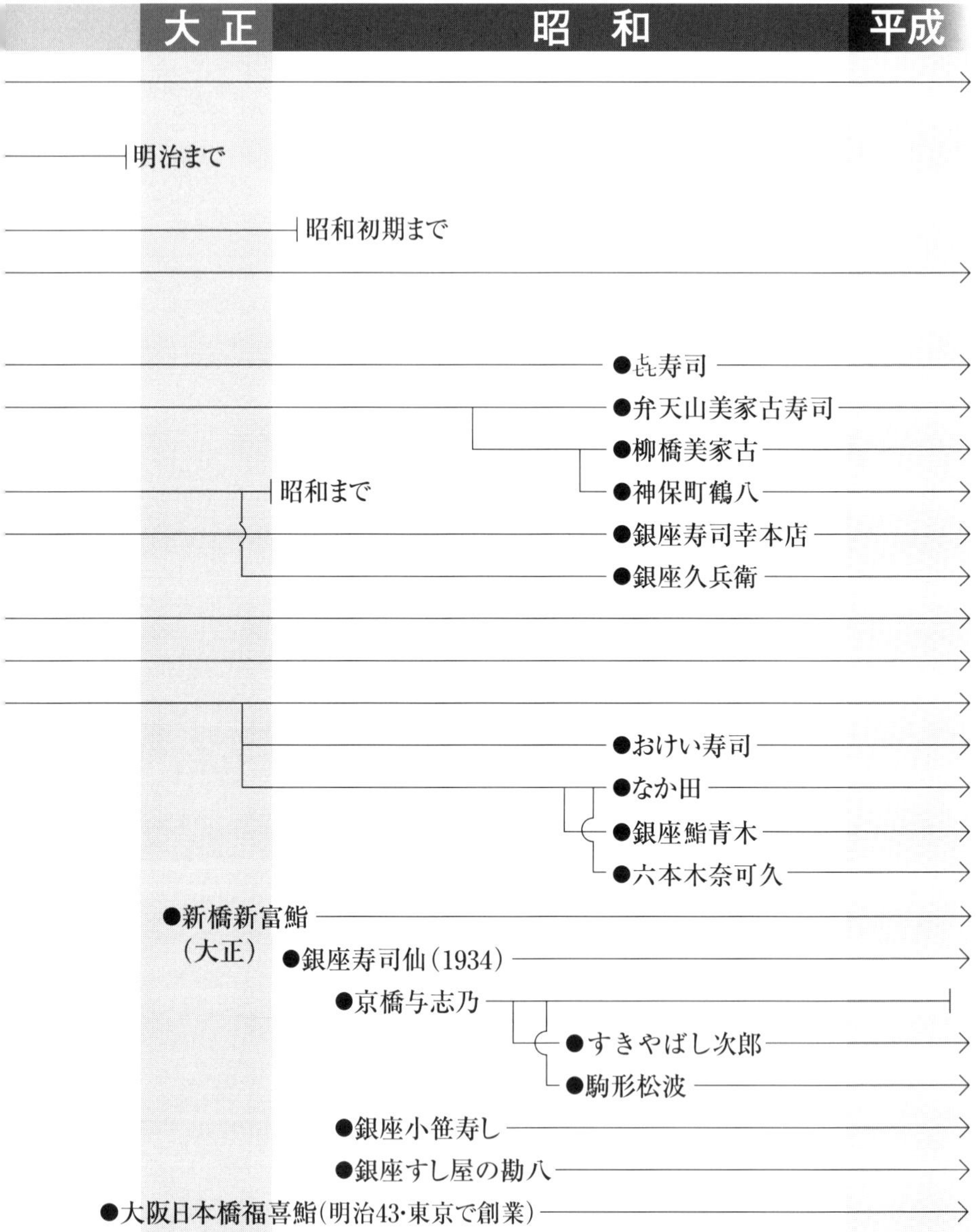

参考資料／『すしの本』（岩波書店）篠田統著、『鮓・鮨・すし すしの事典』（旭屋出版）吉野昇雄著、
『すしの事典』（東京堂出版）日比野光敏著、『江戸前にぎりこだわり日記』（朝日出版社）川路明著、
『老妓抄』（新潮社）岡本かの子著、『サライ・鮨の正統』（小学館2004）

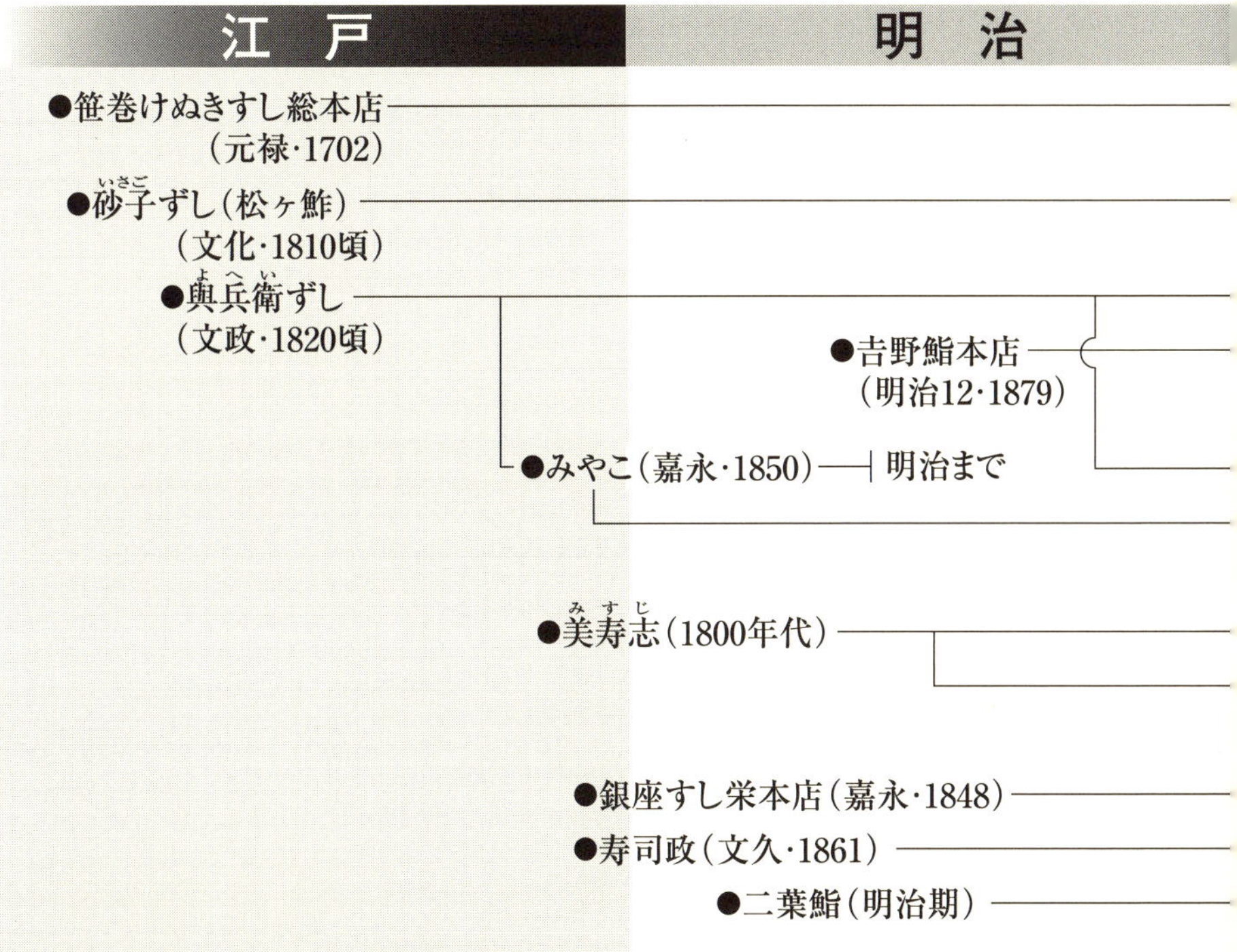

江戸前ずしの系譜

注：正確な記録に基づくものではなく、年代不明な事項もあるが、すし屋の名店の大まかな流れの参考として作成した。

魚へんの漢字

鰺＝アジ	鮎＝アユ	鱏＝アナゴ
鮑＝アワビ	𩺊＝アラ	鮖＝イシモチ
魦＝イサザ	鰯＝イワシ	鰍＝イナダ
鰻＝ウナギ	鯎＝ウグイ	鱓＝ウツボ
鱏・鱝＝エイ	鰹＝カツオ	鰈＝カレイ
鯑＝カズノコ	鮋＝カサゴ	鰉＝カジキ
魳＝カマス	鱚＝キス	鱍＝キハダ
鯨＝クジラ	鯉＝コイ	鯒＝コチ
鮗・鰶＝コノシロ	鮔＝ゴリ	鯖＝サバ
鱵＝サヨリ	鮭＝サケ	鯯＝サッパ
鰆＝サワラ	鮫＝サメ	鱰＝シイラ
鮊＝シラウオ	鯱＝シャチ	鮨・鮓＝スシ
鱸＝スズキ	鯳＝スケソウダラ	鯣＝スルメ
鮹＝タコ	鯛＝タイ	魛＝タチウオ
鱮＝タナゴ	鱈＝タラ	鱘＝チョウザメ
鰩＝トビウオ	鰌・鯲＝ドジョウ	鯰＝ナマズ
鯫＝ニゴイ	鰊＝ニシン	鮸＝ニベ
魬＝ハマチ	鯊・魦＝ハゼ	鮠＝ハヤ
鰭＝ハタ	鰰＝ハタハタ	鰣＝ハス
鱧＝ハモ	鰉＝ヒガイ	鮃＝ヒラメ
鰭＝ヒレ	鱶＝フカ	鮒＝フナ
鰒＝フグ	鰤＝ブリ	魴＝ホウボウ
𩸽＝ホッケ	鰡・鯔＝ボラ	鮪＝マグロ
鯧＝マナガツオ	鱒＝マス	鯥＝ムツ
鰘＝ムロアジ	鮴＝メバル	鰙＝ワカサギ

主なすしダネの旬の時季

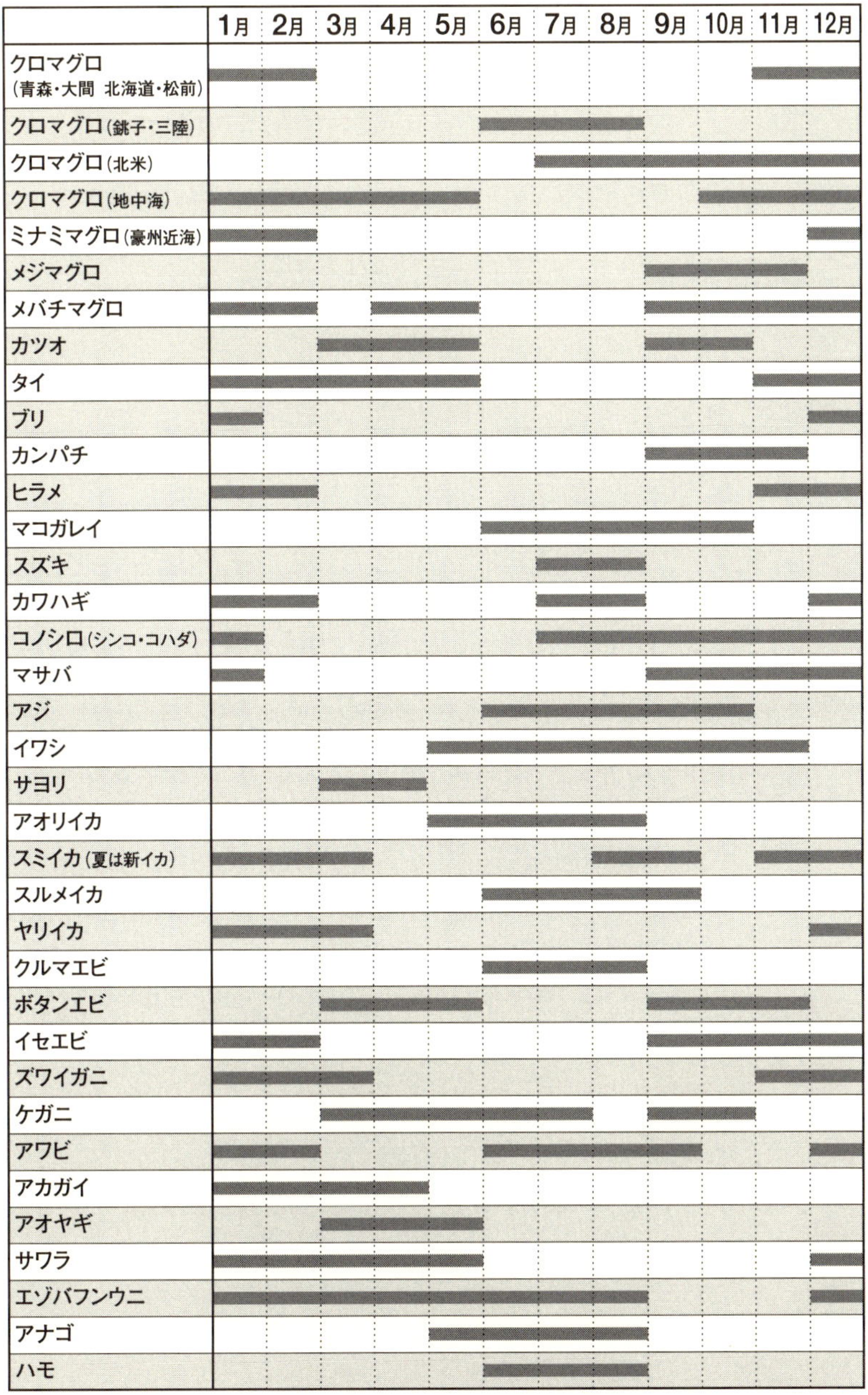

※年に複数回にわたるものは、成長段階で旬が変わったり、漁獲される地域によって違いがあるもの、回遊して変わるものなどがある。

魚介の栄養素と効用

魚介	主な栄養素	効用
アオヤギ	ビタミンA	視力回復
アカガイ	ビタミンB1・ビタミンB2・グリコーゲン・β-カロチン	疲労回復・動脈硬化・肝臓病
アサリ	鉄・カルシウム・ビタミンB1・ビタミンB12・タウリン	肝臓病・貧血・むくみ・動脈硬化
アジ	タンパク質・グリシン・アラニン・グルタミン酸・ビタミンB2・カルシウム・不飽和脂肪酸（EPA・DHA）	心筋梗塞・脳梗塞・眼精疲労・肩こり・頭痛・高血圧・動脈硬化
アナゴ	脂質・ビタミンA	視力回復
アユ	脂質・ビタミンA・ビタミンE・リノレイン酸	骨強化・口角炎
アワビ	グルタミン酸・アデニル酸・グリシン・ベタイン・グリコーゲン・ビタミンB群・カルシウム	疲労回復・貧血・皮膚疾患・肝臓病
イカ	タンパク質・カリウム・タウリン・遊離アミノ酸	動脈硬化・脳卒中・糖尿病・高脂血症
イクラ	ビタミンA・ビタミンB1・ビタミンE・カルシウム・リン	抜け毛・脱毛・肌のトラブル・老化・ストレス
イワシ	ビタミンB2・ビタミンD・タンパク質・カルシウム・不飽和脂肪酸（EPA・DHA）	脳卒中・動脈硬化・骨粗鬆症・血液凝固抑制・心筋梗塞・老化防止
ウナギ	ビタミンA・ビタミンB1・ビタミンB2・ビタミンD・ビタミンE	夏バテ・胃腸病・カゼ・動脈硬化・夜盲症・老化防止
ウニ	グリシン・アラニン・グルタミン酸・バリン・メチオニン	骨と歯の強化
カキ	グリコーゲン・ビタミンA・ビタミンB1・ビタミンB2・ビタミンB12・ビタミンC・リン・カルシウム・ナイアシン・タウリン・鉄・亜鉛	高血圧・動脈硬化・貧血・眼精疲労・肝臓病・視力低下
カツオ	ビタミンD・ナイアシン・タンパク質・鉄・ビタミンB1	更年期障害・動脈硬化・貧血・疲労回復
カニ	グルタミン酸・タンパク質・ベタイン・キチン・カルシウム	歯と骨の強化・老化防止・ストレス・滋養強壮
カレイ	コラーゲン	シミ・ソバカス・老化防止
サケ	ビタミンA・ビタミンB1・ビタミンD・ビタミンE・ナイアシン	頭痛・骨軟化症・胃弱・冷え性・血行促進

サバ	ビタミンD・ビタミンB2・不飽和脂肪酸（EPA・DHA）・タンパク質・ビタミンB12	動脈硬化・脳卒中・肝臓病・口内炎・口角炎・高血圧・心筋梗塞
サンマ	ビタミンA・ビタミンD・脂質・タンパク質・ナイアシン	ガン・動脈硬化・高血圧・心筋梗塞・骨粗鬆症・眼精疲労
シラウオ	カルシウム・ビタミンD	骨粗鬆症・ストレス
スズキ	ビタミンA・ビタミンB群・ビタミンD	視力回復・骨の強化・口内炎・皮膚疾患
タイ	各種アミノ酸・イノシン酸・ビタミンA・ビタミンB1・ビタミンB2	若返り・粘膜・動脈硬化・高血圧・頭痛
タコ	タウリン・無機質	動脈硬化・視力低下・高脂血症
トリガイ	タンパク質・ビタミンB群・無機質	高血圧
ヒラメ	遊離アミノ酸・イノシン酸・グリシン・アラニン・タウリン・リジン　エンガワ：コラーゲン	皮膚のしわ（老化防止）
ブリ	ビタミンD・ビタミンE・ビタミンB1・ビタミンB2・たんぱく質・EPA・パルミトオレイン酸（POA）	低血圧・貧血・動脈硬化・心筋梗塞・血管強化
ホタテ	ビタミンB2・ビタミンE・タンパク質・鉄	高脂血症・頭痛・めまい・肩こり
ホッキガイ	グリコーゲン	肝臓病・貧血
マグロ	ビタミンD・ビタミンE・ナイアシン・タンパク質・不飽和脂肪酸（EPA・DHA）	老化防止・動脈硬化・虚弱体質・脳卒中・心臓病・高血圧・虫歯予防

酢の効用

健　康	料　理	防臭・腐敗・洗浄
食欲増進（消化吸収） 疲労回復 ストレス解消 動脈硬化予防 骨粗鬆症予防 （カルシウム吸収促進） 血糖値急上昇の抑制 減塩対策 美肌効果（ビタミンC吸収促進）	アク・苦味・ぬめりとり 防臭（生臭さ） 腐敗防止 殺菌効果 色よく茹でる	防臭効果（生ゴミ） 腐敗防止 殺菌効果

すし用語（符牒《ふちょう》）

【あいざさ】

箱詰めにしたすしの間や、積み重ねたすしとすしの間などに笹の葉で仕切りをすること。


【赤酢】

酒粕《さけかす》から醸造した酢。香りが強く、赤い色をしており、旨みが多い。


【あがり】

最後に出るお茶のこと。最初のお茶は「出ばな」という。


【あてこみ】

卵焼きのなかに海老や白身魚の肉などを、その味をあてにしてすりこむこと。


【後先を切る】

おろした身肉の頭と尾の両端を切ること。切り落とした端の肉は、「切り落とし」「切り端」「手くず」などという。


【あにい】

古くなった飯やすしダネのこと（兄は古いものという意味）。客に知られたくないときに使う。例＝「あにいから先に使ってくれ」


【あぶ】

マグロの腹部の脂身のこと。


【あぶり】

軽く表面を焼くこと。


【あら】

おろし身にした後の魚の頭や骨のこと。


【あら仕込み】

食材をある程度まで下処理して使える状態にしておくこと。さらに品物を近づける仕込みを「なか仕込み」という。


【あんばい】

味を調えること。古代に塩と梅とで味を調えたところから「塩梅《あんばい》」と書いた。


【活け締め（いけじめ）】

水槽からあげた魚を、その場で処理すること。


【一丁】

かじき以外の鮪《まぐろ》で、背身や腹身を一筋おろしにして（俗に、どて一丁と呼ぶ）その半切れを、背半丁、腹半丁と呼ぶ。また、頭寄りの方を、上半丁、尾の方を下半丁と呼ぶ。

【煎《い》る】

おぼろや椎茸《しいたけ》は、煮ることを煎《い》るという。


【色が出る】

カジキ以外の新鮮なマグロはおろし身にしたとき、はじめは黒味をおびているが、だんだん色が赤くなること。


【縁側（えんがわ）】

カレイやヒラメの背ビレ・尻ビレの付け根部分にある肉のこと。


【おどり】

生きたままのすしダネのことで、動くさまを踊りに見立てた。


【帯づけ】

細いタネをすし飯に並べて握るとき、海苔などで帯にすること。


【おぼろ】

白身の魚や海老などを擂《す》り潰《つぶ》し、味醂《みりん》や砂糖で味付けしながら炒《い》り煮《に》したもの。


【おろす】

魚の肉を中骨からはずすこと。上下片身ずつと中骨との三つにはずすことを「三枚おろし」と呼ぶ。


【お椀】

味噌汁や吸い物のこと。


【数の数え方】

1（ピン）、 2（ノの字） 3（ゲタ） 4（ダリ） 5（メの字） 6（ロン字） 7（セイナン） 8（バンド） 9（キワ） 10（ヨロズ）
※2ケタ以上の場合は、35（ゲタメ）というように組み合わせて使う。

【片想い】

アワビのこと。〝磯のアワビの片想い〟という歌からとったもの。


【かたみづけ】

小魚の片身をそのまますしダネにすること。


【かっぱ】

キュウリのこと。キュウリを芯にして巻いた海苔巻もこう呼ぶ。


【かま】

魚の腹で胸ビレのところをかまと呼ぶ。


【上方ずし】

甘みの強い味付けがされる関西ずしで、押しずし、箱ずし、巻ずしなどがある。


【ガリ】

薄切りにして、生姜を酢に漬けたもの。噛んだとき〝ガリッ〟というところからきたらしい。

【ガレージ】

シャコのこと。〝車庫〟にひっかけて英語でいったもの。


【皮をひく】

おろし身にしたタイやヒラメなどの皮を庖丁ですき取ること。「皮をはぐ」「皮をはずす」「皮をむく」ともいう。


【カン(貫)】

握りずしを数える単位。江戸時代の穴あき銭一貫分(50枚)を紐で通した一塊(かたまり)が握りずし一つと、ほぼ同じ大きさだからといわれているが諸説あり。


【利かす】

ワサビを利かす、酢を利かす、甘味を利かす、などに用いる。


【ぎょく】

玉子焼のこと。漢字の玉の音読み。


【くらかけ】

分厚いすしダネを真中で切れ目を入れて、開いて握ること。


【軍艦巻】

シャリを海苔でくるんで、その中にイクラ、ウニなどのタネを乗せたすし。


【げた】

すしをのせる木製の2本の足のついた皿。


【げそ】

イカの足のこと。客の下駄を下足《げそく》といい、これを略したとされる。


【鱗《こけ》をひく】

魚のうろこを取ること。「鱗をふく」「鱗を落とす」「鱗を取る」などともいう。


【こみ】

いろいろと取りまぜてあること。すしの皿盛りの場合、「盛り込み」とか、「盛り合わせ」などという。


【さくどり】

マグロなどの身をすしダネにするべく長方形に切ること。


【さび】

ワサビのこと。


【さらし】

カウンター席のこと。人波にさらされることから。


【さがや】

おぼろのこと。〝さがやおぼろの花吹雪〟の歌からしゃれたもの。


【地紙型(じがみがた)】

握りずしの形のこと。握ったすしを横からみたとき、扇に貼られている紙(地紙)のようになることがよいとされることから。

【仕込み】

仕入れて来た材料をすしダネに仕上げること。その場所を、「仕込み場」と呼ぶ。最近では、主に調理場と呼んでいる。


【仕事】

すしダネを酢でしめたり、茹でたり、煮詰めを塗ったり、様々に手を加えることをいう。


【シビ】

クロマグロ(本マグロ)のこと。すしのなかで最も美味といわれている。


【しめる】

生きている魚を死なすこと。これには、「生けじめ」と「のじめ」がある。その他、魚の肉を塩でしめる、酢でしめるなどともいう。


【しゃり】

米飯のこと。色が白く、仏陀の遺骨「舎利」に似ていることから名付けられた。


【陣笠】

椎茸のこと。似ていることから。


【女郎ずし】

すし飯の多い握りのこと。女郎の白粉の厚塗りに見立てたという。


【シンコ】

コノシロの幼魚で5～12㎝の魚のこと。成長するとコハダ→ナカズミ→コノシロと呼ばれる。


【酢合せ】

炊いたご飯と酢とを混ぜてすし飯を作ること。酢でシャリを〝切る〟ともいう。


【立ち・お立ち】

昔は屋台でも内店でも板前は座ってすしを握っていたので、お客をこう呼んだ。現在でもカウンターの客をなごりで〝立ちの客〟ということがある。


【たてる】

酢取ってある魚を重ねるようにそろえて、酢の切れるように立てかけて入れたのを、たてるという。


【伊達巻】

切り口が〝の〟の字の〝のの字巻き〟のこと。


【ちらしずし】

具をすし飯に混ぜたり、乗せたりしたすしのこと。「五目ずし」「ばらずし」ともいわれる。


【つけ場】

すし屋の調理場のことで、魚をつけた場所から由来している。現在ではすしを握る職人の立つ場所をいう。

【漬けこみ】

ハマグリやシャコのように、煮汁で漬けこむこと。


【つけ台】

すし職人が握ったすしを置く、カウンター席の前の部分。


【ヅケ】

醤油に漬けたマグロの赤身のこと。冷蔵庫のない時代、マグロを保存するためにつけ込んだことから呼ばれた。


【手酢(てず)】

すしを握る際、飯がべとつかないよう、指先につける酢のこと。


【ツマ(ケン)】

刺身等にそえるときに使う大根を薄く細かく切ったもの。


【鉄火巻】

マグロの赤身を芯にした海苔巻のこと。昔、賭博場を鉄火場といい、賭博をうちながらでも食べやすいように作ったことに由来する。


【鉄砲(てっぽう)】

外観が鉄砲の筒のような〝細巻〟のすしのこと。


【トロ】

マグロの脂身の部分をいう。とろっとした食感からつけられた名前。


【なみだ】

ワサビのこと。「サビ」ともいう。


【なみの花】

塩のこと。塩は海水から作ることから名づけられた。


【煮切り】

醤油に酒などを加えて煮切り、醤油臭さをとばしたタレのこと。タネに刷毛《はけ》で塗って出す。


【にげ物】

原価の安いタネ。


【二枚づけ】

シンコなどごく小さな魚の片身を二枚並べてすしダネにすること。


【煮物】

ハマグリ、アサリ、ホタテ、アナゴ、アワビなど、煮て調理したもの。


【煮ツメ(ツメ)】

穴子などの煮汁は醤油や味醂で味がついており、この煮汁を煮詰めたもの。アナゴ、シャコなどの上に塗る。


【ねた】

すしダネのこと。「タネ」の逆さ読み。

【野じめ】

漁場でしめる（殺す）こと。反対は〝活け物〟で生きたまま送られ、問屋に並ぶ魚介類をいう。


【バチ】

〝場違い〟のこと。ワサビは伊豆・天城のものを〝本場もの〟とし、他の産のものを〝バチもの〟と呼んだという。


【バッテラ】

関西名物のサバの押しずしのこと。当初はボートのような舟形をしており、これをポルトガル語で、〝バッテラ〟ということからこういわれた。


【光り物】

コハダ・アジ・サバ・イワシ・サヨリ・サンマなど背皮の光った魚のこと。


【ヒモ】

アカ貝など2枚貝の殻の内側にある筋肉のような部分のこと。すしダネとしては身と分けて出される。


【吹き寄せ】

ちらし丼《どんぶり》に、すしダネをそろえて並べること。


【巻きす】

海苔巻を巻く道具のことで、〝すだれ〟ともいう。


【丸付け（姿づけ）】

魚一匹をそのまま握ること。半身を握ると〝半身付け〟という。


【宮島】

しゃもじのこと。宮島名物であることからこう呼ばれている。


【むらさき】

醤油のこと。昔の醤油の色が紫がかっていたことからいわれた名前。


【メジ】

クロマグロの若い魚。10～20kgぐらいのものをいう。


【揉海苔《もみのり》】

海苔を焼いて、こまかく揉んだもの。


【やま】

化粧笹につかう笹の葉のこと。山で採れることから名づけられた。品切れの意味でもよく使われる。


【わかれ身】

マグロなど大きい魚のおろし身で、背ビレや尻ビレなどの近くで、太い筋にさえぎられている所の肉のこと。その筋のはがした身を「はがし」と呼ぶ。

すし関連英語

●あおざかな(青魚) ： bluefish

●あおやぎ(青柳) ： orange clam, surf clam, hen clam

●あかがい(赤貝) ： ark shell, bloody clam

●あかみ(赤身) ： red meat

●あさり(浅蜊) ： littleneck clam, short-neck clam

●あじ(鯵) ： horse mackerel, jack mackerel

●あつやきたまご(厚焼玉子) ： thick omelet

●あなご(穴子) ： conger eel, sea eel

●あまえび(甘海老) ： northern shrimp, sweet shrimp

●あまだい(甘鯛) ： horse head, tile fish

●あゆ(鮎) ： ayu, sweetfish

●あら(鯇) ： sawedged perch

●あわび(鮑) ： abalone, sea-ear shell

●いいだこ(飯蛸) ： ocellated octopus

●いか(烏賊) ： squid （げそ：squid legs）

●いくら ： ikra , salmon roe

●いしだい(石鯛) ： striped breakperch

●いしもち(石持) ： silver［white］croaker, silver jewfish

●いせえび(伊勢海老) ： spiny lobster

●いなりずし(稲荷鮨) ： vinegared rice stuffed in a bag of aburage, fried bean curd stuffed with vinegared rice

●いわし(鰯) ： sardine

●うなぎ(鰻) ： （Japanese） eel

●うに(雲丹・海胆) ： sea urchin

●えどまえずし(江戸前鮨) ： vinegared rice balls topped with slices of raw fish and shellfish, Tokyo-style sushi

●えび(海老・蝦) : lobster(いせえび), shrimp(小えび), prawn (車えび)

●おしずし(押し鮨) : pressed vinegared rice topped with fish and vegetables

●おしんこまき(おしんこ巻) : laver rolled rice with pickled vegetables

●おぼろ(朧) : seasoned fish-mince

●おろししょうが(卸し生姜) : grated ginger

●かい(貝) : shellfish

●かいそう(海藻) : sea grass, seaweed, marine algae

●かいばしら(貝柱) : scallop, adductor muscle in a shellfish

●かき(牡蠣) : oyster

●かじき(梶木・旗魚) : marlin, swordfish, spearfish

●かずのこ(数の子) : herring roe

●かつお(鰹) : skipjack, bonito

●かつおのたたき(鰹の叩き) : lightly roasted and sliced bonito

●かつおぶし : dried fillets of skipjack, dried bonito (shaving)

●かっぱまき(かっぱ巻) : a roll of vinegared rice wrapped in seaweed with stick of cucumber

●かに(蟹) : crab

●からすみ(唐墨・鯔子) : dried mullet roe

●かれい(鰈) : flatfish, flounder

●かわはぎ(皮剥) : filefish, leatherfish

●かんぱち(間八) : amberjack, greater yellowtail

●かんぴょう（干瓢・乾瓢）：kanpyo, dried gourd shavings

●かんぴょうまき（かんぴょう巻）：laver rolled rice with dried gourd shavings

●きす（鱚）：sillago, Japanese whiting, smelt-whiting

●きはだまぐろ（黄肌鮪）：yellowfin tuna

●きゅうり（胡瓜）：cucumber

●きんめだい（金眼鯛）：alfonsino

●ぐ（具）：ingredients

●くちなおし（口直し）：refreshing the mouth, get rid of the aftertaste

●くるまえび（車蝦）：large prawn, spring lobster

●くろだい（黒鯛）：black porgy

●くろまぐろ（黒鮪）：bluefin tuna, black tuna

●けがに（毛蟹）：hairy crab, horsehair crab

●けんさきいか（剣先烏賊）：long-finned squid

●こういか（甲烏賊）：cuttlefish

●こち（鯒・牛尾魚）：flathead

●こなわさび（粉山葵）：powdered horseradish

●このしろ（鮗）：gizzard shad, spotted shad

●こばしら（小柱）：adductor in a round clam

●こはだ（小鰭）：Japanese shad, silver shad

●こぶじめ（昆布締め）：seasoning with kelp

●こまい（古米）：old rice, rice stored from previous year's harvest

●こめ（米）：rice

●こめびつ（米櫃）：rice bin（chest）

●ごもくずし(五目鮨)：vinegared rice mixed with a variety of ingredients

●こんぶ(昆布)：konbu, sea weed, sea vegetable

●さくらえび(桜蝦)：small shrimp

●さけ(鮭)：salmon

●さざえ(栄螺)：turban shell, turbo

●さしみ(刺し身)：sashimi, fresh sliced raw fish

●さば(鯖)：mackerel （まさば：Japanese mackerel）

●さより(細魚・針魚)：halfbeak, Japanese needlefish

●さわら(鰆)：sawara, Spanish mackerel

●さんしょう(山椒)：Japanese pepper

●さんばいず(三杯酢)：mixture of vinegar, soy sauce and sugar or sweet sake

●さんま(秋刀魚)：mackerel pike

●さんまいおろし(三枚下ろし)：three-piece cut

●さんみ(酸味)：sour taste, acid flavor

●しお(塩)：salt

●しおから(塩辛)：fish guts pickled in salt

●しそ(紫蘇)：perilla

●しばえび(芝海老)：shiba shrimp

●したざわり(舌触り)：feel on the tongue

●しまあじ(縞鯵)：striped jack, yellow jack

●しめさば(〆鯖・締鯖)：soused（vinegared）mackerel

●しめる(締める)：pickle, marinate

●しゃこ(蝦蛄)：mantis shrimp（crab）, squilla

●しゅん(旬)　：good season (now in season)
(しゅんのはずれ：out of season)

●しょうが(生姜)　：ginger

●しょうゆ(醤油)　：soy sauce, soy

●しょっかん(食感)　：mouth sensation (feel)

●しらうお(白魚)　：icefish, white fish, whitebait

●しらこ(白子)　：milt, soft roe

●しろうお(素魚)　：ice goby

●しろみ(白身)　：white flesh (meat)

●す(酢)　：vinegar

●すいもの(吸い物)　：clear soup

●すし(鮓・鮨・寿司)　：sushi

●すじめ(酢締め)　：marinating in vinegar

●すし屋　：sushi shop, sushi bar

●すじょうゆ(酢醤油)　：soy sauce mixed with vinegar

●すずき(鱸)　：Japanese sea bass, perch

●すのもの(酢の物)　：vinegared food

●すめし(酢飯)　：vinegared rice, sushi rice

●すみいか(墨烏賊)　：golden cuttlefish

●するめいか(鯣烏賊)　：Japanese common squid

●ずわいがに(ずわい蟹)　：snow crab, queen crab

●せびらき(背開き)　：opening a fish by cutting along the backbone

●せんど(鮮度)　：freshness

●たい(鯛)　：sea bream

●たいらぎ(玉珧)　：pen shell, funmussel

- ●たこ(鮹・蛸・章魚)　：octopus　(まだこ　common octopus)
- ●だてまき(だて巻)　：datemaki, rolled omelet mixed with fish paste
- ●たまご(卵・玉子)　：egg(鳥), roe(魚), spawn(魚の卵の塊)
- ●たまごやき(玉子焼)　：omelet(米), omelette(英)
- ●たまりしょうゆ(溜まり醤油)　：tamari, thicken soy sauce
- ●たらばがに(鱈場蟹)　：(Alaskan) king crab
- ●ちあい(血合)　：fish meat of bloody color, dark-coloured flesh of the fish
- ●ちゃ(茶)　：tea
- ●ちゃきんずし(茶巾鮨)　：vinegared rice wrapped in a thin egg crepe, sushi wrapped in a layer of egg
- ●ちゃわんむし(茶碗蒸し)　：chawan mushi, egg custard steamed in a cup
- ●つくり(造り)　：sliced raw fish
- ●つま(刺身の)　：garnish served with sliced raw fish, relish
- ●てっかまき(鉄火巻)　：vinegared rice rolled in seaweed with raw tuna
- ●でまえ(出前)　：home delivery of meals to order
- ●てまりずし(手毬鮨)　：bite-size sushi ball
- ●とこぶし(床伏・常節)：Japanese abalone
- ●とりがい(鳥貝)　：egg cockle, Japanese cockle
- ●とろ　：toro, fatty belly of tuna　(中とろ：medium toro, 大とろ：fat toro)
- ●なっとう(納豆)　：natto, fermented soybeans
- ●なれずし(馴れ鮓)　：fish pickled in salt and preserved in rice
- ●なっとうまき(納豆巻)　：laver rolled rice with natto

●にぎりずし(握り鮨)：hand-rolled sushi

●にしん(鰊)：pacific herring

●にはいず(二杯酢)：mixture of vinegar and soy sauce

●にまいおろし(二枚下ろし)：slicing a fish into two pieces (dividing a fish at the center bone)

●のり(海苔)：nori, laver

●のりまき(海苔巻)：vinegared rice rolled in dried laver, rolled sushi

●ばかがい(馬鹿貝)：surf clam, trough shell

●はし(箸)：chopsticks

●はたはた(鰰)：sandfish, hard finned fish

●はっこう(発酵)：ferment, fermentation

●ばってら：pressed sushi topped with vinegared mackerel

●はまぐり(蛤)：hard clam

●はまち(魬)：young yellowtail

●はも(鱧)：pikeconger, pike eel

●はらびらき(腹開き)：cutting the belly open, splitting the belly

●ひも(紐)：ark shell lip

●ひらまさ(平政)：yellowtail amberjack

●ひらめ(鮃)：flatfish, Japanese flounder

●ひれ(鰭)：fin

●びんなが(びんちょう・鬢長)：albacore

●ふうみ(風味)：flavor, taste

●ふぐ(河豚・鰒)：fugu, blowfish, globefish, ocellate puffer

●ふな(鮒)：crucian carp

●ぶり(鰤) : yellow tail, amberjack
●ほうちょう(庖丁) : kitchen knife
●ほしがれい(星鰈) : spotted halibut
●ほそまきずし(細巻鮨) : thin rolled sushi
●ほたてがい(帆立貝) : scallop
●ほたるいか(蛍烏賊) : firefly squid
●ぼたんえび(牡丹海老) : botan shrimp
●ほっきがい(北寄貝) : large surf clam, hen clam
●ほや(海鞘) : sea squirt, ascidian
●まかじき(真旗魚) : black marlin, spearfish
●まがれい(真鰈) : brown sole, small-mouthed sole
●まきがい(巻き貝) : snail, conch(大形)
●まきす(巻き簾) : bamboo rolling mat
●まきずし(巻鮨) : rolled sushi
●まぐろ(鮪) : tuna
●まこがれい(真子鰈) : dab
●ます(鱒) : trout
●ますのすけ(鱒之介) : chinook salmon, king salmon
●まだい(真鯛) : Japanese sea bream, genuine porgy
●まないた(俎板) : chopping board, cutting board
●まながつお(真魚鰹) : harvest fish, silver pomfret
●みそ(味醤・味噌) : miso, fermented soybean paste
●みなみまぐろ(南鮪) : southern bluefin tuna
●みるくい・みるがい(海松食・水松食) : trough shell , gaper, giant clam

●むしずし(蒸し鮨)　：steamed sushi

●むつ(鯥)　：Japanese bluefish

●めばち(目鉢・目溌)　：big-eye tuna

●もずく(水雲・海蘊)　：mozuku, brown seaweed

●もんごういか(紋甲烏賊)　：large-sized squid（cuttlefish)

●やりいか(槍烏賊)　：spear squid

●わかめ(若布・和布)　：wakame seaweed

●わさび(山葵)　：wasabi, Japanese horseradish

<アメリカで生まれた巻もの>

California Roll　crab, avocado, cucumber
＝カリフォルニア・ロール　蟹、アボカド、キュウリ

San Francisco Roll　cucumber, salmon, salmon roe, fresh basil
＝サンフランシスコ・ロール　キュウリ、サーモン、イクラ、新鮮なバジル

New York Roll　crab, cucumber, smelt eggs, and special dressing
＝ニューヨーク・ロール　カニ、キュウリ、卵、特製ドレッシング

Las Vegas Roll　shrimp, eel, cream cheese
＝ラスベガス・ロール　エビ、ウナギ、クリームチーズ

Philadelphia Roll　cream cheese, smoked salmon, cucumber, avocado
＝フィラデルフィア・ロール　クリームチーズ、スモークサーモン、キュウリ、アボカド

Texas Roll　freshwater eel, avocado, smelt egg (fried roll)
＝テキサス・ロール　淡水のウナギ、アボカド、卵(焼いた卵巻き)

Hawaiian Roll　cucumber, crab, wrapped with avocado & tuna
＝ハワイアン・ロール　キュウリ、カニ、アボカドとツナ

Alaskan Roll　cucumber, crab, wrapped with fresh salmon & avocado
＝アラスカン・ロール　キュウリ、カニ、アボカドとサケを表面にして巻く。

Canadian Roll snow crab, salmon, cucumber, mayonnaise
=カナディアン・ロール　ズワイガニ、サーモン、キュウリ、マヨネーズ

Vegetable Roll Japanese carrot root, cucumber, sprouts, avocado
=ベジタブル(野菜)・ロール　ニンジンの根、キュウリ、スプラウト(植物の新芽)、アボカド

Rainbow Roll tuna, yellowtail, salmon, mackerel, avocado
=レインボー(虹)・ロール　マグロ、ブリ(ハマチ)、サケ、サバ、アボカド

Dragon Roll tuna, avocado, extra wasabi red pepper sauce, Japanese yellow mustard
=ドラゴン・ロール　マグロ、アボカド、ワサビと赤トウガラシソース、和がらし

Teriyaki Roll teriyaki grilled chicken, avocado, cucumber
=照り焼き・ロール　照り焼きチキン、アボカド、キュウリ

Tempura Roll fried shrimp, avocado, cucumber
=テンプラ・ロール　エビ天ぷら、アボカド、キュウリ

Spider Roll fried soft shell crab, cucumber, avocado
=スパイダー(くも)・ロール　揚げた軟らかいカニ(ソフトシェル)、キュウリ、アボカド

Spicy tuna Roll tuna, cucumber, avocado, spicy sauce
=スパイシー ツナ・ロール　マグロ、キュウリ、アボカド、香辛料のきいたソース

Scorpion Roll fried crawfish, spicy cucumber, avocado
=スコーピオン(さそり)・ロール　揚げたザリガニ、香辛料のきいたキュウリ、アボカド

Snake Roll crab, cucumber, avocado, wrapped with sea eel
=スネーク(蛇)・ロール　カニ、キュウリ、アボカド、ウナギを表面にして巻く。

Caterpillar Roll freshwater eel, cucumber, wrapped with avocado
=キャタピラー(青虫)・ロール　淡水のウナギ、キュウリ、薄くスライスしたアボカドで巻く。

Cowboy Roll yellowtail skin, cucumber, sprouts, avocado smelt egg
=カウボーイ・ロール　ブリ(ハマチ)、キュウリ、スプラウト(植物の新芽)、アボカドと卵焼き

Volcano Roll California Roll topped with Spicy Dynamite Scallops
=ボルケーノ(火山)・ロール　香辛料の効いたダイナマイトホタテを上に置いたカリフォルニア・ロール

すしダネ・すし食材と故事・ことわざ

◆秋の黄鯛《きだい》は真鯛《まだい》の味

キダイはマダイに比べると味は劣るが、秋の旬のころのキダイはマダイにも劣らないくらい美味しい。

◆秋鯖《あきさば》は嫁に食わすな

秋のサバは脂が乗って美味しいということ。姑が嫁に食わすのが惜しいほど美味だという意。

◆秋鯖《あきさば》の刺身に当たると薬がない

もともと「鯖の生き腐れ」といい、鮮度落ちが早いが、秋サバの中毒は特にはげしいこと。

◆網にかかった魚《さかな》

逃げたくても逃げられない、どうしようもない状態。

◆網にかかるは雑魚《ざこ》ばかり

小者ばかり捕まって、大物は巧みに法の網をくぐりぬけ、なかなか捕まらない。

◆有るときは米《こめ》の飯《めし》

先を考えず、あとで困ることがわかっているのに、ぜいたくすること。「慌てる乞食は貰いが少ない」と同じ。

◆危うきこと累卵《るいらん》の如し

積み重ねた卵のように、きわめて危険な状態。

◆慌てる蟹《かに》は穴へ這入れぬ

あわてると失敗するという戒め。「あわてる乞食は貰いが少ない」と同じ。

◆塩梅《あんばい》ということ加減をいえり

塩と梅酢とは加減が大切であることから、味加減だけでなく、物事のほどあい、処理法などにおいても用いる。

◆いい塩梅《あんばい》蟹《かに》塩梅《あんばい》

物事がいい具合に、うまくいった意味の語呂合わせ。

◆烏賊《いか》が墨《すみ》を吐《は》いて逃げるよう

墨を吐いて逃げるイカのように、姿を隠し逃げようとしても、痕跡を残してはなにもならないことの例え。

◆烏賊《いか》とも蛸《たこ》ともしれぬ

イカもタコも軟体動物で、捕まえようにもぬるぬるしてつかみどころがない。どっちともいえない曖昧なことの例え。

◆烏賊《いか》の甲より年の功

年取った人の言葉や経験は、永い人生を経てきただけに貴重なものである。

◆如何《いか》もの食いの食悦《しょくえつ》

ひとが嫌うようなものばかり食べてよろこんでいる状態。

◆磯の鮑《あわび》の片思い
アワビは一枚貝であることから、男女の片方だけが一方的に恋をすること。

◆いつも月夜に米《こめ》の飯《めし》
苦労することも気楽な生活の例え。

◆疣《いぼ》で鯛《たい》釣《つ》る
つまらない物で、よい物を得る例え。

◆鰯《いわし》網で鯨《くじら》を捕る。
予期せず、思いがけない収穫や幸運を得ること。「鰯《いわし》の網に鯛《たい》がかかる」ともいう。

◆鰯《いわし》で精進落ち
イワシのような下魚を食べて禁戒を破ってしまうことから、つまらないことで、せっかくの努力が無駄になる例え。

◆鰯《いわし》の頭は鴨の味
イワシの頭は残してしまうが、実はいちばんうまい部分なのである。

◆鰯《いわし》の頭も信心から
信仰心さえあれば、つまらないものでも、ありがたく、尊いものになることの例え。

◆鰯《いわし》の頭をせんより鯛《たい》の尾に付け
小さな組織のトップになるより、大きなものの後ろについていくほうが気楽でよい。「鶏口となるも牛後となる勿《なか》れ」の反対。

◆鰯《いわし》のたとえに鯨《くじら》
小さいことを説明するのに、大きい例を持ち出すこと。例えに無理があること。

◆鰯《いわし》の目ただれ、鯖《さば》腐れ
イワシもサバも鮮度落ちが早い。イワシは捕まるとすぐに目が赤くなり、サバは〝生腐れ〟といわれるように落ちがはやい。

◆鰯《いわし》は海の〝人参〟
イワシは、海のニンジン（薬用人参）といわれるくらい滋養があるという意。

◆鰯《いわし》七度洗えば鯛《たい》の味
イワシも油をていねいに洗って落とせば、タイにまさるとも劣らない味があるということ。

◆鰯《いわし》百匹頭の薬
下魚としてばかにされているイワシであるが、食べ続けると頭の回転がよくなるという意味。（イワシには記憶物質の合成を促進する核酸が多く含まれている）

◆祝膳には尾頭《おかしら》付《つ》きの魚《さかな》を据《す》えろ
尾と頭の付いた姿のままの魚がめでたい祝事には用いられてきた。タイの尾頭付きは、殊にめでたいものとされる。

◆魚心《うおごころ》あれば水心

こちらの対応のしかたも、相手の出方次第であるということ。

◆魚《うお》を食うなら頭付《かしらつ》き

どうせ食べるなら、おめでたいお頭付きの魚を食べたいということ。

◆魚《うお》を見て網を結ぶ

あわてて対策をたてても間に合わないことの例え。「泥縄《どろなわ》」と同じ。

◆魚《うお》と水

切っても切れない緊密な関係。

◆魚島時《うおじまどき》の桜鯛《さくらだい》

「魚島」は魚が浅場で群れて、海面が島のように盛り上がってみえる状態をいう。関西では特に春、桜鯛のとれるころを〝魚島時〟という。

◆鵜川《うがわ》の小鮎《こあゆ》

鵜飼いがおこなわれている川に棲むアユは、いつかは捕捉されてしまう。とうてい逃げきれないという例え。

◆鰻《うなぎ》の寝床

奥行きは長いが間口は狭い場所や家などの例え。

◆鰻《うなぎ》は滑っても一代 鯊《はぜ》は跳んでも一代

ものにはそれぞれ生まれた時から、天から与えられた運命があるという意味。

◆海和尚《うみおしょう》

タコは頭(本当は胴体)が坊さんの頭に似ているところから、こう呼ばれた。僧侶のことを「タコ入道」とか「タコ坊主」と呼んだりする。

◆内で蛤《はまぐり》、外では蜆《しじみ》

家の中では威張っているが、外では小さくなっていることの例え。「内弁慶《うちべんけい》」と同じ。

◆内の米《こめ》の飯《めし》より隣の麦飯

他人のものは何でもよく見えて、うらやましく思われることの例え。「隣の花は赤い」と同じ。

◆内の鯛《たい》より隣《となり》の鰯《いわし》

なんでも人のものがよく見えることのたとえ。「前文」と同じ。

◆宇治は茶所《ちゃどころ》茶《ちゃ》は縁所《えんどころ》

宇治は茶の有名な産地で、茶摘みの季節になると、大勢の茶摘みの女達と製茶にたずさわる男たちとの語らいが発展し、何組もの夫婦が誕生したことからでた風俗ことば。

◆恵比寿が鯛《たい》釣ったよう

満面笑顔の例え。にこにこ、うれしそうな顔をしていること。

◆**海老《えび》の鯛《たい》交《ま》じり**
魚の王様のタイの中に小さな海老が交じっているように、能力や地位の劣る者が高い者の中に交じっていることの例え。「雑魚《ざこ》の魚《とと》交じり」と同じ。

◆**海老《えび》で鯛《たい》を釣る**
少しの元手で多くの収穫や利益を得ることの例え。

◆**海老《えび》を食うたる報い**
自分だけいい思いをするとしっぺ返しがくるという例え。

◆**海老《えび》跳ねれども川を出でず**
ものには元々、持って生まれた天分が決まっていて、それ以上のことはできないという例え。

◆**江鮒《えぶな》の出世**
「江鮒」は関西でボラの幼魚のこと。ボラは出世魚で、オボコ→イナ→ボラ→トドと呼び名が変わることから次々に出世することの例え。

◆**同じ釜の飯《めし》を食う**
苦楽をともにした親しい仲間であること。

◆**思《おぼ》し召《め》しより米《こめ》の飯《めし》**
口先だけの好意より、実際に役立つ物が欲しいことの例え。

◆**帯で鰹《かつお》食う**
つまらないものと引き換えに高価なものを手に入れることの例え。

◆**親を睨《にら》むと鮃《ひらめ》［鰈《かれい》］になる**
親を睨むとヒラメ（カレイ）のように寄り目になるぞと、親不孝を戒めたことば。

◆**女と鰹節《かつおぶし》はかたきほどよし**
上等のカツオブシは干し上がりの状態がよく、固く値も高い。女も身がかたい方がよい。

◆**鰹節《かつおぶし》と砥石の借入れはない**
使っても減らぬものならともかく、減る物の貸し借りは、よくない。あげてしまうようなもの。

◆**鰹節《かつおぶし》にキャベツの葉**
カツオ節をキャベツの葉で包むと適度のしめり気を与え、削りやすいということ。何事もきちんとしておくとよいという例え。

◆**鰹節《かつおぶし》を猫に預ける**
猫に好物の鰹節を預けたのでは見張りにならない。危険で安心できないことの例え。

◆**鰹《かつお》は刺身 刺身は鰹《かつお》**
カツオは鮮度《いき》がよければ刺身が一番うまい。刺身の一番うまいのも鰹だ。

◆**蟹《かに》の横這い**
他人から見ればいかにも不自由そうに見えても、本人にはそのほうが楽であることの例え。

◆蟹《かに》の念仏

口から泡を吹いているカニのように、いつもぶつぶつ、つぶやいているようす。

◆蟹《かに》の甲羅に似せて穴を掘る

人は自分の身分・力量に応じた（背丈《せたけ》に応じた）言動をするべきものだという例え。

◆貝殻《かいがら》で海を量《はか》る

狭い視野・見聞をもとに、大きな問題を評価したり推測したりするおろかな行動の戒め。

◆唐墨親子《からすみおやこ》

唐墨はボラの卵巣を塩漬けにし、干し固めたもので高価なことから、平凡な親が立派な子供を生む例え。

◆関東の背開《せびら》き、関西の腹開《はらびら》き

ウナギのさばき方の、東西の違い。

一説には、江戸の武家社会では、腹開きは切腹を連想するところから忌み嫌われたという。

◆関東の鮪《まぐろ》、関西の鱧《はまち》

刺身で好まれる魚の代表格を関東と関西のちがいでいったもの。

◆寒鰤《かんぶり》・寒鯔《かんぼら》・寒鰈《かんがれい》

寒い時期の旬のものの代表的な魚が、寒ブリ・寒ボラ・寒ガレイというわけである。

◆寒鰤一本米一俵《かんぶりいっぽんこめいっぴょう》

寒ブリは脂が乗って最高に美味しく、高価で米一俵の値段がついたという。

◆火事の話に逃げ鰻《うなぎ》

火事と、捕まえ損なった鰻の話は、いつも実際より誇大に伝えられるという意味。「逃げた魚」と同じ。

◆京の一塩魚《ひとしおざかな》、江戸の鮮魚《せんぎょ》

京都と江戸の魚事情のちがいをいう。京都は盆地で、海産物は日本海の若狭経由で、日数がかかることから、魚は生ではなく塩物が普通であった。一方、江戸は目の前が海で、魚といえば生きた魚であった。

◆木に縁（よ）りて魚《さかな》を求む

木から魚を得ようとしても無理なように、方法が間違っていたのでは、とても目的は達せられないということの例え。

◆腐っても鯛《たい》

もともと立派な素質や品格のあるものは、どんなに悪い状態になっても、本来の価値を失わないという例え。

◆腐れ蛤《はまぐり》で口が開かぬ

ハマグリは死んでしまうと口を閉じたままであることから、呆れてものもいえないときに用いる。

◆鯨《くじら》と鰯《いわし》
クジラとイワシはともに海にすんでいるが、大きさは違うし、クジラは哺乳類で、イワシは魚類である。比較対象にならないことの例え。

◆鯨《くじら》も魚《さかな》白魚《しらうお》も魚《さかな》
クジラも白魚も、大きさに違いはあっても同じ海に住んでいることから、形の大小や外見で、差別してはいけないという例え。

◆鮗《このしろ》の昆布巻
鮗の昆布巻は、見かけはいいが、味はよくないということから、外見だけで中身の伴わないことの例え。

◆食わぬ飯《めし》髪に付く
身に覚えのない無実の罪を着せられることの例え。

◆米の飯《めし》と女は白いほど良い
米の飯は真っ白なものがおいしく、女性もまた色白の人が美しいということ。

◆米《こめ》の飯《めし》に鯛《たい》の魚《うお》
これ以上は考えられない最高のごちそうの例え。

◆米《こめ》の飯《めし》に骨
米の飯の中に異物が入っているように親切そうでも、心の中には悪意が潜んでいることの例え。「口に蜜あり、腹に剣あり」と同じ。

◆米《こめ》の飯《めし》より思《おぼ》し召《め》し
食べた米の飯より、それを食べさせてくれた相手の心（気持ち）がうれしいということ。反対は「思し召しより米の飯」。

◆米《こめ》の飯《めし》を食うは易《やす》く、麦飯《むぎめし》を食うは難《かた》し
ぜいたくな生活に慣れることは簡単であるが、質素な暮らしを守り通すのは難しいことの例え。

◆米《こめ》は実が入れば俯《うつむ》く、人間は実が入れば仰向《あおむ》く
稲は成長し、実るほどに穂を垂れるが、人間は偉くなるほど威張ってそっくり返るようになる。

◆米櫃《こめびつ》を潤《うるお》す
米櫃に米がいっぱいあるような豊かな生活をするために、財産を蓄えることの例え。

◆米一粒汗一粒《こめひとつぶあせひとつぶ》
米一粒作るのに農民の汗が一粒流されるくらい米作りは多くの手がかかるということ。

◆鯒《こち》の頭には姑の知らぬ身がある
姑は、コチの頭だけ与えて嫁をいびったつもりでも、実は、鯒は頭部にある頬肉が一番旨いということから、つまらなく見えても、捨てがたい価値があるという例え。

◆昆布《こんぶ》を食べると髪が黒くなる
昆布が海中でなびいている様が、黒髪が風になびく様に似ているところからでた例えで、昆布は髪の栄養によいこと

の意。

◆昆布《こんぶ》に山椒

取り合わせの相性のよいものの例え。この二つはお茶を飲むときなどに、必ず一緒にだされて賞味されていた。「鰊《にしん》に昆布」「昆布に油揚」と同じ。

◆五月の腐れ鯛《たい》

五月頃のタイは産卵期なので味が落ちることから、五月のタイはまずいということ。

◆魚《さかな》食わずに仏に憎まれる

殺生した魚を自分は食べていないのに仏に憎まれることから、自分では悪いこともしていないのに、とばっちりを食うこと。

◆魚《さかな》の釜中《ふちゅう》に遊ぶがごとし

目前に迫った災いにも気づかず、のんきに遊んでいることの例え。「釜中《ふちゅう》の魚《さかな》」ともいう。

◆魚《さかな》を猫にあずける

もっとも信用できない相手に自分の大事なものをあずけること。「かつお節を猫にあずける」と同じ。

◆魚《さかな》に泳ぎを教える

無駄な教育の例え。「釈迦に説法」と同じ。

◆魚《さかな》に水、人に空気、漬け物に塩

お互いの関係が必要不可欠な関係にあることの例え。

◆魚《さかな》は上戸《じょうご》に焼かせろ

酒飲み（上戸）は酒の肴にうるさく、魚の焼き具合もよく知っていることから、魚は酒飲みに焼かせればよいということ。

◆魚《さかな》は殿様に焼かせよ、餅は乞食に焼かせよ

魚を焼くときには、何度もいじると肉がくずれるから、おっとりかまえた人が焼くほうがよいが、餅は焦がさないようにたえずひっくり返すほうがよいことから、仕事は適任者を選べという意。

◆魚《さかな》も食われて成仏《じょうぶつ》す

魚はむしろ人に食べられるためにあるのだから、食べても後ろめたいことはないという言い訳。（仏教で、殺生を禁じる戒めを破る言い訳）。転じて、都合のよい口実の例え。

◆魚《さかな》の水を獲《え》たるが如し

その人にふさわしい条件や環境が整い、能力が発揮できる状態になること。

◆魚《さかな》の目に水見えず、人の目に空みえず

身近にあるものは、かえってそのものの存在や価値がわからないという例え。

◆桜の咲くころの鮒《ふな》は旨くない

フナは寒を過ぎて水が温み、産卵のため河川の浅場に集まってきて盛んに餌を食べる頃が旨い。この時期を過ぎて桜の咲く頃は味が落ちる。

◆鯖《さば》の生腐《いきぐさ》れ
サバは「生腐れ」といわれるくらい、鮮度の落ちが早いので、早く食べた方がよい。

◆鯖《さば》を読む
物を数えるのに、ごまかして利益を得ること。実際より多くいうこと。

◆鯖《さば》の中の鯖《さば》
豊後水道(大分県と愛媛県の間の海峡)の潮の流れの速いところで一本釣りでとれるマサバのこと。(大分県佐賀関町の「関《せき》さば」はサバの中の王様である。)

◆秋刀魚《さんま》が出るとあんまが引っ込む
サンマが出回るころは、食欲も盛んになり、サンマを食べて元気が出ることから、もう按摩さんにかかる必要がなくなるという例え。

◆三月鮃《さんがつひらめ》は犬も食わぬ
旧暦三月ころのヒラメは、旬をはずれていて美味しくないこと。

◆雑魚《ざこ》にも魚鰭《うおひれ》
どんな小さな魚でもひれを持っていることから、大小の違いはあっても、持つべきものは持っていることの例え。

◆栄螺《さざえ》の拳《こぶし》、白魚《しらうお》の手
ごつごつした男性の拳と、白くてすらりとした女性の指の例え。

◆三年醤油《しょうゆ》で煮しめたよう
もとは白地のものが、黒茶色に汚れていること。

◆師走鰈《しわすかれい》に宿貸すな
師走(陰暦十二月)のカレイは、旨くないから買わないほうがよい。

◆酢《す》いも甘いも皆承知
人情の機微や世の中の常識をよく承知していること。

◆酢《す》でもこんにゃくでも
どうにも手に負えないということ。ああだこうだと理屈をつけて、なかなか話がまとまらないときによく使う。「酢だのこんにゃくだの」とも使う。

◆酢《す》といえば大根
相性のいい、切っても切れないことをあらわす言葉。

◆雀《すずめ》 海中に入って蛤《はまぐり》となる
物事が大きく変化し、変わることの例え。

◆鮨屋《すしや》のあらでとんと身がない
鮨屋がおろした魚は、もののみごとに骨だけで、身は全然ついていないことから、鮨屋は、魚のおろし方がうまいという意。

◆鮨《すし》を押したよう
人や物が、すきまもなく入っているさま。「すし詰め」と同じ。

◆鮨《すし》は小鰭《こはだ》に止めを刺す
鮨ダネの中にはいろいろあるが、コハダが最高であるということ。

◆蕎麦の花が咲けば鮎《あゆ》が下り始める
産卵のために、子持ちの鮎が川を下り始める時期を伝えたもの。

◆その手は桑名の焼蛤《やきはまぐり》
「桑名」は〝食わない〟に掛けて、うまいことをいっても、〝その手にのらない〟というしゃれ。

◆俎上《そじょう》の魚《さかな》
相手のなすがままの状態におかれた者のこと。「まな板の鯉《こい》」と同じ。

◆鯛《たい》に味噌なし、伊勢に塩《しお》なし
タイの調理に味噌は使わず、伊勢エビには塩を使わないということ。

◆鯛《たい》の尾より鰯《いわし》の頭
大きな組織の下で人に使われるより、小さくてもそこの長になったほうがよいという例え。「鶏口《けいこう》と為《な》るも牛後《ぎゅうご》と為《な》る勿《なか》れ」と同じ。

◆鯛《たい》は魚《さかな》の王
姿かたちが美しく、味も美味しいタイは祝いの膳には欠かせない、魚の中の魚であるということ。

◆鯛《たい》もかなわぬ鱸《すずき》のあらい
夏の代表魚であるスズキの洗いはタイよりも味が上だという意。

◆鯛《たい》も一人はうまからず
どんな美味しいものでもたった一人で食べたのでは美味しくない。他人への善意を説いたことわざ。

◆鯛《たい》も鮃《ひらめ》も、食うた者が知る
実際に経験しないと、物事の本質はわからない。

◆蛸《たこ》食って反吐《へど》をはく
うまいからといって食べすぎると、あとで苦しむことになる。度をこすことの戒め。

◆蛸《たこ》に骨なし海月《くらげ》に目なし
だれでも知っている、わかりきったことの例え。

◆蛸《たこ》の共食い
同類のものがおたがいの体を食いあうことの例え。（タコは実際は〝共食い〟はしない。）

◆蛸《たこ》は身を食う
自分の財産を食いつぶしていく例え。

◆蛸《たこ》の手食い
持ちよって宴会などをする場合、食べ物がもうなくなってしまった時にいう言葉。

◆泰山卵《たまご》を圧す
大きな泰山が小さな卵を押しつぶすようなもので、簡単にできることの例え。

◆卵《たまご》に目鼻
うりざね顔のかわいい色白の顔だち。

◆卵《たまご》の殻で海を渡る
不可能なことや非常に危険なことをすることの例え。「泥舟にのる」と同じ

◆卵《たまご》を以って石に投ず
はじめから勝負にならないことの例え。

◆卵《たまご》を見て時夜を求む
まだ卵のうちから時をつげる鶏の鳴声を期待することから、あまりにもせっかちなこと。

◆縮緬雑魚《ちりめんじゃこ》も魚《とと》まじり
卑しい者が身分違いな人たちにまじっていること。人は身分相応が大切だということを訓《さと》した例え。「雑魚《ざこ》の魚交《ととま》じり」と同じ。

◆月夜に蟹《かに》
月夜にとれる蟹は身が少ないことから、頭のからっぽな人。

◆夏座敷と鰈《かれい》は縁側《えんがわ》がよい
夏の暑いときには、風通しのよい縁側のほうがよいし、カレイを食べるなら縁側がいちばん旨い。

◆夏の蛤《はまぐり》は犬も食わぬ
夏は蛤は産卵期で味が落ち、まずいということ。

◆夏鮒《なつぶな》と夏眼仁奈《なつめじな》は猫《ねこ》も跨《また》いで通る
フナもメジナも冬が旬の魚。夏はどちらもまずく、魚が好きな猫でさえ食べないということ。

◆海鼠《なまこ》を信じるな
ナマコを海底から陸にあげておくと、いつのまにかしぼんで小さくなってしまう。「見かけにだまされるな」という意。

◆膾《なます》は酢《す》でもて男は気でもて
膾は酢の物にして食べるのが味がよく、男は心意気が大切であるという意。

◆南部《なんぶ》の鮭《さけ》の鼻曲がり
南部藩（岩手県）の人間は、サケの鼻が曲がっているように、根性が曲がっているという例え。（江戸時代、南部藩の人たちへの悪口）。

◆女房と米《こめ》の飯《めし》は飽かぬ
女房と米の飯は毎日一緒に食べている生活であり、いつまでも飽きることはないということ。

◆逃げた魚《さかな》は大きい
手に入れ損じた物は、惜しさがひとしおで大きく、「逃がし

た魚は大きい」ともいう。「火事の話に逃げ鰻《うなぎ》」と同じ。

◆**鰊《にしん》に昆布《こんぶ》**
取り合わせのよいことの例え。「昆布に山椒《さんしょう》」と同じ。

◆**猫に鰹節《かつおぶし》**
好物をそばにおいたのでは油断できなく、気が許せないということ。「猫に鰹の番」ともいう。また「猫に生鰯《なまいわし》」「金魚にボウフラ」と同じ。

◆**猫の魚辞退《うおじたい》**
猫が魚を断ることから、本心からではなく口先だけで断ることの例え。「猫の魚を食わぬふり」ともいう。

◆**猫を追うより魚《さかな》を退《の》けよ**
猫を追い払うより、猫にねらわれるような所に魚を置かないことのほうが大切ということから、問題の本質を見て、対処せよということ。「猫を追うより皿を引け」ともいう。

◆**畑に蛤《はまぐり》**
あり得ないこと、見当違いなことの例え。「山に蛤を求む」ともいう。

◆**吐き気止めに生姜《しょうが》**
吐き気を催したら、しょうが汁に熱湯を注いで飲むとよい。

◆**初鰹《はなかつお》家内残らず見たばかり**
初ガツオは高価なので、妻をはじめ家の者はみんな見るだけである。

◆**鼻糞《はなくそ》で鯛《たい》を釣る**
つまらないことで、大きな利益を得ることの例え。「海老で鯛を釣る」と同じ。

◆**花時は鯛《たい》の旬《しゅん》**
桜の花が咲くころ、鯛は美味しいことから「桜鯛」「花見鯛」とも呼ばれる。

◆**花見過ぎたら牡蠣《かき》食うな**
カキの旬は冬であり、春から夏に掛けては食べるなという意。「Rのない月には牡蠣を食べてはいけない」ともいう。

◆**蛤《はまぐり》へ此方《こち》のしぎめが不調法**
お宅の娘に、私の家の息子が不始末をしてしまうこと。「はまぐり」と「しぎ」とは、貝としぎのくちばしで男女に例えている。

◆**鱧《はも》も一期　海老《えび》も一期**
鱧と鱧のえさになる海老とでは、ずいぶん違うが、ともに一生を過ごす。人間も、境遇はそれぞれ違うが、同じような人生だ。

◆**干潟の鰯《いわし》**
手も足もでない困りはてた状態。

◆**人には添うてみよ、海栗《うに》は食べてみよ**
人は見ただけではよく分からない。食わず嫌いを戒めたことば。

◆河豚《ふぐ》食った猫の腰

フグの毒にあたった腰抜けネコのように、ふらふらしている様。

◆河豚《ふぐ》汁や鯛《たい》もあるのに無分別

芭蕉の句。タイという美味しい魚があるのに、わざわざ毒があるかもしれないフグ汁を食べるとは何という無分別なことだということ。それほどフグの味は魅力がある。

◆河豚《ふぐ》食う無分別、河豚食わぬ無分別

毒のあるフグを食うのは命知らずの無分別者かもしれないが、美味しいフグを危険だといっていつも食べないのも考えものだ。

◆河豚《ふぐ》にも当たれば鯛《たい》にも当たる

安全だといわれるタイでさえ、食中毒にかかることがある。フグは毒があり危険だが、どんなに用心しても、安全ということはないという意。

◆河豚《ふぐ》と間男は、食い初《そ》むと堪忍ならぬもの

フグと間男はどちらも危険ではあるが、一度味をしめるとなかなかやめられないものだ。

◆河豚《ふぐ》は食いたし命は惜しし

快楽は味わってみたいがあとのたたりがこわくて、ためらっていることの例え。

◆鮒《ふな》の仲間に鮒《ふな》が王

つまらない集団や組織では、やはりつまらない者が長になるという例え。

◆鰤《ぶり》は北風が吹いて後に来る

ブリ漁は北風が吹く頃になると最盛期を迎え、やってくるということ。

◆真鰈《まこがれい》は病人用の魚《さかな》

カレイは白身の魚で、脂肪が少ないため、食べやすく病人や子供・老人には適している。

◆鮪《まぐろ》の刺身は目八分

マグロの刺身のよさは八割方、目でみた色で決まる。

◆丸い卵《たまご》も切りようで四角

やり方によっては同じことでも変わってくることの例え。

◆水清ければ魚《うお》棲まず

水はあまり透明すぎても、魚は住めない。人間もあまり清廉潔白すぎても、かえって敬遠され、孤立してしまう。

◆水積もりて魚《さかな》集まる

水が深くたまってくると魚も自然に集まってくることから、人も金や利益のある所へ集まってくるものだという例え。

◆麦飯海鰮《むぎめしいわし》

主食と副食の粗末な例え。

◆麦わら鯛《だい》は馬も食わず
ムギを収穫する初夏にとれる麦わらダイは産卵を終えたばかりで、脂肪が抜けていて味がよくない。「桜鯛」の反対。

◆虫酸《むしず》が走る
酸っぱいものがノド元を通り過ぎるときの感触から、いやな人の言動や声を生理的に嫌う時にいう。

◆飯粒《めしつぶ》で鯛《たい》を釣る
わずかな労力で多くの利益を得ること。「海老で鯛を釣る」に同じ。

◆戻《もど》り鰹《がつお》に下《くだ》り鰻《うなぎ》
「もどり鰹」は春から夏にかけて北に向かう「初ガツオ」よりうまいし、「下り鰻」もまた、旨いウナギだという意。

◆薬罐《やかん》で鮹《たこ》ゆでるような
手も足も出ない、どうしようもない状態の例え。

◆焼き魚《ざかな》は強火の遠火
魚を焼くときの上手に焼くコツ。

◆山の芋が鰻《うなぎ》になる
あるはずのないことが実際に起こることの例え。

◆痩せ子の酢《す》好み
やせている人が、酸を多く摂ることはよくないように、不利なものを好むことを戒めた言葉。また、貧乏人がぜいたくをしてはいけないことの例え。「痩せ法師の酢好み」と同じ。

◆良い魚師からも鰻《うなぎ》は逃げる
どんなにその道の達人でも、失敗はあるという例え。「弘法も筆の誤り」と同じ。

◆夜の牡蠣《かき》は見逃すな
とくに男性にいうことばで、夕食にカキが出たら必ず食べよという意。カキには〝セックス・ミネラル〟といわれる亜鉛がたっぷり含まれているため。

◆料理屋の鯛《たい》で鰓《えら》を釣る
「鰓を釣る」は「顎を吊る」と同義語で食べていけなくなることの意。料理屋で鯛ばかり食べていると、財布の底もつくというもの。

◆山葵《わさび》と浄瑠璃は泣いて賞《ほ》める
ワサビは涙が出るほど辛いのが上質であり、浄瑠璃も泣かされるようでないとダメだということ。

すし関連古文献一覧

文献図書		年代	記述
1	**爾《ジ》雅《ガ》**	紀元前500～300頃	中国の最も古い辞書。「魚は之を鮨《キ》といい、肉は之を醢《カイ》という」と記載。
2	**説文解字(説文《セツモン》)**	100～200頃	許慎の著。中国の二番目の辞書。「鮨《キ》は魚の脂醤《ショウショウ》(シオカラ)」と記載。「鮺《サ》は魚の貯蔵形態である。南方で鯵《シン》といい、北方で鮺《サ》という」と記載。
3	**釈 名《シャクミョウ》**	250頃	劉熙《リュウキ》の著。中国三番目の辞書。「鮓《サ》は菹《サ》(つけもの)の意」と記す。
4	**広雅**	中国三国時代(220～265)	張揖《ユウ》の編。中国「爾雅」の増補版「鯵《シン》・鮆《シ》・鮨《キ》は鮓《サ》なり」と記載。
5	**『爾《ジ》雅・注釈書』**	中国 晉《シン》時代(265～420)	中国・郭璞《カクハク》の注釈。「鮨《キ》は鮓《サ》の類なり」と解釈。
6	**斉民要術**	550頃	世界最初の中国の農学書。多くの鮓の作り方を記載。
7	**古事記**	奈良時代(712)	タイ・アユ・シビ(マグロ)・スズキ・ワニ(サメ)・ナマコの記事あり。
8	**出雲国風土記**	飛鳥・奈良時代(713頃)	川魚として年《あ》魚《ゆ》のほか海の産物として魚介類や海藻類なども記載されている。また「塩焼く藻」の記述があり、製塩の様子がうかがわれる。
9	**養老律令(賦役令)**	奈良時代(718)	「鰒《あわび》鮓二斗貽《い》貝《がい》鮓三斗」が出てくる。
10	**日本書紀**	奈良時代(720)	アユ・タイ・マグロ・サメ・ナヨシ・コイ・スズメウオ・エビなどの記事あり。
11	**但馬国正税帳**	737	人夫たちの食糧として「雑鮨五斛《こく》」が与えられている。
12	**万葉集**	759	わが国最古の歌集。歌に詠みこまれている食べ物として海藻類・魚介類のほか果物・木の実類・動物類・鳥類を揚げている。
13	**「令義解」「令集解」**	833	令文の注釈書。「鮨は鮓のことだ」と記載。

14	**新撰字鏡**	900頃	日本最初の和漢辞書。鮓を酒志《すし》と読み、多くの異体字を紹介。
15	**延喜式**	905〜930	法令や年中儀式などの官司の政務の規定集。藤原時平、紀長谷雄、三善清行など勅を受けて編纂に着手。主計の章、及び内膳の章に鮨を貢納すべき国々と貢納すべき鮨の種を記載。
16	**倭名類聚鈔《わみょうるいじゅしょう》(和名抄)**	931〜937	源順著。わが国最初の百科事典的な辞書。鮨に須之《すし》の訓を与えている。
17	**土佐日記**	936	紀貫之《きのつらゆき》著。わが国最初の仮名日記。航路紀行文。水鏡に映る婦人の陰部をアワビ・ホヤのすしに比喩。
18	**医心方**	984	丹波康頼著。すしの医学的効用や食べ合わせについて記載。
19	**小右記**	987〜1032	藤原兼家邸での宴に一条済時が持参した銀のようなアユずしを紹介。『続古事談』の話と同じ。
20	**宇津保物語《うつほものがたり》**	990頃	作者不詳。平安中期の物語書。出陣したおりの兵食にすしが出る話。長者の豪奢ぶりにすしが登場する話を記載。
21	**枕草子**	1000頃	清少納言著。平安中期の随筆。「名おそろしきもの」としてイニズシがあり。ウニずしのことではないかといわれている。
22	**今昔物語集**	1070頃	源隆国著。平安時代の末期の説話集。鮨鮎《すしあゆ》の販婦《ひさぎめの》物語、三条の中納言水飯を食うこと、などを記載。
23	**後二条師通記**	1089	青魚のすしとニンニクの食べ合わせについて言及。
24	**類聚雑要抄**	平安時代末期	アユずしの飯のない図が描かれている。

25	気比神宮文書	1212	社領(越前三ヶ浦、越中一ヶ浦)から年貢の一部にすしを納めさせていた。鮨桶、大鮨桶、甘鮨桶と分類してある。
26	沙石集	1280〜83	無住著。奥州にすむ慳《けん》貪は百姓の物語に鮎鮨が登場(アユずしをわが子にも食べさせない話)。
27	鈴鹿家『家記』	1336〜99	京都吉田神社、鈴鹿家の記録。フナずし、宇治丸(ウナギずし)、アユずしと共に柿《こけら》ずしが現われる。恐らく柿ずしの初見。
28	嘉元記	1347	江鮒のすし、つまりイナずしの初見。エフナずしは、のち大阪福島の雀ずしに発展する。今の小鯛雀ずしの原型。
29	精進魚類物語	1402〜1481	一条兼良の戯作。「飯尾鮓介」の名で飯ずしをもじっている。
30	庭訓往来《ていきんおうらい》	室町前期〜南北朝(1450頃)	玄恵書。書簡文の模範文。鯵鮨《あじずし》の名が出る。平成宮跡から出土した木簡に記された『多比鮨』の記録に続く海魚の記録。
31	蜷川親元日記	1473〜1486	室町幕府の権臣、伊勢家の執事。文明五年から18年つづく日記。数多くすしの記録のなかに、生成《なまなれ》が現われる。生成の初見と見てよい。
32	追徭内府三条西実隆日記	1474〜1536	亨禄二年(1529)の条に鑵鮨の記録がある。また「円《まる》ずし」が出てくる。これは宇治丸(ウナギ)と考えられる。
33	御湯殿の上の日記	1477〜1687	天子の御湯殿(休息所)に奉任した高級女官たちの公式記録。献立の記録のなかにすしが多く現われる。
34	多聞院日記	1478〜1596	タケノコ・ナス・ミョウガなどの野菜ずしのほか宇治丸(ウナギずし)が出てくる。
35	四條流包丁書	1489	中世の料理書。宴会における公家流の作法を説く。「すしの事　あゆを本とすべし」とあり、アユずしがすしの王道であるとしている。

36	書言字考節用集	1496	吉野の釣瓶《つるべ》ずしの初見。
37	言継《ときつぐ》卿記	1550頃	山科言継の日記。多くのすしの記録が現われる。
38	医学天正記	1580頃	直瀬玄朔著フナずしの骨が喉に刺さったときの治療例を記載。
39	松屋日記	1585	奈良の豪商・松屋３代にわたる記録。松屋久政が茶会を催した際、古田織部らを招き、フナのすしをふるまったことを記載。
40	醒睡笑《せいすいしょう》	1623	安楽庵策伝著。笑い話を分類収録したもの。すしに関連した笑い話も収められている。
41	料理物語	1643	アユ、サケ、フナなどのすしが見える。なかに一夜ずしが現われる。
42	毛吹草《けふきぐさ》	1645	松江重頼著。貞門俳諧についてのべ、発句・付句の作例二千余句の外、季語・俚諺・付合語彙・諸国名物などを収録する。諸国の名物ずしも記載している。また「フグは食いたし命は惜しし」と記す。
43	和句解	1662	「押す石」がすしの語源とする説を記載。
44	古今夷曲集《いきょくしゅう》	1666	生白堂行風編。狂歌集。古今の夷曲つまり狂歌を集めた。撰のなかに、すしを詠んだものが多い。多くは生成《なまなれ》、馴れずし。
45	料理塩梅集	1668	「当座ずし」や「俄《にわか》ずし」を紹介。初めてすし飯に酢を使用。
46	後撰夷曲集《いきょくしゅう》	1672	古今夷曲集《いきょくしゅう》の続編。
47	高名集	1682	フナずしを商う絵が描かれた最も古い文献。
48	雍州府志	1686	黒川道祐著。山城国の地誌。飯鮓《いいずし》の作り方が詳しく載っている。
49	日次記事	1684	黒川道祐著。雀鮓、鰻《うなぎ》鮓、飯鮓などの記録を記す。

50	**江戸鹿子**	1687	江戸にすし店が二軒あったと記載。
51	**合類日用料理指南抄**	1689	魚類鮨之類に、仙台流鮭之鮨、鮒早《ふなのはや》鮨《ずし》、鮒馴鮨《ふななれずし》のほか、美濃漬鮎鮨、ウナギ、白魚、タイなどの漬け方を記す。(鮒早鮨は、酒と酢を使い発酵を早めている。)
52	**人倫訓蒙図彙《じんりんきんもうずい》**	1690	元禄初期の時代世相を知る風俗絵巻物的図説。すし職人が店先に桶を並べて商う絵が載っている。
53	**本朝食鑑**	1695	人見必大著。食品の名称・種類・製法・味などを記す食品学の書。「巻之九鮓ヲ作ル法」に生成一夜鮓などの製法を記す。
54	**和漢精進料理抄**	1697	松茸ずしの漬け方を記す。
55	**日本釈名**	1699	貝原益軒著の語源辞書。「味すし」(味が酸っぱいとしている)。すなわち味が酸っぱいからすしという説。
56	**大和本草**	1709	貝原益軒著「魚鮓は消化しにくく、胃腸によくない」と記載。
57	**和漢三才図会**	1713	寺島良安著。江戸時代の和漢古今にわたる図説百科事典。古今和漢にわたり天文、地理、動植物、人物などの項目に分けて、図を示しつつ説明する。近江鮒鮓、美濃鰷《あゆ》鮓、大阪福島小鯔《ぼら》鮓、柿鮓《こけら》などを記す。
58	**滑稽雑談**	1713	早鮓・一夜鮓・柿鮓は同じすしと記載。
59	**当流節用料理大全**	1714	フナずし、フナ早ずし、タイずしを記載。
60	**東雅**	1719	新井白石著の語源研究書。「スは醋(酸)也、シは助詞也」と記述している。
61	**料理網目調味抄**	1728	こけら鮨、丸ずし、早鮨、生成などの作り方を記す。
62	**絵本答話鑑**	1729	サバの姿すしを道端で売っている絵が載っている。

63	大和志	1736	並河永の著。吉野の釣瓶ずしの記載。
64	義経千本桜	1742	竹田出雲著。釣瓶ずしを記載。
65	料理山海郷	1749	博望了著。鮭早鮨、鰯鮨、巻鮨などの記載。
66	諸国献上物集	1750頃	諸大名からの「すし献上」を記載。
67	絵本江戸土産	1760	「はこつけ・すし」と書かれた行灯の絵が載っている。
68	根南志具佐《ねなしぐさ》	1763	平賀源内著「コハダのすしは諸人の酔いをもたらす」と記載。
69	料理珍味集	1764	酒田粥漬、若狭の鯡《にしん》ずしなどを記載する。
70	卓袱《しっぽく》会席趣向帳	1771	飯ずし、オボコ(ボラの子)ずし、タイ・イナ・アユ・車エビなどの当座ずしが出てくる。
71	献立部類集	1776	「満《ま》きずしの製法」の記載。
72	豆腐百珍	1782	醒狂道何必醇著。とうふ鮓、ノリマキズシを記載。
73	蕪村句集	1784	鮓の名句が多い。
74	鯛百珍料理秘密箱	1785	ちくらずし(大阪風)、柱ずし(境風)、おまんずしなど各地の鯛ずしの作り方を記載。
75	大根料理秘密箱	1785	大根ずしの作り方が出てくる。
76	万宝料理秘密箱	1785	フナずしやその早漬が出てくる。
77	絵本江戸爵	1786	喜多川歌麿筆のすしの屋台が描かれている。
78	江戸町中喰物重宝記	1787	江戸のすし店20数軒紹介。
79	甘藷百珍	1789	いも巻ずしを記載。
80	海鰻《はも》百珍	1795	兵庫ずし、桜井ずしの名でハモを使ったすしの作り方が出てくる。

81	鮓飯秘伝抄	1802	杉野権兵衛著。こけらずし、起こしずし、巻きずし、暖めずし、サバずし、薩摩ずしなどの作り方を詳細に記す。
82	名飯部類	1802	こけらずし、鯖ずし、さくらずしの作り方の記述あり。
83	東海道中膝栗毛	1802	十返舎一九著。鮨売りのことばとして「あじのすゥし、さばのすゥし」の押し鮨の記述あり。
84	素人庖丁	1803	飯の代わりに酸味をつけたオカラを使う「おからずし」を紹介。
85	後《のち》は昔物語	1803	手柄岡持著。「鮓売り」の記録あり。
86	文化武鑑	1812	江戸諸大名の将軍家への定例献上品を記載。各地のすしが出てくる。
87	天言筆記	1818～1853	稲荷鮨（いなりずし）の記録あり。
88	摂陽奇観	1819	「いろは歌教訓鑑」の収録の中で鳥貝ずしがこの当時人気であったことを記載。
89	甲子夜話《かっしやわ》	1822	五寸桶のすしが小判三枚の値と記載。
90	名画職人尽	1826	すしの歩き売りの絵を載せている。
91	嬉遊笑覧	1830	喜多村信節《きたむらのぶよ》著。我国古今の事物を集めて叙述・考証を加えた江戸風俗の書物。「文化のはじめごろ、深川六間ぼりに松がずしとて出《いで》き行われて世上のすし一変しぬ」と記載。
92	東都名所高輪	1830 ～1880頃	歌川広重のすし屋台の図が描かれている。
93	魚鑑	1833	武井周作の著。魚の呼び名の由来、特徴、産地など詳しく記載。
94	江戸名所図絵	1834	浅草海苔について記載。

95	北越雪譜	1836	鈴木牧之の著。雪国の風俗・行事。地誌などを記す。サケずしを記載。
96	江戸名物詩	1836	「松ヶ鮓」「與兵衛ずし」の詩を記載。
97	誹風柳多留	1840頃	すしの川柳が載っている。
98	和訓六帖	1846	「鮓《す》染《し》み」がすしに通じる語源とする説を記載。
99	守貞謾稿	1849	喜田川守貞著。江戸末期の市民生活・風俗を知る上では、最も貴重な書物である。上方のすし、江戸のすしについて詳しく記載。
100	皇都午睡	1850頃	西沢一鳳。京都祇園会の鯖鮓の観察など鋭く記載。大坂の冨貴者が宇治丸を京都で注文した話を紹介。
101	近世商賣尽狂歌合	1852	いなりずし屋台売りの図が描かれている。
102	白石正一郎日記	1855～1880	すしの内容が豊富で鯛や鮎などの魚を使ったもののほか、野菜や魚肉を混ぜたもの、玉子の巻ずしなどを記載。
103	武総両岸図抄	1856	與兵衛ずしが握りずしの元祖とする根拠の一つの狂歌を記載。
104	難波江	幕末・明治	岡本保孝著。酢を使った早ずし、いわゆる、松本善甫が考案したという松本鮓を記録する唯一の文献。
105	東京名家繁昌図録	1883	與兵衛ずし・東寿司・けぬき寿司・安宅松寿司（松ヶ鮓）の絵を載せている。
106	またぬ青葉	1887頃	二代目與兵衛の次男、吉田金三郎著初代與兵衛の握りずし「握早漬」の工夫を記載。
107	食道楽	1903	村井弦斎著。五目ずしの製法を書いている。
108	絵本江戸風俗往来	1905	「こはだのすし」を売り歩く様を記載。

109　家庭鮓のつけかた	1910	小泉清三郎(俳号・迂外)著。川端玉章の與兵衛ずしの図が口絵として描かれている。初代與兵衛がそれまでの握りずしを改良したことを記載。

[参考文献]

●安達巌『日本型食生活の歴史』新泉社　1993
●『新しい歴史教科書』(市販本)扶桑社　2001
●樋口清之『日本食物史―食生活の歴史』
柴田書店　1999
●永山久夫『日本人は何を食べてきたか』
青春出版社　2004
●加藤義成『出雲風土記』今井書店　1965
●中澤正『日本料理史考』柴田書店　1977
●原田信男『食からみた日本史』(森枝卓士・南直人編)
●『新・食文化入門』弘文堂　2004
●原田信男『和食と日本文化』小学館　2005
●長崎福三『日本人と魚―魚食と撈りの歴史』
はる書房　1991
●櫻井満監修・尾崎富義・菊地義裕・伊藤富雄著
『万葉を知る事典』東京堂出版　2001
●猪股静彌『木簡は語る』和泉書院　2005
●虎尾俊哉『延喜式』吉川弘文館　2005
●石毛直道『食の文化地理』朝日新聞社　1995
●近藤　弘『日本人の食物誌』毎日新聞社　1973
●多田鉄之助『たべもの日本史』新人物往来社　1975

●安達　巌『日本型食生活の歴史』新泉社　1993
●坂口守彦・村田道代・望月聡・横山芳博
『魚博士が教える魚のおいしさの秘密』
はまの出版　1999
●篠田　統『すしの本』柴田書店　1970
●石毛直道、ケネス・ラドル『魚醤とナレズシの研究』
岩波書店　1990
●石毛直道『すしの履歴書・すしグルメの歴史学』
岐阜市歴史博物館　1992
●渡部忠世『アジア稲作の系譜』
法政大学出版局　1983
●柳田國男『海上の道』筑摩書房　1974
●篠田　統『増訂米の文化』社会思想社　1977
●石毛直道『日本稲作の系譜(上)稲の収穫法』
史林　1968
●石毛直道『日本稲作の系譜(下)石庖丁について』
史林　1968
●近藤　弘『すし』柴田書店　1982
●篠田　統『中国食物史』柴田書店・1982

●樋口清之・奥村彪生・萩昌弘『万葉びとのたべもの』みき書房・1986
●吉野舜雄『鮓・鮨・すし すしの事典』旭屋出版 1990
●田中静一・小島麗逸・太田泰弘編訳『斉民要術』雄山閣・1997
●日比野光敏『すしの貌』大巧社・1997
●岩崎信也『日本の酢の文化』エディターズ 2003
●阪倉篤義(本田善憲・川端善明校注)『今昔物語集』新潮社 1979
●紀貫之(品川和子全訳注)『土佐日記』講談社 1984
●諏訪春雄『源氏物語・枕草子の食べもの・たべもの日本史総覧』新人物往来社 1993
●宮尾しげを『すし物語』井上書店 1960
●杉山宗吉『すしの思い出』養徳社 1968
●石川松太郎校注『庭訓往来』平凡社(東洋文庫)1973
●安藤庵策伝(鈴木棠三訳)『醒睡笑』平凡社(東洋文庫) 1973
●人見必大(島田勇雄訳注)『本朝食鑑』平凡社(東洋文庫) 1976
●藤田真一・清登典子編『蕪村全句集』おうふう 2000
●近藤 弘『日本人と食べもの』毎日新聞社 1980
●原田信男『江戸の料理と食生活』小学館 2004
●喜田川守貞(朝倉治彦・柏川修一校訂編集)『守貞謾稿』東京堂出版 1992
●山本一高『江戸時代・生活・文化・総覧』新人物往来社 1991
●間根山貞雄『江戸前ずしに生きる』旭屋出版 2003
●菊池貴一郎『絵本江戸風俗往来』平凡社(東洋文庫)1965
●内田栄一『江戸前の鮨』晶文社 1989
●石毛直道『ロスアンジェルスの日本料理店』ドメス出版 1985
●美しい日本の常識を再発見する会『日本人は寿司のことを何も知らない』学研 2003
●小泉迂外『家庭鮓のつけかた』大倉書店 1910
●小泉迂外『お鮓の作り方』東京割烹研究会 1928

●村井弦斎著・村井米子編『定本食道楽』
新人物往来社　1978
●Strada J. & Moreno M.T.
: Sushi for Dummies　WILEY 2004
●近藤弘『すし風土記』毎日新聞社　1974
●吉野曻雄・日本風俗史学会編
『図説江戸時代食生活事典』雄山閣出版　1996
●『鮨』(別冊サライ)小学館　1998
●宮尾しげを『すし物語』井上書店　1960
●篠田　統『釣瓶鮓縁起』
大阪学芸大学紀要・七　1959
●日比野光敏『すしの事典』東京堂出版　2001
●『酢』アスペクト　1999
●正井博之『す(酢・醋)・たべもの日本史総覧』
(歴史読本特別増刊)新人物往来社　1993
●猪股静彌『木簡は語る』和泉書院　2005
●河野友美『酢』東京書房・1985
●田村平治・平野雅章『醤油の本』柴田書店　1974
●『至宝の調味料・醤油』アスペクト　1999

●前田利家『たべもの日本史総覧』
(歴史読本特別増刊)新人物往来社　1993
●林玲子・天野雅敏『日本の味・醤油の歴史』
吉川弘文館　2005
●嵐山光三郎・鈴木克夫『お醤油の来た道』
徳間書店　1990
●宮下　章『海苔』東京書房　1985
●村井益男『のり・たべもの日本史総覧』
(歴史読本特別増刊)新人物往来社　1993
●浅見安彦・橋本常隆『日本料理技術選集・すし調理師入門』
柴田書店　1982
●長崎　福三『江戸前の味』成山堂書店　2000
●永山　久夫『和食ものしり事典』旺文社　1986
●平宏和　総監修『食品図鑑』
女子栄養大学出版部　2006
●望月賢二監修・魚類文化研究会編『魚と貝の事典』
柏書房　2005
●本多由紀子編『寿司ネタ図鑑』小学館　1997
●井田　斉・他『食材料理百科事典』講談社　2004

●末広恭雄『すしの魚』平凡社カラー新書　1975
●河井智康『すしの魚』平凡社　1995
●寺島良安(島田勇雄・竹島淳夫・樋口元巳訳注)
『和漢三才図会』七　平凡社東洋文庫　1980
●武井周作(平野満　解説)『魚鑑』八坂書房　1978
●全国すし商環境衛生同業組合連合会監修
『すし技術教科書(江戸前ずし編)』旭屋出版　1990
●料理事典・II『材料と料理』学習研究社　1984
●長山一夫『江戸前鮨仕入覚え書き』
アシェット婦人画報社　2004
●阿部宗明監修『おさかな食材図鑑』つり人社　1995
●大場秀章他『東大講座・すしネタの自然史』
NHK出版　2003
●野村裕三『旬のうまい魚を知る本』東京書籍　2002
●成瀬宇平『魚料理のサイエンス』新潮選書　1995
●佐藤魚水監修『食材図鑑・魚』永岡書店　2000
●里見真三『すきやばし次郎旬を握る』文芸春秋　1997
●成瀬宇平『魚雑学事典』丸善　2000
●森健一『えび・海老・たべもの日本史総覧』
新人物往来社　1993

●浅見安彦『調理材料事典』柴田書店　1982
●杉山宗吉『すしの思い出』養徳社　1968
●永山久夫『和食ものしり辞典』旺文社　1986
●吉川誠次『さとう・砂糖　たべもの日本史総覧』
新人物往来社　1993
●前田利家『みそ・味噌　たべもの日本史総覧』
新人物往来社　1993
●石井郁子『たべもの歴史ばなし』柴田書店　1983
●山口佳紀編『暮らしのことば』語源辞典
講談社　1998
●興津要『江戸川柳散策』時事通信社　1993
●廣野卓『食の万葉集』中央公論社　1998
●鈴木牧之編撰『京山人百樹刪定』岡田武松校訂
北越雪譜　岩波文庫　2005
●尾形仂校注『蕪村俳句集』岩波書店　2003
●堀信夫監修『芭蕉全句』小学館　2005
●柴田宵曲『蕉門の人々』岩波書店　2005
●土屋文明編『子規歌集』岩波書店　2005
●佐々木信綱編『新訓 万葉集 上・下』岩波書店　2005

●磯直道『江戸の俳諧にみる魚食文化』
成山堂書店　2006
●復本一郎監修『俳句の魚菜図鑑』柏書房　2006
●浅見安彦『すし店』「すしネタの鮮度の見分け方」
(月刊食堂別冊)　柴田書店　1977
●坂田守彦・村田道代・望月聡・横山芳博
『魚博士が教える魚のおいしさの秘密』
はまの出版　1999
●成瀬宇平・野崎洋光・西ノ宮信一
『図解・魚のさばきかた』柴田書店　1990
●日比野光敏『すしの歴史を訪ねる』岩波新書　1999
●中山武吉『お寿しの話』
学会センター関西学会出版センター　1997
●農文協編・奥村彪生解説『ふるさとの家庭料理　第1巻
すし・なれずし』農文協　2002
●岐阜市歴史博物館編『日本の味覚 すし
―グルメの歴史学―』岐阜市歴史博物館　1992
●『OYSY　すし』柴田書店　1995
●成瀬宇平『すしの薀蓄《うんちく》旨さの秘密』
講談社＋α新書　2003

●玉村豊男『回転スシ世界一周』
光文社(知恵の森文庫)　2004
●加藤裕子『寿司、プリーズ!』集英社新書　2002
●森枝卓士『すし・寿司・SUSHI』PHP新書　2002
●松本紘宇『お寿司、地球を廻る』光文社新書　2002
●渡辺米英『回転寿司の経済学』ベスト新書　2002
●『オブラ』「神が宿ったすしを食べ尽くす」
(1巻6号)講談社　2001
●『デリシャス』「ここなら行けるお寿司やさん」No.15
世界文化社　2002
●『東京カレンダー』「行きつけの寿司屋を」No.3
アクセス・パブリッシング　2003
●『オブラ』「いきなり鮨通」4巻6号(No.38)
講談社　2004
●柳生九兵衛『回転寿司のさ・すし・せ・そ』
エクスナレッジ　2003
●松岡大悟『回転寿司の掟』河出書房新社　2004
●大塚　滋『たべもの文化考』朝日新聞社　1971
●加藤秀俊『食の社会学』文芸春秋　1978
●林　順信『駅弁歳時記』中央書院　1989

●瓜生忠夫『駅弁物語』家の光協会　１９７９
●京王百貨店駅弁チーム『駅弁大会』光文社　２００１
●石井郁子『たべもの歴史ばなし』柴田書店　１９８３
●『おとなの週末』№29・3月号講談社　２００５
●小林しのぶ『ニッポン駅弁大全』文芸春秋　２００５
●『美味駅弁紀行』昭文社　２００５
●小菅桂子『近代日本食文化年表』雄山閣　２００２
●大前錦次郎『ザ・すし―知らなきゃ損するすしの話』調理栄養教養公社　１９８５
●吉川誠次『古典料理の世界』日本書籍　１９８１
●小澤　諭『すしの技・すしの仕事』柴田書店　１９９９
●北大路魯山人『魯山人の料理王国』文化出版局　１９８０
●小野二郎『すきやばし次郎』プレジデント社　２００３
●楠本憲吉『たべもの歳時記』読売新聞社　１９７０
●『料理事典Ｉ　日本料理の基礎』学習研究社　１９８４
●志の島忠『近代食堂』連載「日本料理覚え書」旭屋出版　１９８８―９２
●阿部孤柳『日本料理の真髄』講談社　２００６
●伊東秀子・星屋英治『調理師』成美堂出版　２０１８
●『やきもの和食器百科』主婦と生活社　１９９２
●『やきものの知識百科』主婦と生活社　１９９１
●『日本の美術・飲食器』至文社　１９６７
●『和食器の楽しみ』主婦の友社　１９９８
●『いまどき和の器』高橋書店　２００５
●岡田哲編『食の文化を知る事典』東京堂出版　２００５
●秋岡芳夫『食器の買い方 選び方』新潮社　１９８７
●黒田草臣『終(つい)の器選び』光文社　２００６
●『自遊人』「食の作法―常識・非常識」カラット２００５・３
●川路　明『江戸前にぎり　こだわり日記』朝日出版社　１９９３
●『自遊人』「鮨通になれる本」カラット　２００２・春
●山本益博『至福のすし「すきやばし次郎」の職人芸術』新潮新書　２００３
●『サライ』「鮨の正統」小学館(№24)　２００４
●『鮨の美味を究める』学習研究社　２００５
●『日経おとなのＯＦＦ』「おとなのマナー実践講座」日経ホーム出版社　２００５
●九鬼周造『「いき」の構造』(藤田正勝全注釈)講談社　２００３

●安田武・多田道太郎『〈「いき」の構造〉を読む』
朝日新聞社　１９９５
●河野友美『たべもの嗜好学入門』毎日新聞社　１９７８
●中村幸昭『旬の食べものには驚異的な薬効あり』
朝日ソノラマ　１９９０
●鈴木平光『魚を食べると頭が良くなる』
ＫＫベストセラーズ　１９９１
●延原和彦・大山のぶ代『魚を食べる健康法』
ブックマン社　１９９２
●大前錦次郎『全国調理師養成施設協会』　１９８５
●三浦理代『からだによく効く食物事典』
池田書店　２００６
●服部幸應　監修『「食」ことばの英語辞典』
小学館　２００４
●小西友七　編集主幹『ジーニアス英和辞典』
大修館　１９９６

●小西友七　安井稔・國廣哲彌　編集主幹
『プログレッシブ英和中辞典』小学館　１９８７
●近藤いねこ・高野フミ　編集主幹
『プログレッシブ和英中辞典』小学館　１９８６
●『新明解故事ことわざ辞典』三省堂　２００１
●平野雅章『食のことわざ歳時記』講談社　１９９６
●白石大二『飲食辞典』柴田書店　１９７８
●西谷裕子『たべものことわざ辞典』
東京堂出版　２００５
●永山久夫『食ことわざ百科』河出書房新社　１９８５
●有薗真琴『お魚の文化誌』舵社　１９９７
●児玉幸多『日本史年表・地図』吉川弘文館　２００５
●永瀬牙之輔『すし通』四六書院　１９３０
●『料理と食シリーズ№２』「すし」旭屋出版　１９９２

著者紹介

大川　智彦（おおかわ　ともひこ）

昭和18年（1943）広島県生まれ。昭年44年（1969）名古屋市立大学医学部卒。癌研究会病院で研修後、乳がん・肺がん・子宮がんを中心とした放射線腫瘍医として活躍。英国留学後、昭和52年（1977）より東京女子医大放射線科に移り、平成6年（1994）放射線医学教室の主任教授に就任。その間国内の学会発表や講演だけでなく欧米医学会の正会員として活躍し海外客員教授も歴任。平成17年（2005）東京西徳洲会病院・副院長及び放射線医学センター長・がん検診センター長を兼務。平成29年（2017）佐野市民病院・予防医療センター長として現在に至る。著書は「臨床腫瘍学からみたがんの放射線治療」（医学書院・1983）、「放射線医学大系」（中山書店・1988）、「がん・放射線治療－照射法マニュアルー」（金原出版・1996）、「放射線治療がよくわかる本」（小学館・1998）、「癌・放射線治療法」（篠原出版・2002）、「がんの早期発見と治療の手引き」（小学館・2005）、「がん対策マニュアル」（中央公論新社・2012）など多数。

また一方、生来のすし好きから上京後、約50年間東京のすしの食べ歩きをし、独自のグルメ情報を作成。全国主要都市や海外の有名店、さらに博物館も独歩し、すしに関する情報・図書を幅広く収集し研究。現在、すし学研究家としても活動し、すしとワインにも趣味を広げている。

［新装改訂版］現代すし学　Sushiology
―すしの歴史とすしの今がわかる―

発行日……平成三一（２０１９）年三月二八日　初版発行
著者……大川《おおかわ》智彦《ともひこ》
制作者……永瀬正人
発行者……早嶋　茂
発行所……株式会社旭屋出版
〒１６０-０００５
東京都新宿区愛住町23番地２　ベルックス新宿ビルⅡ６階
電　話（０３）５３６９―６４２３（販売）
ＦＡＸ（０３）５３６９―６４３１（販売）
郵便振替口座番号　００１５０―１―１９５７２
印刷・製本…シナノ印刷
※落丁本、乱丁本はお取り替えいたします。

ISBN 978-4-7511-1376-9 C2077